你应该具备的——

历史知识

朱鸿儒　主编

全国百佳图书出版单位
ART-TIME 时代出版传媒股份有限公司
安徽人民出版社

图书在版编目（ＣＩＰ）数据

你应该具备的历史知识 / 朱鸿儒主编. -- 合肥：安徽人民出版社，
2012.3

ISBN 978-7-212-04826-6

Ⅰ.①你… Ⅱ.①朱… Ⅲ.①世界历史—通俗读物
Ⅳ.①K109
中国版本图书馆 CIP 数据核字(2012)第 043566 号

你 应 该 具 备 的
历 史 知 识

朱鸿儒 主编

出 版 人：胡正义

责任编辑：黄 刚

封面设计：光明工作室

出版发行：时代出版传媒股份有限公司 http:www.press-mart.com

安徽人民出版社 http:wwwahpeople.com

合肥市政务区文化新区圣泉路 1118 号出版传媒广场八楼

邮 编：230071

营销部电话：0551-3533258   0551-3533292(传真)

印   制：合肥瑞丰印务有限公司

（如发现质量问题，影响阅读，请与印刷厂联系调换）

开本：787×1092 1/16   印张：14.625   字数：115 千字

版次：2012 年 3 月第 1 版   2023 年 1 月第 2 次印刷

标准书号：ISBN 978-7-212-04826-6   定价：45.00 元

目 录

上篇 中国历史

一 人类的起源

二 传说中的中华始祖

三　先秦时代

你应该具备的

六 三国两晋南北朝

七 隋唐五代

八 宋元明清

九 近现代风云

你应该具备的

下篇　世界历史

一　文明古国

二 世界中古史

三 世界近代史

四 世界现代史

目 录

上篇 中国历史

一、人类的起源

早期的古人类

从遥远的古代开始,中国境内的辽阔土地上就居住着许多原始人类。在一两百万年的漫长年代里,他们经过猿人、古人和新人等发展阶段而接近于现代人类。属于猿人阶段的有元谋人、蓝田人、北京猿人等,其中北京猿人的化石资料和遗址的文化堆积,是目前世界上原始人类化石最丰富而且比较完整的。属于古人阶段的有大荔人、丁村人等。新人阶段的古代人类还有一些原始人的特征,但其体质形态的主要方面已经和现代人相差无几。这个阶段的古人类在我国境内分布更广,其中最主要的有峙峪人、柳江人、山顶洞人等。

元谋人

元谋人距今已经有170万年了,是属于旧石器时代早期的古人类,也是迄今所知中国境内年代最早的直立人,1965年发现于云南省元谋县。当时发现有属于一青年男性的两枚牙齿化石,还有石器、炭屑和有人工痕迹的动物肢骨等。有考古学家认为,元谋人有可能是美洲印第安人的祖先。

蓝田人

1963年和1964年,考古学家分别在陕西蓝田县的陈家窝村和公王岭两处发现了古人类化石,并命名为蓝田人。公王岭蓝田人距今大约110～115万年,陈家窝蓝田人距今约53万年。蓝田人是旧石器时代早期人类,属直立人。他们的相貌表现出较为原始的形态,已经学会利用较为简单的石器。

北京猿人

北京猿人遗址发现地位于北京市西南房山区周口店龙骨山，他们生活在距今大约 77 万年前。北京猿人大约在 60 万年前来到周口店，在这里断断续续地生活了近 40 万年。到约 20 万年前，北京猿人才离此而去。北京猿人的颧骨较高，腿短臂长，头部前倾。在北京猿人住过的山洞里有很厚的灰烬层，表明北京猿人已经会使用火和保存火种。

丁村人

丁村人是中国北方的早期智人，生活在今天襄汾县丁村附近的汾河湖畔。1954 年进行大规模发掘时在汾河东岸共发现 10 个石器地点，1976年又在汾河西岸发现了新的石器地点。丁村人的体质形态比北京猿人进步，是直接向新人过渡的古人，他们的门齿具有铲形特征，与现代蒙古人种相近。丁村人使用的劳动工具主要是木器和石器。丁村人所创造出来的丁村文化是中国旧石器时代中期的代表性文化。

山顶洞人

山顶洞人是生活在我国旧石器时代晚期的古人类。他们生活在距今约 3 万年前，遗址位于北京市周口店龙骨山北京人遗址顶部的石钟乳洞中，因而人们称为"山顶洞人"。山顶洞人仍用打制石器，但已掌握磨光和钻孔技术。他们已会人工取火，靠采集、狩猎为生，还会捕鱼。山顶洞人的相貌已经和现代人没有什么明显区别，其脑容量已达 1300 ~ 1500 毫升。他们有方形的眼窠、高大的颧骨、广阔的下颌。古人类学家认为："假若给他们穿戴上现代人的服饰和我们站在一起，谁也不会用奇异的眼光多看他们一眼。"

石器时代

石器时代指人们以石头作为工具使用的时代，这时因为科技不发达，人们只能以石头制造简单的工具。而随着时代的推进，人们对石器的研制也在不断改进。而在时代划分上，石器时代大致可分为三个时代：旧石器时代、中石器时代、新石器时代。

旧石器时代

旧石器时代距今约 250 万年~约 1 万年。这个时期的人们主要是制造简单的工具以作打猎和采集的用途。他们使用石器和木棍来猎取野兽，并懂得采集果子来充饥。他们主要居住于山洞中，已掌握了使用火的技术，并会砍取树木作燃料。总体来说，在旧石器时代早期，人类已经学会了用火，中期出现了骨器，晚期已经能制造简单的组合工具，而且开始形成了母系氏族。

氏族社会

氏族产生于旧石器时代晚期，是由血缘关系结合起来的单位组织，一个氏族有十几个人，由共同的祖先繁衍下来。他们居住在一起，使用公有的工具，共同劳动，共同分配食物，没有贫富贵贱的差别。氏族社会初期，以母系血缘为纽带，即母权制，称母系氏族社会。大约在新石器时代末期，逐渐过渡到以父系血缘为纽带，即父权制，称父系氏族社会。

新石器时代

新石器时代大约从 1.8 万年前开始，结束时间从距今 5000 多年至 2000 多年不等。这时期的古人类已经开始制造和使用磨制石器，发明了陶器，还出现了农业和养畜业。新石器时代在我国大约延续了五六千年，到距今 4000 年左右的时间结束。具有代表性的新石器时代的文化，早期有裴李岗文化、磁山文化；中期有仰韶文化、马家窑文化、大汶口文化、河姆渡文化；晚期有龙山文化。其中，范围最广、影响最大的是仰韶文化和龙山文化。

史前文化

具有代表性的新石器时代的文化，早期有裴李岗文化、磁山文化；中期有仰韶文化、马家窑文化、大汶口文化、河姆渡文化；晚期有龙山文化。其中，范围最广、影响最大的是仰韶文化和龙山文化。

仰韶文化

仰韶文化的持续时间大约在公元前5000年至前3000年,是重要的新石器时代的文化。仰韶文化分布在整个黄河中游从今天的甘肃省到河南省之间。由于最早在河南省三门峡市渑池的仰韶村遗址发现,因而得名。今天在中国已发现上千处仰韶文化的遗址,其中以陕西省为最多,是仰韶文化的中心。这一时期的生产工具以较发达的磨制石器为主,骨器也相当精致。有较发达的农业作物为粟和黍。仰韶文化的制陶工艺相当成熟,它的红陶器上常有彩绘的几何形图案或动物形花纹,是这一文化的最明显特征,故也称彩陶文化。

大汶口文化

大汶口文化是新石器时代后期父系氏族社会的一种典型文化形态,其年代大约在公元前4300年至前2500年,因首先发现于大汶口而得名。大汶口文化以泰山地区为中心,东起黄海之滨,西到鲁西平原东部,北至渤海南岸,南及今安徽的淮北一带。大汶口文化的制陶技术较前已有很大提高。陶器装饰以镂刻和编织纹最具特色。高柄杯和白陶器是大汶口文化中最具特征的陶器。

河姆渡文化

河姆渡文化是中国长江流域下游地区古老而多姿的新石器文化,第一次发现于浙江余姚河姆渡村,因而得名。它主要分布在杭州湾南岸的宁绍平原及舟山岛,年代为公元前5000年至公元前3300年。河姆渡文化是代表中国古代文明发展趋势的另一条主线,与中原地区的仰韶文化并不相同。河姆渡文化的农具,最具有代表性的是耒耜。生活用器以陶器为主,并有少量木器。

良渚文化

良渚文化为中国新石器文化遗址之一,距今5300~4000年,是一支分布在太湖流域的古文化,最早发现于浙江省余姚县良渚镇。良渚文化在农业、纺织、制陶和制玉方面都很有成就,尤其玉器是良渚先民所创造的物质文化和精神文化的精髓,达到了中国史前文化的高峰。在良渚文化的一些陶器、玉器上已出现了为数不少的单个或成组具有表意功能的刻画符号,学者们称之为"原始文字"。可以说,中国文明的曙光是从良渚升起的。

红山文化

红山文化距今约五六千年左右,是北方新石器时代文化的重要代表,与中原仰韶文化同时期分布在西辽河流域,最早发现于内蒙古赤峰的红山,分布于辽宁、内蒙古和河北的交界地带。红山文化的经济形态以农业为主,兼以牧、渔、猎并存,内涵十分丰富,手工业达到了很高的阶段,形成了极具特色的陶器装饰艺术和高度发展的制玉工艺。红山文化拥有一大批造型生动别致的玉器,其中出土于红山的大型碧玉 C 型龙,是红山文化玉器的代表作,被誉为"天下第一龙"。

龙山文化

龙山文化是我国黄河中、下游地区新石器时代晚期的一支文化遗存,因首次发现于山东历城龙山镇(今属章丘)而得名。分布于黄河中下游的山东、河南、山西、陕西等省,距今约三四千年。龙山文化的农业和畜牧业较仰韶文化有了很大的发展,生产工具的数量及种类均大为增长,快轮制陶技术比较普遍,大大提高了生产效率。龙山文化的一种黑陶,坚硬细腻,胎壁薄如蛋壳,漆黑光亮,被称为"蛋壳陶",最具特色,所以龙山文化也叫"黑陶文化"。

二、传说中的中华始祖

盘古开天地

盘古是我国古代传说中开天辟地的神。据民间神话传说，古时盘古生在黑暗团中，他不能忍受黑暗，用神斧劈向四方，逐渐使天空高远，大地辽阔。他的左眼变成了太阳，右眼变成了月亮；头发和胡须变成了夜空的星星；他的身体变成了东、西、南、北四极和雄伟的三山五岳；血液变成了江河；牙齿、骨骼和骨髓变成了地下矿藏；皮肤和汗毛变成了大地上的草木；汗水变成了雨露。盘古的精灵魂魄也在他死后变成了人类。

有巢氏构木为巢

有巢氏是中国古代神话中发明巢居的英雄，也称"大巢氏"。远古的人类居住在地面上，常常会受到野兽侵害，生活环境非常恶劣。有巢氏受鸟类在树上筑巢的启发，教大家用树枝和藤条在高大的树干上建造房屋，房屋的四壁和屋顶都用树枝遮挡得严严实实，既可以挡风避雨，又可以防止禽兽的攻击，人们从此不再过那种担惊受怕的日子。人们非常感激这位发明巢居的人，便推选他为当地的部落酋长，尊称他为"有巢氏"。

燧人氏钻燧取火

在远古蛮荒时期，人们不知道有火，也不知道用火。到了黑夜，四处一片漆黑，人们蜷缩在一起，又冷又怕。由于没有火，人们只能吃生的食物，经常生病，寿命也很短。后来有个人发明了钻木取火的方法，教人熟食，人们再也不用生活在寒冷和恐惧中了。这个发明人工取火的人因而受到人们的感激和尊敬，推举他做首领，并称他为"燧人"，也就是取火者的意思。今天的商丘市城西南2公里的燧皇陵，相传就是燧人氏的葬地。

"炎黄子孙"说法的由来

"炎黄"是传说中的我国古代两位部落首领炎帝和黄帝的简称。相传在上古时代,中国的黄河流域住着许多分散的人群。他们按照亲属关系组成了氏族,很多氏族又联合起来组成了部落。黄帝和炎帝就是其中两个大部落的首领。他们的部落曾经发生过三次战争,炎帝部落被打败了。炎帝向黄帝认输,表示愿意听从黄帝的命令。两个部落从此和睦相处,联合在一起组成了炎黄部落联盟,黄帝成了这个联盟的领袖。华夏民族的历史,从此就开始了。因此到后来,"炎黄子孙"就成了中华民族的代名词。

黄帝战蚩尤

蚩尤是炎帝的孙子,据说生性残暴好战。炎帝被黄帝打败后,蚩尤联合了风伯、雨师和夸父部族的人,气势汹汹地来向黄帝挑战。黄帝不想战伐,一直想劝蚩尤休战,可是蚩尤不听劝告,于是黄帝亲自带兵出征,与蚩尤对阵。双方战于涿鹿之野,最后蚩尤战败被杀。黄帝打败蚩尤后,诸侯都尊奉他为太子,这就是轩辕黄帝。轩辕黄帝带领百姓,开垦农田,定居中原,奠定了华夏民族的根基。

指南车的发明

传说在黄帝与蚩尤之战中,蚩尤施展法术,喷烟吐雾,把黄帝和他的军队团团罩住。黄帝的军队辨不清方向,看不清敌人,被围困在烟雾中,杀不出重围。就在这危急关头,黄帝灵机一动,猛然抬头看到了天上的北斗星,斗柄转动而斗头始终不动,他便根据这个原理发明了指南车,认定了一个方向,这才带领军队冲出了重围。

尧舜禅让

黄帝死后,尧当了首领,和大家同甘共苦,很受爱戴。尧在位七十年后,年纪老了,想找一个继承人。有人推荐他的儿子丹朱继位,尧不同意,因为凡朱很粗野,好闹事。后来尧又召开部落联盟议事会议,讨论继承人的人选问题。大家都推举虞舜,说他是个德才兼备、很能干的人物。于是尧就把自己的两个女儿娥皇、女英嫁给舜,并考验了三年才将首领之位禅让给舜。后来舜老了的时候,也仿照尧的样子召开继位人选会议,把首领之

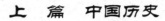

位禅让给了能干的禹。尧舜"禅让"的历史传说,反映了原始公社的民主制度。

大禹治水

上古时代,滚滚而来的洪水给民众造成很大危害,民众生活在痛苦之中。尧选拔治水之人,一位名叫鲧的人被推选上来,但他领导大家治水,连续九年也没有取得什么成绩。后来鲧的儿子禹继承父亲的遗志,同时改变了治水的方法,采用疏导的方法治水,将洪水排到大海和长江里去,取得了辉煌的胜利。在治水过程中,禹表现出坚韧卓绝、艰苦奋斗的精神,离家13年,长年与民众一起奋战,置家庭于不顾,三过家门而不入,受到了人们的普遍拥戴,成为继舜之后的部落联盟首领。

三、先秦时代

夏朝的建立

相传大禹在位时,曾将当时的中国划为九个州,这大概就是"九州大地"的来历。大禹还尝试修建城池,制定了各种制度,为夏朝的建立奠定了一定的基础。原先大禹的继承人是东夷族的益,可是在大禹死后,他的儿子启却继承了益位。这样益和启之前就为争夺权位进行了斗争,启大获全胜,并且杀死了益。启的即位,打破了禅让制,建立了中国历史上第一个世袭王朝 -- 夏朝。

商汤灭夏

夏王朝的王位传到了桀的时候,也走到了穷途末路。桀是历史上有名的暴君,他荒淫无道,残忍狠毒,天下百姓遭受涂炭,众多诸侯离心离德。在这种局面下,商的首领成汤以仁义为号召,联络和争取了众多诸侯,具备了推翻夏的实力。商军获得几次重大的胜利,浩浩荡荡地向夏都进发。双方进行了一场决战,商军士气旺盛,而夏国军队久不上战场,指挥不灵,军纪涣散,结果大部战死。商汤在南巢将暴君桀俘获,并将其软禁在南巢。这样,延续了400多年的夏王朝就彻底灭亡了。

伊尹辅政

伊尹本名伊,是商初大臣。他原本是个奴隶,后来展露才华,为商汤重用。商朝建立后,他被商汤封官为尹(相当于宰相),所以后人都叫他伊尹。商汤死后,伊尹做了汤王长孙太甲的老师。传说太甲横行无道,不遵守商汤的大政方针。为了教育太甲,伊尹将太甲放逐到商汤墓葬之地桐官,对他进行教育。在伊尹的教育,太甲守桐宫三年,深刻反省,逐渐认识了自己的过错,改恶从善。伊尹见太甲有了改变,就亲自到桐宫迎接太甲并将王权交给他,自己仍继续当太甲的辅佐。在伊尹的辅佐下,太甲成了一位有作为的君主,被其后代尊称为"大宗"。

盘庚迁殷

商汤建立商朝的时候,最早的国都在亳(bó),也就是今天的河南商丘。在以后300年当中,由于种种原因,商的都城一共搬迁了5次。传到盘庚的时候,他为了改变当时社会不安定的局面,决心再一次迁都。可是,大多数贵族贪图安逸,都不愿意搬迁,其中一部分人还煽动平民起来反对,闹得很厉害。但盘庚面对强大的反对势力,并没有动摇迁都的决心。他挫败了反对势力,终于带着国民渡过黄河,搬迁到殷(今河南安阳小屯村)。盘庚在那里整顿商朝的政治,使衰落的商朝出现了复兴的局面以后再也没有迁都。所以后人又把商朝称作殷商,或者殷朝。

甲骨文

甲骨文是中国的一种古代文字,主要指殷墟甲骨文,又称为"殷墟文字"、"殷契",是殷商时代刻在龟甲兽骨上的文字。殷商人用龟甲、兽骨占卜。在占卜后把占卜日期、占卜者的名字、所占卜的事情用刀刻在卜兆的旁边,有的还把过若干日后的吉凶应验也刻上去,这些文字就是甲骨文。甲骨文是中国已发现的古代文字中时代最早、体系较为完整的文字。

武丁中兴

盘庚把都城迁至殷以后,商朝开始走向复兴,到武丁继位时,终于达到最强盛时期。武丁不断征战四方。他先用3年的时间,平定了北方草原地区的一个名叫鬼方的游牧部落。鬼方是北方另一个对商朝有严重威胁的游牧部落,武丁经过几年征讨,也终于将鬼方平服。以后,武丁又先后收服了北方的土方部族、西部地区的古老部落羌族,以及南方荆楚地区的很多方国、部落,使这些部族的领土归入商朝的版图。随着战争的不断胜利,商王朝的势力在西、北、东、南急速扩张,达到商代的最高峰,史称"武丁中兴"。

司母戊方鼎

司母戊鼎又称"司母戊大方鼎",是商王武丁的儿子文丁为祭祀母亲而铸造的。1939年在河南省安阳市一片农地中出土，因其鼎内部铸有"司母戊"三字而得名，是目前世界上发现的最大的青铜器，也是中国现存最重的青铜器。司母戊鼎高133厘米、长110厘米，重约832千克，鼎腹长方形，上竖两只直耳，下有四根圆柱形鼎足。司母戊鼎集中体现了商代青铜冶铸业的生产能力和技术水平，是中国青铜文明高度发达的标志。

姜太公钓鱼

　　太公姓姜名尚，又名吕尚、姜子牙，是辅佐周文王、周武王灭商的功臣。他在没有得到文王重用的时候，隐居在陕西渭水边一个地方。当时周国在周文王姬昌领导下不断兴旺起来。文王决心治理好国家，推翻商朝，可是缺少一位治理人才。有一天，文王外出，在渭水河边见到一位七八十岁的白发钓鱼老人。让文王奇怪的是，这位老人一边钓鱼，嘴里还一边念叨："快上钩呀快上钩！愿意上钩的快来上钩！"老人钓鱼的鱼钩离水面有三尺高，"钩"是直的，而且上面没有鱼饵。文王非常纳闷儿，于是就同老人攀谈起来，发现这位老人是个目光远大、学问渊博的人。这位老人就是姜子牙。于是文王诚恳地邀请姜子牙辅佐自己。姜子牙被立为周国国师，后又升为宰相，被人们尊称为"姜太公"。

武王伐纣

　　商朝的最后一位君主是纣。纣天资聪敏，勇力过人，但却是一个昏淫无道的暴君。他过着酒池肉林的生活，发明了残忍的炮烙之刑来对付异己，就连苦苦规劝他向善的叔父比干也死在他手里。在他的暴虐统治下，百姓怨声载道，诸侯离异。而与此同时，周国却在周文王姬昌的领导下不断兴旺起来，一些贵族、大臣也都纷纷叛商奔周。周文王死后，武王继位，以太公望为师，周公旦为傅，联合了许多部落、方国东进伐商，在进军到距朝歌七十里的牧野地方举行誓师大会，要和商纣王决战。这时纣王的军队主力还在其他地区，一时也调不回来，只好将大批的奴隶和俘虏来的东南夷武装起来，凑了17万人开向牧野。可是这些纣王的军队刚与周军相遇时，就掉转矛头引导周军杀向纣王。结果，纣王大败，连夜逃回朝歌，眼见大势已去，只好登上鹿台放火自焚。周武王完全占领商都以后，便宣告商朝的灭亡。

周公辅政

周王朝建立两年后,周武王就因病去世了。当时武王的儿子成王还年幼,就由武王的弟弟周公旦当政。在历史上,周公旦被称为"周公"。周公为了巩固周王朝的统治,呕心沥血,兢兢业业。当时纣王的儿子武庚为了重新恢复殷商的统治,阴谋造反;而被派去监视武庚的武王的三个亲兄弟也倒向敌人一边,造谣说周公要夺权篡位,挑拨周公和成王的关系。周公在打消成王的疑虑之后,亲率大军讨伐武庚,平定了叛乱。后来,为了便于控制中原地区,周公营建了洛邑(今河南洛阳市)。从此,周朝就有了两座都城。西部是镐京,又叫宗周;东部是洛邑,又叫成周。在周成王长大以后,周公将权力全部移交,此后又尽心尽意辅政,终于建立起了一个统一繁荣的国家。

国人暴动

周王朝发展到周厉王的时候,开始出现了衰败的局面。周厉王任用荣夷公为卿士,实行专利政策,加重了民众的负担;他又命令卫巫监谤,禁止国人谈论国事,违反的人就会被杀掉。当时,周王朝的有识之士对局势忧心忡忡,劝厉王不要再这样下去,但厉王却刚愎自用,听不进任何规劝。国人在高压政策下,终于忍无可忍,于公元前841年举行暴动,攻入王宫,厉王仓皇逃奔到彘,并于公元前828年死在那儿。朝政由周定公、召穆公共同执掌,史称"周召共和"。这一次以都城四郊的平民为主体的暴动,历史上称为"国人暴动"。

烽火戏诸侯

公元前781年,周幽王继位。当时有一名叫做褒姒的美女,得到周幽王的宠幸。褒姒生性不爱笑,幽王为了褒姒一笑,就燃烧烽火,召集诸侯。诸侯匆忙赶来救援,却发现并不是寇匪侵犯,只好狼狈退走。后来,褒姒勾结权臣,废申后和太子宜臼。申后之父联络外族入侵,周幽王再次举烽火示警,这次诸侯以为又是骗局而不愿前往,致使幽王被杀,褒姒也被劫掳,西周就此覆灭了。

平王东迁

西周覆灭后,申侯、鲁侯、许文公等诸侯拥立宜臼为王,这就是周平王。公元前 770 年,由于原来的都城镐京遭到战争破坏,平王在晋、郑、秦和其他诸侯的帮助下,东迁到今天的洛阳,以避戎寇。重建周王朝,这就是历史上东周的开始,中国历史也由此进入了春秋战国时期。

春秋战国

公元前 771 年,周平王迁都洛邑,东周正式开始。东周的历史,大致可分两个阶段:第一个阶段从公元前 770 至前 476 年,历史上称为"春秋",因鲁史《春秋》,而得名,是中国奴隶制走向崩溃的阶段。第二个阶段从公元前 475 到前 221 年,因汉代记述这段历史的《战国策》而得名,这是中国封建社会取代奴隶制而确立自身地位的时期。先秦的春秋战国时期,是中国历史上新、旧社会制度交替的时代,是当时生活在中国大地上的各民族交往、纷争、沟通、融合的时代,是文化学术上"百家争鸣,百花齐放"而异彩纷呈的时代。

春秋的第一个霸主——齐桓公

从公元前 770 年到前 476 年,历史上称为春秋时代。齐桓公是春秋时代齐国的第十五位国君,名小白。当时齐国的君主死在内乱后,小白与公子纠在争夺王位的斗争中获胜, 即国君位为齐桓公。齐桓公任用管仲为相,推行改革,实行军政合一、兵民合一的制度,齐国逐渐强盛。齐桓公于前 681 年在甄(今山东鄄城)召集宋、陈等四国诸侯会盟,并成为历史上第一个充当盟主的诸侯。当时中原华夏各诸侯遭受戎狄等部落的攻击,于是齐桓公打出"尊王攘夷"的旗号,北击山戎,南伐楚国,最终成为中原霸主,受到周天子赏赐。

春秋五霸

在春秋时期的 290 多年间,烽烟四起,战火连天。周天子失去了往日的权威,反而依附于强大的诸侯。一些强大的诸侯国为了争夺霸权,互相征战,争做霸主,先后称霸的五个诸侯就叫做"春秋五霸"。一般是指齐桓公、宋襄公、晋文公、秦穆公和楚庄王。也有一种说法是齐桓公、晋文公、楚庄王、吴王阖闾、越王勾践即所谓的"五霸"。

名相管仲

　　齐桓公能成为春秋五霸之首,与管仲的辅政密不可分。管仲名夷吾,又名敬仲,字仲,是春秋时期著名的政治家、军事家。管仲本来是齐桓公的"对头",曾帮助公子纠和齐桓公争王位,后来失败被囚。但齐桓公不计前嫌,经鲍叔牙保举,任命管仲为上卿,尊称他为"仲父"。管仲辅佐齐桓公对内政外交政策进行全面的改革,使齐桓公成为春秋时代的第一个霸主。

退避三舍

　　春秋时候,晋献公听信谗言,杀了太子申生,又派人捉拿申生的弟弟重耳。重耳闻讯,逃出了晋国,经过千辛万苦流亡到楚国。楚成王认为重耳日后必有大作为,待他如上宾。重耳十分感激,于是承诺日后两国万一不得不交战,他一定命令军队先退避三舍(一舍等于三十里);如果还不能得到楚成王的原谅,他才会交战。四年后,重耳真的回到晋国当了国君,就是历史上有名的晋文公。晋国在他的治理下日益强大,也不可避免地与同样强大的楚国发生了冲突。晋文公果然实现了他许下的诺言,下令军队后退九十里,驻扎在城濮。

城濮之战

　　公元前 632 年,为争夺中原地区霸权,晋、楚两个强国军队在城濮(今山东鄄城西南)交战。晋文公信守了"退避三舍"的诺言,命令晋军往后撤。楚军主将子玉见晋军后退,以为对方害怕了,不听楚成王的劝诫,马上率军追击。晋军利用楚军骄傲轻敌的弱点,集中兵力,大破楚军,取得了城濮之战的胜利。城濮之战使晋国声威大震,有力地遏制了楚国北进的势头,晋文公也成为齐桓公之后的又一位霸主。

越王勾践卧薪尝胆

　　公元前 496 年,吴王派兵攻打越国,被越王勾践打得大败,吴王也受了重伤,临死前,嘱咐儿子夫差要替他报仇。夫差牢记父亲的话,日夜加紧练兵。过了两年,夫差率兵把勾践打得大败,勾践也被迫投降。越国给夫差

献上美女西施,让夫差不要杀死勾践,夫差答应了。勾践到吴国伺候吴王,放牛牧羊,终于赢得了吴王的欢心和信任。三年后,他被释放回国了。勾践回国后,立志发愤图强,准备复仇。他怕自己贪图舒适的生活,消磨了报仇的志气,晚上就枕着兵器,睡在稻草堆上,他还在房子里挂上一只苦胆,每天早上起来后就尝尝苦胆,这就成语"卧薪尝胆"的由来。经过 10 年的艰苦奋斗,越国强大起来,终于打败了吴国,夫差也被迫自杀了。

商鞅变法

　　春秋时期,秦国的孝公即位以后,决心图强改革,便下令招贤。商鞅自魏国入秦,并提出了废井田、重农桑、奖军工、实行统一度量和郡县制等一整套变法求新的发展策略,深得秦孝公的信任,任他为左庶长,开始变法。经过商鞅变法,秦国的经济得到发展,军队战斗力不断加强,发展成为战国后期最富强的封建国家。

战国七雄

　　春秋时期,无数次战争使诸侯国的数量大大减少。到了战国中期,七个实力最强的诸侯国即齐、楚、燕、韩、赵、魏、秦争雄的局面逐渐形成,这七个国家被称作"战国七雄"。

战国四公子

　　战国时代末期,秦国越来越强大,各诸侯国贵族为了抗衡秦国,使本国强大,竭力网罗人才。他们招贤纳士,广招宾客,以扩大自己的势力,养士之风盛行。其中以养士著称的有魏国的信陵君、齐国的孟尝君、赵国的平原君、楚国的春申君。因这四人都是王公贵族,当时的人就称他们为"战国四公子"。

胡服骑射

　　战国时期,赵武灵王是赵国的一位奋发有为的国君,他为了抵御北方胡人的侵略,进行了军事改革。改革的中心内容是穿胡人的服装,学习胡人骑马射箭的作战方法。为此,他力排众议,带头穿胡服,习骑马,练射箭,亲自训练士兵,使赵国军事力量日益强大成为"战国七雄"之一。"胡服骑射"这个典故告诉人们不要故步自封,应学习别人长处,勇于改革。

围魏救赵

公元前 354 年,魏国军队围住赵国都城邯郸,双方打了一年,都很疲惫了。这时,齐国应赵国的求救,派田忌为将,孙膑为军师,率兵八万救赵。一开始,田忌准备直接进军邯郸。可孙膑认为,要排解别人打架,不能直接参与去打;派兵解围,要避实就虚,击中要害。如今魏国精锐部队都集中在赵国,内部空虚,因此可以向魏国的国都大梁进军。魏军必然放下赵国回师自救,齐军乘其疲惫,可一举击败他们,解除赵国之围。后来形势的发展果然如孙膑所料。围魏救赵也成了我国历史上一个很有名的战例。

长平之战

公元前 262 年,秦昭王派大将白起攻打韩国,占领了野王城。韩国想献出上党郡向秦求和,但是上党郡守冯亭不愿降秦,请赵国发兵取上党郡。秦赵两军在长平交战,双方僵持多日,赵军损失巨大。赵国大将廉颇根据敌强己弱、初战失利的形势,采取了筑垒固守、以逸待劳的正确策略,不与秦军正面交战。秦赵两军在长平相持三年,不分胜负。后来,赵孝成王中了秦的反间之计,听信谗言而起用赵括代替廉颇为将。赵括只能空谈阔论却无实际才能。他一到长平前线,就大举出兵攻秦。秦将白起假装败退,但却断绝了赵军粮道,把赵军分割为两部,围困了 40 多天。赵军饥饿乏食,赵括再也忍不住,亲自带兵搏战,结果被秦军射杀。赵军大败,40 多万人被俘并被坑杀。长平之战使赵国一蹶不振,其他诸国闻风丧胆,是秦统一六国过程中的一个重大胜利,对中国历史有着深远的影响。

四、诸子百家

　　诸子百家是对春秋战国时期各种学术派别的总称。诸子指孔子、老子、庄子、墨子、孟子、荀子等人物;百家是指各种学术流派,其中最有影响的主要是儒家、墨家、道家和法家。各学派的人物针对当时一些社会问题四处游说,推行自己的政治主张,或著书立说,在中国文化史上形成了一个百家争鸣的空前繁荣的局面。

儒家

　　儒家是战国时期重要的学派之一,创始人是春秋时期的圣人孔子。儒家崇尚"礼乐"和"仁义",主张"德治"和"仁政",重视道德伦理教育和人的自身修养。儒家强调教育的功能,认为重教化、轻刑罚是国家安定、人民富裕幸福的必由之路。对统治者和被统治者都应该进行教育,使全国上下都成为道德高尚的人。儒家还主张以礼治国,以德服人,呼吁恢复周礼,并认为周礼是实现理想政治的理想大道。儒家的代表人物除了孔子外,还有孟子和荀子。

孔子

　　孔子名丘,字仲尼,是我国春秋末期的著名的思想家、教育家。相传孔子有弟子三千人,贤弟子七十二人,孔子曾带领弟子周游列国14年。孔子博学多才,还是一位古文献整理家,曾修《诗》、《书》,定《礼》、《乐》,序《周易》,作《春秋》。孔子作为儒家的首代宗师,集华夏上古文化之大成,在世时已被誉为"天纵之圣"、"天之木铎",是当时社会上最博学者之一,并且被后世统治者尊为至圣、至圣先师、万世师表。孔子和他创立的儒家思想对中国有深远的影响。

孔子作《春秋》

孔子周游列国，先后到了卫、陈、蔡、楚、宋等国，宣扬其政治抱负，但他的主张都没有得到采纳。孔子不能伸展自己的抱负，心灰意冷，于是返回鲁国，当时孔子已 68 岁了。自此以后，他潜心讲学和著书，与弟子重新编订了"五经"，并撰写《春秋》。《春秋》文字非常简练，通过记载春秋时代所发生的大事，来阐发儒家的价值观，是中国现存最早的一部编年体史书，成为儒家五经之一。

孟子

孟子名轲，字子舆，是战国时期伟大的思想家，儒家的主要代表之一。相传孟子是鲁国贵族孟孙氏的后裔，幼年丧父，家庭贫困，曾受业于子思的学生。学成以后，以士的身份游说诸侯，企图推行自己的政治主张，到过很多个诸侯国。当时几个大国都致力于富国强兵，争取通过战争来实现统一。孟子的仁政学说被认为是不切实际的东西，没有得到实行的机会。孟子被认为是孔子的学说的继承者，后世称他为"圣亚"。

道家

道家是战国时期重要学派之一，又称"道德家"。这一学派以春秋末年老子关于"道"学说作为理论基础，以"道"明宇宙万物的本质和变化。认为天道无为，万物自然化生，否认上帝鬼神主宰一切，主张道法自然，顺其自然，提倡清静无为，以柔克刚。道家的政治理想是"小国寡民"、"无为而治"。道家著名的有四大派：庄子学派、杨朱学派、宋尹学派和黄老学派。

老子

老子，姓李名耳，字伯阳，又称老聃。他是中国古代伟大的哲学家和思想家、道家学派创始人。相传他著有《道德经》（又称《老子》），孔子曾经向他请教过关于礼的问题。《道德经》分为道经和德经上下两篇，其精华是朴素的辨证法，主张无为而治。老子的学说对中国哲学发展具有深刻影响，在道教中老子被尊为道祖。

墨家

墨家是战国时期重要学派之一,创始人是墨翟。墨家有严密的组织,成员多来自社会下层,相传皆能赴火蹈刀,以自苦励志。这一学派以主张"兼相爱,交相利"。"兼"就是视人如己,兼爱就是爱人如己。认为如果人人爱别人就和爱自己一样,那么天下就再也不会有战争,就可达到"交相利"的目的。墨家在政治上主张尚贤、尚同和非攻;经济上主张强本节用;思想上提出尊天事鬼。

法家

法家是战国时期的重要学派之一,因主张以法治国,不论亲疏和贵贱,一律用法律来治理,所以称为法家。春秋时期的管仲就是是法家的先驱。战国初期,商鞅、申不害等开创了法家学派。到了战国末期,韩非子综合前人学说之大成,把法家学说发展到顶峰。 法家经济上主张废井田,重农抑商、奖励耕战;政治上主张废分封,用严刑峻法进行统治。法家学说为君主专制的大一统王朝的建立,提供了理论根据和行动方略。

《孙子兵法》

《孙子兵法》是一部举世闻名的杰出军事著作,被公认为世界古代第一兵书。这部书的作者是春秋末年的齐国人孙武。孙武曾被吴王阖闾任命为将军,领兵打仗,战无不胜。他与伍子胥率吴军破楚,五战五捷,用6万的军队打败楚国20万大军,威名显赫。晚年时,孙武根据自己训练军队、指挥作战的经验,修订了自己早年写成的十三篇兵法,这就是《孙子兵法》。《孙子兵法》是我国最早的兵法,内容博大精深,被誉为"兵学圣典"。

修筑都江堰

都江堰位于今四川省灌县西北的岷江中游。历史上岷江上游因流经川北山区,水流湍急,挟带大量泥沙,到达灌县后,就进入了成都平原,水流突然变缓,泥沙在灌县地带壅积,河床垫高,极易泛滥成灾。为战胜水患,秦国蜀郡守李冰决定在灌县城郊凿通玉垒山,引水分洪。与此同时.又在这段江中筑坝分流,以便在平时也可将江水引向东边,灌溉东部的大片农田。为了实现这个宏伟的计划.李冰组织了数十万民工,开山凿石,修堰开渠。经过几年的艰苦奋战,终于建成了中国历史上有名的都江堰水利工程。都江堰工程的完成,使成都平原开辟出了千顷良田,这里也成为古今闻名的"天府之国"。

你应该具备的

五、秦汉帝国

历史上第一位皇帝——秦始皇

　　秦始皇,姓嬴名政,是中国第一个大统一封建王朝——秦王朝的皇帝。秦始皇出生在赵国首都邯郸,13 岁时继承了秦国的王位。22 岁时,他开始亲理朝政,重用李斯、尉缭等人才。从公元前 230 年到前 221 年,先后灭韩、赵、魏、楚、燕、齐六国,完成了统一大业,建立起第一个封建制国家——秦朝,定都咸阳。秦王嬴政自认为自己的功劳胜过之前的三皇五帝,将大臣议定的尊号改为"皇帝"。秦始皇是中国历史上第一个使用"皇帝"称号的君主,对中国的历史产生了深远的影响,后人称他为"千古第一帝"。

秦长城

　　长城是一种防御工程。公元前 4 世纪左右,燕、赵、秦三国为了防御我国北部的游牧民族东胡、匈奴,他们在北方修筑了长城,三条长城不相接。秦灭六国后,秦始皇派大将蒙恬率领 30 万人北击匈奴,占据河套,并修筑长城。秦长城把过去秦、赵、燕三国长城连接起来,形成了西起临洮,东至辽东,绵延 5000 多公里的长城,后世有"万里长城"之称。

焚书坑儒

　　秦始皇统一六国后,开始强制推行思想文化的统治政策。公元前 213 年,博士淳于越反对当时实行的郡县制,要求根据古制,分封子弟。丞相李斯加以驳斥,并主张焚烧除《秦纪》以外的诸国史记;不是任博士官之职的人,家中私藏的《诗》、《书》及百家典籍都要烧毁;私底下谈论《诗》、《书》的弃市,以古非今的灭族;禁止私学,想学法令的人要以官吏为师;医药、卜筮、种树之书不属焚毁之列,可以保留。秦始皇采纳了李斯的建议,这就是"焚书"。第二年,两个术士炼丹不成,私下逃跑,并在逃跑前诽谤秦始皇,说他"刚戾自用"、"贪于权势"。秦始皇大怒,派人调查,有460多名儒生受牵连,全部在咸阳城外被活埋,这就是"坑儒"。后人将这两起事件合称为"焚书坑儒"。焚书坑儒毁灭了古代许多典籍,造成文化史上难以弥补的损失。

秦兵马俑

俑是古代墓葬雕塑的一个类别。古代实行人殉,奴隶是奴隶主生前的附属品,奴隶主死后奴隶要为奴隶主陪葬,是殉葬品。由于用活人陪葬太残忍,后来就用俑来代替殉葬。兵马俑就是制成兵马(战车、战马、士兵)形状的殉葬品。秦兵马俑是秦始皇陵的一部分,陶俑一般身高在1.75～1.86米之间,陶马高1.5米,身长2米,造型逼真,无一雷同,车兵、步兵、骑兵列成各种阵势,严阵以待,生动而形象地再现了秦始皇当年统一中国时兵强马壮的雄伟军阵。秦始皇兵马俑被列为"世界八大奇迹"之一。

阿房宫

秦始皇统一全国以后,认为都城咸阳人太多,而先王的皇宫又小,下令在渭河以南的皇家园林上林苑中,仿集天下的建筑之精英灵秀,营造一座新朝宫,这就是阿房宫。由于工程浩大,秦始皇在位时只建了一座前殿。秦始皇死后,秦二世胡亥调修建阿房宫工匠去修建秦始皇陵,后继续修建阿房宫。按照规划,阿房宫的前殿东西宽690米,南北深115米,占地面积8万平方米,可容纳万人,规模非常巨大。修宫筑陵,再加上修建长城,这些劳民伤财的巨大工程大大加速了秦王朝的垮台。阿房宫直到秦朝灭亡也没有修完,后来被项羽烧毁。

陈胜吴广起义

秦始皇病死后,他的小儿子胡亥即位,这就是秦二世。秦二世是个昏庸而残暴的皇帝。在他的统治下,老百姓的负担更为沉重,刑法更加苛毒,陷于深重的苦难之中。公元前209年,一队贫苦农民被征发去防守渔阳(今北京密云),陈胜和吴广被指定为屯长。当他们走到蕲县大泽乡(今安徽宿县)的时候,遇到连日大雨,道路泥泞,不能如期赶到渔阳戍地。按照秦法规定,误了期限就要全部被处死。

陈胜和吴广密议：现在逃亡是死，起来造反也不过是死，何不拼死干出一番事业来呢？押送他们的两个军尉非常凶暴，陈胜和吴广就借机把军尉杀掉，并激励戍卒起来斗争。大家推举陈胜为将军，吴广为都尉，提出了"伐无道，诛暴秦"的口号，组成一支农民起义军。中国历史上第一次农民大起义爆发了。

西楚霸王

陈胜、吴广领导的起义吹响了推翻秦王朝暴政的号角，各地涌现出反秦的勇士，项羽就是其中的佼佼者。项羽是楚国名将项燕的孙子。陈胜、吴广在大泽乡，项羽随叔父项梁在吴中刺杀太守殷通，举兵响应。在公元前207年的决定性战役巨鹿之战中，他统率楚军大破秦军，扫灭秦王朝。秦亡后，项羽自封"西楚霸王"，统治黄河及长江下游的梁楚九郡。他是中华数千年历史上最为勇猛的将领，他的出现，为中国的历史掀起了一场风云，写下了一段不朽的神话。

巨鹿之战

公元前207年，项羽的起义军与秦将章邯率领的秦军主力部队在巨鹿（今河北邢台市）展开大战。项羽不畏强敌，率领全军渡过漳水（由巨鹿东北流向东南的一条河）。他命令全军砸碎行军做饭的锅，凿破渡船，只带三日粮，以示不胜就死的决心，这就是有名的"破釜沉舟"的典故。项羽的军队以迅雷不及掩耳之势直奔巨鹿，断绝秦军粮道，包围了秦军。义军与秦军接连激战，九战九捷，终于大败秦军，活捉了主帅王离，杀了秦将苏角。章邯在走投无路的情况下，就率领剩下的秦军投降了项羽。巨鹿一战，项羽威震诸侯，基本上摧毁了秦军的主力，扭转了整个战局，奠定了反秦斗争胜利的基础。

汉高祖刘邦

刘邦是西汉王朝的建立者。他在秦朝时曾担任泗水亭长，曾奉令押送一批刑徒到骊山服役，因途中刑徒多逃亡，他干脆就释放了其余的刑徒，自己亡匿在芒砀山中。陈胜吴广起义后，刘邦也在沛县响应起义，人称"沛公"。刘邦废秦苛法，与关中父老约法三章，得到拥护。公元前206年，刘邦被义军盟主项羽封为汉王,封地为汉中、巴蜀。后来,刘邦与项羽展开了长达4年多的楚汉之争。由于刘邦会用人,尤其懂得发挥部下的长处,又能体贴民情,关心民间疾苦,得到人民的拥护,终于使自己转弱为强,最后打败了项羽,建立了汉王朝,后世称为汉高祖。

约法三章

公元前206年,刘邦率领大军攻入关中,到达离秦都咸阳只有几十里路的霸上。子婴在仅当了46天的秦王后,向刘邦投降。刘邦进咸阳后,本想住在豪华的王宫里,但他的心腹樊哙和张良告诫他别这样做,免得失掉人心。刘邦接受他们的意见,下令封闭王宫,并留下少数士兵保护王宫和藏有大量财宝的库房,随即还军霸上。为了取得民心,刘邦把关中父老召集起来,郑重地向他们宣布:"现在我和众位约定,不论是谁,都要遵守三条法律。这三条是:杀人者要处死,伤人者要抵罪,盗窃者也要判罪!"百姓们听了,都热烈拥护。由于坚决执行约法三章,刘邦得到了百姓的信任和支持,最后取得天下。

楚汉之争

秦朝灭亡后,从公元前206年8月至公元前202年12月,项羽和另一位反秦领袖刘邦之间为争夺政权,进行了一场大规模战争,这就是楚汉之争。一开始,刘邦处于下风,屡次被项羽杀得大败而归。后来,刘邦离间了项羽和他的谋臣范曾,逐渐占据上风。最后,汉军会合各路援军共30万,把项羽围困在垓下。夜里,围困项羽的汉军唱起了楚国的歌,使楚军以为汉军已占有全部楚地,于是更无斗志。项羽趁夜率少数骑兵突围至乌江,自刎而死。历时4年多的楚汉之争,最后以刘邦夺取天下,建立汉王朝而告终。

七国之乱

汉景帝时,为了加强中央的权力,晁错提出了削弱藩王势力的主张,得到景帝的采纳。汉景帝和晁错认为吴王刘濞有罪,趁机欲削他的会稽和豫章两郡。刘濞就乘机串通楚、赵、胶西、胶东、菑川、济南六国的诸侯王,发动了联合叛乱。叛军以"清君侧,诛晁错"的名义,一路打到河南东部。景帝很惶恐,不得不杀了晁错,要求换取他们退兵,但晁错已死,叛军不退,还公开声言要夺皇位。这时景帝才决心以武力进行镇压。他命太尉条侯周亚夫与大将军窦婴率三十六将军,以奇兵断绝了叛军的粮道,只用了 10 个月的时间,就大破叛军。刘濞逃到东瓯,为东瓯王所杀。其余六王都畏罪自杀,七国都被废除了。

文景之治

汉朝刚建立的时候,社会经济衰弱,朝廷采取"轻徭薄赋"、"与民休息"的政策。在汉文帝、汉景帝统治时期,继续推行并发展汉高祖以来的休养生息政策,多次下诏劝农,鼓励农民发展农业生产。注意减轻人民的负担,还废除一些严刑苛法。同时提倡节俭,节制和缩减国家财政开支。在这些政策下,社会生产日渐得到恢复并且迅速发展,出现了多年未有的稳定富裕的盛世景象,史称"文景之治"。

雄才大略的汉武帝

汉武帝刘彻是汉景帝的儿子,是汉朝的第五代皇帝。他登基之初,继续他父亲生前推行的休养生息政策,进一步削弱诸侯的势力;同时他设立刺史,监察地方,在军队和经济上则加强中央集权。他采用董仲舒的建议,"罢黜百家,独尊儒术",为儒学成为封建正统地位地位铺平了道路。他派张骞等出使西域,任用卫青、霍去病等大臣,将汉朝推向全盛时期。汉武帝被称为"冠于百王",他的雄才大略、文治武功使汉朝成为当时世界上最强大的国家,他也因此成为了中国历史上伟大的皇帝之一。

罢黜百家,独尊儒术

汉初,在政治上主张无为而治的宽容政策,在思想上信奉的是道家老子的思想,儒家学说没有得到重用。汉武帝即位时,为了从政治上和经济上进一步强化中央集权,儒家的春秋大一统思想、仁义思想和君臣伦理观念得到了采纳和重用,并逐渐取代了道家的统治地位。武帝召集各地贤良方正文学之士到长安,向他们提问治国之策。董仲舒提出的适应政治上大一统的思想统治政策,受到汉武帝的赏识,于是,"罢黜百家,独尊儒术",儒家学说得到了独尊的地位,完全成为汉王朝的统治思想,而道家等诸子学说则在政治上遭到压制。

司马迁和《史记》

司马迁是汉武帝时的史官，是我国历史上著名的史学家。他发愤图强，自强不息，忍受了非常人所能忍受的痛苦，编写了中国历史上第一部纪传体通史——《史记》。全书包括十二"本纪"，三十"世家"，七十"列传"，十"表"，八"书"，共五个部分，约五十二万六千多字，记述了从传说中的黄帝至汉武帝太初年间上下3000年的历史。它同时也是一部文学名著，中国传记文学的开创性著作。《史记》对后世的影响极为巨大，被鲁迅誉为"史家之绝唱，无韵之离骚"。

飞将军李广

李广是西汉的名将，他少年从军，抗击匈奴。由于作战英勇，得到汉文帝的赞赏。到汉武帝即位后，任他为中央宫卫尉，后又任骁骑将军，领大军万余骑出雁门抗击匈奴。李广英勇善战，尤其他神准的箭法更是令匈奴胆战心惊。有一次，李广因众寡悬殊负伤被俘，他装出重伤的样子，趁敌人不备，一跃而起，夺了一匹马便跑。几百名匈奴骑兵从后面追来，他挽起夺来的弓箭，射死了前面的追兵，成功逃脱。由于李广屡建战功，匈奴对他又敬又怕，称之为"飞将军"，数年不敢来犯。

昭君出塞

王昭君名嫱，字昭君，原来是汉宫的宫女。公元前54年，匈奴呼韩邪单于被他哥哥郅支单于打败，南迁到长城外的光禄塞下，同西汉结好，曾三次进长安入朝，并向汉元帝请求和亲。王昭君听说后，请求出塞和亲。她到匈奴后，被封为王后，象征她将给匈奴带来和平、安宁和兴旺。昭君慢慢地习惯了匈奴的生活，和匈奴人相处得很好。她一面劝单于不要打仗，一面把中原的文化传给匈奴。自昭君出塞后，匈汉两族人民更加团结友好，边塞出现了几十年的安宁局面。

卫青与霍去病

卫青与霍去病是汉武帝时抗击匈奴的著名将领，二人并称"帝国双璧"。汉武帝时,决定改变西汉初期和匈奴和亲的政策,靠"文景之治"积累的财富和兵力,对匈奴发动了大规模的反击。卫青第一次出征就直捣龙城(匈奴祭扫天地祖先的地方),取得大胜,打破了自汉初以来"匈奴不可战胜"的神话,大大鼓舞了汉军士气,成为汉匈战争的转折点。卫青从公元前129年被封车骑将军开始,共有7次领兵打击匈奴,立下了赫赫战功,是中国历史上为人熟知的常胜将军。

霍去病是卫青的外甥,好骑射。他曾任大司马,与卫青同掌兵权。他用兵灵活,注重方略,勇猛果断,每战皆胜,深得汉武帝信任,然而他不幸英年早逝,死的时候只有24岁。

张骞通西域

汉武帝即位之初,悬赏征募使者出使月氏国,希望可联合月氏夹击匈奴。当时有汉中人张骞应募,他带着随从100多人从陇西出发。不幸的是,在经过匈奴地界的时候,他被扣押了10多年。后乘匈奴迁徙之机,他逃亡出来,到达了月氏。但月氏并不打算向匈奴复仇,张骞在月氏待了一年多,只得东还。回来的路上又不幸被匈奴所俘,次年匈奴发生内乱,张骞乘机逃走,终于回到长安,随从生还的只有10多个人了。后来,张骞又再次出使西域。张骞两次出使西域,沟通了亚洲内陆交通要道,促进了东西经济文化的广泛交流,对开辟著名的"丝绸之路"卓有贡献,可以说是中国走向世界的第一人。

王莽改制

西汉末年,王莽篡权夺位,自立为帝,建立了新朝。为缓和西汉末年日益加剧的社会矛盾,王莽采取了一系列新的措施,包括土地改革、币制改革、商业改革和官名县名改革。但王莽的改制不仅未能挽救西汉末年的社会危机,反而造成社会经济的极大混乱,引起社会各阶层的不满,使各种矛盾进一步激化,终于导致了赤眉绿林为主的农民大起义,短命的新朝也很快灭亡了。

光武中兴

绿林赤眉起义推翻新莽政权之后,刘秀恢复汉室,国号仍为汉,历史上称为东汉,刘秀就是光武帝。光武帝在位期间,采取一系列措施,恢复、发展社会生产,缓和西汉末年以来的社会危机。东汉初年的农业、手工业都得到了很大恢复,经济发展,政局稳定,历史称为"光武中兴"。

黄巾起义

黄巾起义是东汉末年发生的全国性农民大起义。东汉后期,政治腐败,社会动荡,百姓颠沛流离,到处暴动。有个叫张角的人借治病传教,秘密进行组织活动,10多年发展了30多万的徒众。张角提出"苍天已死,黄天当立,岁在甲子,天下大吉"的政治口号,号令各方同时举行起义,起义军以黄巾包头,所以叫"黄巾军"。黄巾起义虽然后来被残酷镇压了,但在起义的沉重打击下,腐朽的东汉王朝还是很快灭亡了。

六、三国两晋南北朝

官渡之战

官渡在今天河南的中牟东北。东汉末年,曹操与袁绍在这里进行了一次大规模战役。当时,曹操和袁绍是中国北方割据势力中的两个豪强,而袁绍的实力要远胜曹操,是实力最强的诸侯。袁绍于公元 199 年亲率大军南下,准备进攻曹操。曹操兵少粮缺,被迫以两万兵力的绝对劣势在官渡与袁绍对战。曹操利用袁军轻敌、内部不和等有利因素,声东击西,两次偷袭袁军后方,截其粮车,焚烧其粮草。袁绍的军心动摇,纷纷溃散投降。曹操乘势全线出击,一举歼灭了袁军主力。官渡之战是中国历史上著名的以弱胜强的战役之一,曹操大获全胜,为日后统一北方奠定了坚实的基础。

赤壁之战

曹操打败袁绍,基本统一北方后,率领号称百万的水陆大军南下,打算击败孙权、刘备诸强,以统一天下。形势危急,刘备派诸葛亮会见孙权,说服孙权结盟抗曹。孙权和刘备组成 5 万联军,由周瑜指挥,与曹军对峙于赤壁(今湖北赤壁市西北,一说今嘉鱼东北)。曹操在有利形势下,轻敌自负,指挥失误,被孙刘联军用火攻击败。赤壁之战是历史上以弱胜强的著名战例之一,为日后魏、蜀、吴三国鼎立奠定了基础。

三国鼎立

东汉末年的地方割据势力,经过近 20 年的混战兼并,在赤壁之战后,最终形成了曹操、孙权和刘备鼎足三分的局面。曹操死后,他的儿子曹丕称帝,国号魏,定都洛阳。第二年,刘备也在蜀称帝,国号汉,史称蜀汉,定都成都。8 年后,孙权在江东称帝,国号吴,定都建业(今南京)。魏、蜀、吴三国各霸一方,称王称霸,互相对峙,历史上称为"三国鼎立"。

你应该具备的

诸葛亮鞠躬尽瘁

诸葛亮字孔明,是三国时期著名的政治家、军事家。诸葛亮年轻时就有了远大的抱负,富于谋略,洞悉当时的天下大势,被人称为"卧龙"。后来应刘备恳请,诸葛亮出山为之辅佐,刘备从此如鱼得水。当曹操兴兵南下,形势危急的时候,诸葛亮积极主张联吴抗曹,他游说孙权,坚定孙权抗曹的决心,又与周瑜等指挥赤壁之战,表现出杰出的外交和军事才能。刘备在蜀称帝,诸葛亮任丞相。刘备死后,昏庸无能的阿斗(刘禅)继位,他只知享乐,把国内的军政大权交给诸葛亮处理。诸葛亮联吴伐魏,南征孟获,积极准备两次北伐,并先后给阿斗上陈《前出师表》和《后出师表》,表示自己为国鞠躬尽瘁、死而后已。可惜他壮志未酬,因积劳成疾,病逝于五丈原。诸葛亮非常聪明,他精通兵法,发明了八阵图,还制造了木牛、流马等运输工具,在民间成了智慧的化身。

三国归一

三国鼎立的局面持续了 40 多年后,公元 263 年,魏国派大军分两路攻蜀,后主刘禅被迫投降,蜀汉灭亡了。可是曹魏政权也没能存在多长时候,公元 265 年,执掌魏国大权的司马炎逼迫魏元帝曹奂退位,自立为帝,定都洛阳,国号晋,史称西晋,司马炎就是晋武帝。公元 280,晋武帝派王浚、杜预渡江灭孙吴,重新实现了全国的统一。

外科鼻祖——华佗

华佗是东汉末年著名的医学家。他深入民间,足迹遍于中原大地和江淮平原,在内、外、妇、儿各科的临证诊治中,曾创造了许多医学奇迹,尤其以创麻沸散(临床麻醉药)、行剖腹术闻名于世。他曾用"麻沸散"使病人麻醉后施行剖腹手术,是世界医学史上应用全身麻醉进行手术治疗的最早记载,他也因此被称为"外科鼻祖"。他还模仿虎、鹿、熊、猿、鸟等禽兽的动态创造了名为"五禽之戏"的体操,教导人们强身健体。后来人们在称赞某个医术高明的医生时,往往用"华佗再世"来形容,可见华佗影响之深远。

八王之乱

西晋惠帝时期,皇室内部发生了战乱,汝南王亮、楚王玮、赵王伦、齐王囧、长沙王乂、成都王颖、河间王颙、东海王越等八个诸侯王之间,为争夺中央最高权力,发生了一连串的相互残杀和战争,历史上称为"八王之乱"。八王之乱从291年开始到306年,共持续16年,对国家造成了较大的破坏,也加剧了西晋的统治危机。北方的匈奴、氐、羯、鲜卑、羌等族首领趁机摆脱晋的统治,发兵争夺中原的统治权,建立了一系列割据一方的政权,中国从此进入了五胡十六国时期。316年,匈奴的前赵攻入长安,西晋灭亡了。司马睿于317年在建康(今江苏南京)即位,东晋建立。

祖逖北伐

祖逖是晋代著名将领,他年轻时就发愤读书,刻苦习武,留下了"闻鸡起舞"的佳话。西晋王朝末年,朝廷危在旦夕,各少数族首领乘机起兵反晋国,羯族首领石勒率军进入中原,当地豪强建筑坞壁自守。祖逖要求领兵北伐,收复失地。可司马睿无心北进,只给了祖逖1000人的口粮,布3000匹,让他自行招募兵将。祖逖率领数百人渡过长江,发誓不收复中原不回渡。他铸造兵器,募集2000多人北上。经过4年多的苦战,祖逖率领的北伐军收复了黄河以南的大片失地,使石勒不敢挥兵南向。可就在这时,东晋内部统治者却对祖逖的北伐百般阻挠,他深深感到北伐难以成功,于是忧愤成疾,病死军中。祖逖死后,东晋内部连续发生战乱,石勒乘机占领了河南,晋军被迫退到淮南,祖逖北伐的成果也化为乌有。祖逖虽未能收复失地,但他的爱国主义精神却永远留在人民的心中。

淝水之战

东晋时期,由氐族人建立的前秦国,统一了黄河流域并将势力扩展到长江和汉水上游。前秦皇帝苻坚因此踌躇满志,调集90多万兵力,打算一举荡平江南的东晋,统一南北。东晋军队虽然只有8万人,但还是在宰相谢安的指挥下从容应战。前秦军队虽然数量庞大,但大多数士兵都是各族临时被迫入伍的,因此军心涣散、无心作战,再加上苻坚傲慢轻敌,埋下了失败的恶果。双方在淝水决战,晋军及时抢渡淝水猛攻,前秦将领苻融临时整顿队伍,他的马突然倒地死了,于是军队大乱。晋军乘胜追击,后来秦军大败。溃兵听到风声鹤唳,就以为是晋兵追来,因而昼夜奔跑,饥寒交迫,到了洛阳,只剩下10余万人。淝水之战是我国历史上著名的以弱胜强的战例,东晋由此遏制了北方少数民族的南下侵扰,为江南地区社会经济的恢复和发展创造了条件。

孝文帝改革

十六国时期结束后,北方先后存在着北魏、东魏、西魏、北齐、北周 5 个王朝,历史上称为北朝。北魏孝文帝拓跋宏是一位很有作为的君主,他在执政期间进行了一系列改革,包括迁都洛阳,加强对黄河流域控制,接受汉族先进文化;禁止鲜卑贵族穿胡服,一律改穿汉服;禁止鲜卑贵族讲鲜卑语,一律改说汉语,同时主张同汉族联姻,采用汉族的政治制度,等等。这些改革,加速了当时北方各少数民族封建化的过程,促进了北方民族的大融合。

南北朝并存

公元 420 年,刘裕灭并秦之后取代了东晋,东晋灭亡。自东晋灭亡到公元589 年隋统一全国的 170 年间,南方先后建立起宋、齐、梁、陈 4 个朝代,与北方的北魏、东魏、西魏、北齐、北周 5 个王朝对峙而立,历史上总称为南北朝。北方诸少数民族于这一时期进入中原地区,促进了民族间的融合。南方因少战乱,经济得到了较快发展。

七、隋唐五代

隋统一南北

公元 581 年，北周贵族杨坚夺取政权，建立了隋朝。公元 589 年，隋军攻下建康，灭掉后陈，统一全国，结束了 270 余年的南北分裂局面。隋朝时期，农业、手工业和商业都获得了较为迅速的发展，为唐朝盛世准备了条件。隋炀帝时期开凿的大运河，全长数千里，贯通南北，适应了南北经济、文化联系的需要，对后世的历史发展具有深远意义。公元 604 年，杨坚被其子杨广所杀，杨广即隋炀帝。隋炀帝统治时期，大兴土木，穷兵黩武，其政权最终被农民起义推翻。隋自公元 581 年建立到 618 年灭亡，虽然只有 38 年的时间，但在政治、经济等制度方面，却是一个承前启后的重要时期。

科举制度

科举制是有皇帝亲自主持、以分科考试形式录用人才的取士制度。魏晋以来，官员大多从各地高门权贵的子弟中选拔。权贵子弟无论优劣，都可以做官。许多出身低微但有真才实学的人，却不能到中央和地方担任高官。为改变这种弊端，隋朝的开国皇帝隋文帝杨坚开始用分科考试来选举人才。后来隋炀帝时期正式设置进士科，考核参选者对时事的看法，按考试成绩选拔人才，我国科举制度就正式诞生了。

京杭大运河

隋炀帝杨广即位后，为了加强对全国政治上的控制，并且使江南地区的物资能够更方便地运到北方来，加上他个人追求享乐，于是决定开挖一条沟通黄河、淮河、长江的大运河。从公元 605 年，数百万个民工奋斗 5 年，完成了工程，这就是举世闻名的京杭大运河。这是世界上里程最长、工程最大的运河，也是最古老的运河之一，长达 2000 余里，为发展南北交通和繁荣经济起到了巨大的促进作用。

玄武门之变

公元 618 年，李渊称帝，建立了唐王朝，李渊就是唐高祖。李渊的次子李世民在唐王朝建立过程中军功卓著，他的政治野心也日益增长。但李渊按照惯例，立长子李建成为太子，而李建成对李世民也有防范和妒忌之心。双方各自培植势力，打击对方，终于酿成一场骨肉相残的流血事件。公元 626 年，李世民伏兵玄武门，杀太子李建成及其支持者齐王李元吉，史称"玄武门之变"。事变后，唐高祖李渊被迫立李世民为太子，不久，便被逼传位于李世民。

贞观之治

从公元 627 年到 649 年，是唐太宗李世民的统治时期，年号"贞观"。唐太宗认识到君和民就好比是舟和水，水能载舟，也能覆舟，所以不能对自己的子民太苛刻。于是他采取有利于经济发展的休养生息政策，奖励农耕，使经济得到较快的恢复和发展。他还发展科举制度，通过选拔大批有文化、有才能的政治家进入政权中；他知人善用，重用魏徵等贤臣，保证了吏治清明。这样，就出现了社会稳定，人民安康，天下太平的局面，历史上称为"贞观之治"。

文成公主入藏

唐代贞观年间，松赞干布统一青藏高原，建立了藏族吐蕃王国。松赞干布在位期间，注重发展农牧业生产，引进先进的汉族文化，促进了吐蕃社会和经济文化的发展。公元 640 年，应他的请求，唐太宗把文成公主嫁给了他，结成和亲关系。文成公主是唐太宗李世民宗室女，她聪慧美丽，知书达理，并信仰佛教。文成公主入藏时，随身携带了大量精致的手工艺品药品、科技书籍和蔬菜种子。她在吐蕃生活近 40 年，对藏族的经济文化发展和汉藏两族友好团结作出了贡献，至今仍受到两族人民的尊敬与爱戴。

玄奘取经

玄奘是唐代的一位卓有成就的高僧，世称三藏法师，俗称唐僧。玄奘

13 岁出家。贞观三年(629),他从长安出发,历经 4 年到印度研习佛经。过了 10 多年,他带着许多佛教经典回到长安,在太宗、高宗的支持下,召集各大寺高僧组成译经场,译出佛经 1000 多卷。他还把《老子》等译成梵文传入印度。玄奘到西方取经的故事在民间充满了神奇的色彩,后来的小说《西游记》就源自他的故事。

历史上唯一的女皇帝——武则天

武则天本来是唐高宗的皇后,协助高宗处理军国大事。高宗去世后,武则天相继废掉两个儿子中宗和睿宗,亲登帝位,改国号为周,成为中国历史上空前绝后的唯一女皇。武则天在半个世纪的执政期间,不拘一格选拔人才,发展生产,巩固边防开拓疆土,建立了巨大的历史功绩,堪称一位杰出的女政治家。武则天的统治上承"贞观之治",下启"开元盛世",史称"贞观遗风"。

开元盛世

唐玄宗李隆基统治前期,即开元年间(公元 713 年~公元 741 年),任用贤能,政治比较清明,经济迅速发展,提倡文教,使得天下大治,唐朝进入全盛时期,成为当时世界上最强盛的国家,唐都长安也成为著名的国际大都市。历史上称这段时期为"开元盛世"。

安史之乱

安史之乱是唐玄宗统治末年安禄山和史思明所发动的叛乱。安禄山是北方很有实力的节度使,他趁唐朝内部空虚腐败,联合突厥等民族组成共 15 万军队,以奉密诏讨伐宰相杨国忠为借口在范阳起兵叛乱。叛军一路紧逼,洛阳和长安都先后沦陷,唐玄宗也被迫退位。继位后的唐肃宗任用郭子仪等为将,对叛军展开反击,收复了洛阳和长安,安禄山和史思明也先后被杀死,安史之乱才得以平定。安史之乱是中国历史上一次重要的事件,使当时的社会经济遭到极大的破坏,是唐朝由盛而衰的转折点。

五代十国

公元 907 年,唐王朝瓦解,朱温废唐称帝,建立后梁,中国历史再度进入分裂割据的五代十国时期。在 50 多年的时间里,有五个朝代先后统治黄河流域,即后梁、后唐、后晋、后汉、后周,历史上称为"五代"。在南方和山西先后建立起前蜀、吴、闽、吴越、楚、南汉、荆南(南平)、后蜀、南唐、北汉等 10 余个地方政权,称为"十国"。当时北方战乱频繁,政局动荡;南方相对稳定,经济得以发展。后周建立后,进行了一系列政治、经济改革,对安定社会秩序,恢复经济起到了积极作用,从而为宋朝统一奠定了基础。

你应该具备的

八、宋元明清

陈桥兵变

赵匡胤出身军人家庭,他投入后汉枢密使郭威幕下,屡立战功。951年,郭威称帝,建立后周,赵匡胤也逐渐掌握了军事大权。周世宗柴荣死后,恭帝即位,赵匡胤开始计划篡夺皇位。公元960年,赵匡胤谎报契丹联合北汉大举南侵,领兵出征。到了陈桥驿这个地方时,赵匡胤的弟弟赵匡义和幕僚赵普授意将士把黄袍加在赵匡胤身上,拥立他为皇帝。赵匡胤率军回师开封,逼使恭帝禅位,轻易地夺取了后周政权,改国号为"宋",建立了宋朝,赵匡胤就是历史上的宋太祖。

杯酒释兵权

宋太祖即位后,任用赵普为宰相。赵普认为,晚唐五代国家混乱,根本原因就在于藩镇武将的势力太大,经常会发生夺取中央政权的事情,于是他建议解除武将兵权,以免重蹈覆辙。宋太祖接受了建议,他召集手下的大将石守信等人和自己一块儿饮酒,劝谕他们释去兵权,这样就用和平手段解除了大将的军权威胁,成功地防止了军队的政变。历史上称为"杯酒释兵权"。

王安石变法

王安石是北宋时期的政治家、文学家。他看到当时社会矛盾,就力主改革政治,以扭转国势的衰落。宋仁宗时,他上《万言书》,希望改革,受到冷遇。宋神宗继位后,得到支持,开始实行改革。改革以增加财政收入,节俭支出,稳定经济秩序,整理经济环境,加强军事力量为主。变法起到了富国强兵的作用,维持了宋政局的稳定。但由于遭到保守政治势力的反对,王安石先后两次被罢相,变法也以失败而告终。

司马光编《资治通鉴》

北宋时期,我国著名的史学家、政治家司马光和他的助手刘攽、刘恕、范祖禹、司马康等人花了19年的时间,编纂了一部规模空前的编年体通史巨著,这就是《资治通鉴》。《资治通鉴》共294卷,记载的历史由周威烈王二十三年(纪元前403年)写起,一直到五代的后周世宗显德六年(纪元959年)征淮南,共跨越了16个朝代、1363年的历史。为什么叫"资治通鉴"呢?原来,书名的意思是"鉴于往事,资于治道",就以历史的得失作为鉴诫来加强统治。在这部书里,编者总结出许多经验教训,供统治者借鉴。在中国历史上,除《史记》之外,几乎没有任何一部史著可与《资治通鉴》媲美。

辽太祖开国

辽国为契丹族创建,故辽国在很长时期内也称契丹国。契丹族源于东胡,活动于辽河上游一带,唐末五代时实力得到发展,其中迭剌部耶律氏迅速崛起。公元916年,契丹王耶律阿保机自称皇帝,国号契丹,947年国号改为辽。耶律阿保机率部众建都城皇城,即后来的上京,京中建孔子庙、佛寺、道观等。耶律阿保机具有雄才大略,他不断征伐契丹及突厥诸部以图发展,又积极参与中原政治斗争。他创设的诸种制度与开创的规模,都为后来契丹国的发展奠定了基础。辽国的建立第一次使北部中国大部分地区得到统一,中国北部地区的开发和社会经济都取得了较大的发展。

女真族建金

1115年,女真部首领完颜阿骨打建国称帝,国号大金,完颜阿骨打即为金太祖。金太祖指挥女真人打败镇压的辽军,又攻打高丽等地区。他知人善用,实施改革,为金朝发展提供了条件。金朝前期先后灭了辽和北宋,国力强盛一时。至金朝后期,统治出现危机,1234年被南宋和蒙古所灭。

靖康之变

北宋时期,北方的女真族建立了金朝政权,并日益强大起来,灭掉了辽国,威胁到北宋政权。当时北宋徽宗任用奸臣蔡京为相,使得社会更加动乱,国力大大削弱。金国人见机会来了,大军南下入侵。徽宗慌乱不堪,把皇位传给了赵桓,为钦宗,自己当了太上皇,改元为靖康。靖康元年,即1126年,金兵攻破宋朝都城东京(现开封),俘走了宋徽宗、宋钦宗及宗室、大臣3000多人,北宋从此灭亡,历史上称这次事件为"靖康之变"。

民族英雄岳飞

岳飞,字鹏举,南宋军事家,是著名的抗金名将。他年轻时亲眼目睹北宋的灭亡,决心坚决收复故土。靖康之变后,康王赵构在南京继位,史称南宋。初期,宋高宗主张收复失地,启用了大批主战将领,其中就有岳飞。岳飞作战有勇有谋,治军纪律严明,多次打败金国元帅兀术,收复了许多失地,声威大震。金军不得不哀叹:"撼山易,撼岳家军难。"可就在抗金战争即将取得胜利的时候,高宗和奸臣秦桧却以"莫须有"的罪名将岳飞处死。岳飞虽然壮志未酬,但他作为中国历史上的民族英雄,精忠报国的精神深受中国各族人民的敬佩。

"一代天骄"成吉思汗

成吉思汗本名叫铁木真,他是蒙古帝国的大汗,也是我国历史上一位杰出的英雄人物。他统一了蒙古草原上的各个部落,建立了蒙古汗国,被举为大汗,称成吉思汗。在蒙语中,"成吉思"是"大海"的意思,颂扬他和海洋一样伟大。他具有卓越的军事和政治才能,在位的时候进行了大规模的军事扩张,攻金灭夏,为元朝的建立奠定了基础;征服地域西达黑海海滨,东括几乎整个东亚,使蒙古帝国成为世界历史上著名的横跨欧亚两洲的大帝国之一,给世界文明带来了深远的影响。1995年12月31日,成吉思汗被美国《华盛顿邮报》评选为"千年风云第一人"。

马可·波罗游记

马可·波罗是威尼斯意大利商人的后代,他的父亲和叔叔都曾到过中国,见过当时的元朝皇帝忽必烈。他们回去后,给马可·波罗讲述了古代中原的神秘故事,引起了他浓厚的兴趣。后来马可·波罗终于也来到中国,见到了忽必烈,还担任过官职,有机会遍游中国各地。回国后,他把自己的东方见闻写成一本书,这就是有名的《马可·波罗游记》。这部游记详细记录了元代中国的政治事件、物产风俗,还有关于中国使用煤、纸钞的情况,激起了欧洲人对于中国及东方文化的极大兴趣,产生了深远影响。

朱元璋建明朝

朱元璋是明朝的开国皇帝,年轻时曾当过和尚,生活十分艰苦。元朝末年,各地不满元人的民族压迫,纷纷起义,25 岁的朱元璋也参加了郭子兴领导的红巾军,反抗蒙元暴政。郭子兴死后,他便成为这支农民军首领。公元1368 年,朱元璋在基本击破各路农民起义军和扫平元的残余势力后,于南京称帝,国号大明,年号洪武,建立了全国统一的政权。明朝是中国继周朝、汉朝和唐朝之后的盛世,史称"治隆唐宋"、"远迈汉唐"。

靖难之役

明朝建立后,明太祖朱元璋把儿孙分封到各地做藩王,藩王势力日益膨胀。他死后,孙子建文帝即位。建文帝采取一系列削藩措施,严重威胁藩王利益,引起了坐镇北平的燕王朱棣的不满。朱棣打着"清君侧,诛奸臣"的旗号,联合各个藩王举兵反抗朝廷,随后挥师南下,历史上称为"靖难之役"。这场战争历时 4 年。1402 年,朱棣攻破明朝京城南京,战乱中,建文帝下落不明,成了历史疑案。同年,朱棣即位,就是明成祖,改元永乐,并把都城迁到了北京。

郑和下西洋

郑和本姓马,世称"三保太监"。他少年时就在朱棣身边长大,跟着朱棣南征北战,是"靖难之役"的有功之臣,受到朱棣的赏识。郑和知识丰富,熟悉西洋各国的历史、地理、文化、宗教,具有卓越的外交才能和一定的航海知识。1405 年 7 月 11 日,明成祖朱棣命郑和率领庞大的 240 多艘海船、27400 名士兵和船员组成的船队远航,访问了 30 多个在西太平洋和印度洋的国家和地区。一直到 1433 年,郑和一共远航了 7 次,最后一次回程时在船上因病过逝。郑和下西洋不仅是当时世界航海事业的顶峰,展示了明朝前期中国国力的强盛,还加强了中国明朝政府与海外各国的联系,对发展中国与亚洲各国在政治、经济和文化上的友好关系,做出了巨大的贡献。

土木堡之变

　　明英宗在位期间，1449年，北方瓦剌首领也先率大军南下进犯明朝，主力直逼大同。当时朝政由宦官王振把持。他仓促发兵50万人，挟持着明英宗亲征。军队到了大同，还没有交锋，听说前方惨败，就惊慌撤退了。王振又想炫耀自己，想让英宗"临幸"他的家乡蔚州，但又怕军队损坏他的田园庄稼，于是屡次改变行军路线，致使军队疲于奔命，劳累不堪，在土木堡（今河北怀来东）被也先率军围住。明军大溃，王振及各大臣死于乱军之中，英宗被俘，50万明军死伤过半。随后，瓦剌大军进逼北京，历史上称为"土木堡之变"。

戚继光抗倭

　　戚继光是明代著名的抗倭将领、军事家，是我国历史上著名的民族英雄。明朝时，日本的一些武士、商人和流浪人经常到中国沿海地区，进行武装走私和抢劫烧杀的海盗活动，历史上把他们叫作"倭寇"，沿海居民深受其害。戚继光看到这样的情形，率军在浙、闽、粤沿海诸地抗击来犯的倭寇。戚继光的军队将士英勇善战，屡立战功，被誉为"戚家军"。经过10多年的时间，大小80余战，戚家军终于扫平了东南沿海的倭寇之患。戚继光也由此被现代中国誉为民族英雄。

闯王李自成

　　李自成是陕西人，著名的明末农民起义领袖。刚开始起义时，他是闯王高迎祥的部将，有勇有谋，声望越来越高。后来高迎祥牺牲后，他继称闯王。当时中原灾荒严重，李自成任用牛金星、李岩等知识分子为谋士，提出"贵贱均田"、"迎闯王，不纳粮"等口号，受到广泛欢迎，义军发展到百万之众。1644年，他建立了大顺政权，不久就攻克北京，推翻了明王朝。然而后来全国局势发生变化，起义军内部分裂，在吴三桂和清军联合进攻下，李自成军队不得不撤出北京，他本人也在湖北通山九宫山被害。

努尔哈赤奠定大清基业

　　1616年，女真族首领努尔哈赤在赫图阿拉（今辽宁新宾西老城）称汗，国号金，史称后金。他就是后来的清太祖高皇帝。他即位后，继续扩张自己的势力。1618年,努尔哈赤颁布"七大恨",起兵反明。他东征西战,为建立大清王朝打下了坚实的基础。努尔哈赤死后,其子皇太极于1636年在沈阳宣布称帝,改国号为"大清"。1644年,大清军队攻陷北京,在关内确立了清政权,正式开始了满族对中国的统治。

郑成功收复台湾

台湾自古以来就是中国的领土。17世纪初,荷兰称霸海上,实行殖民扩张,通过与西班牙殖民者进行长达15年的争夺,于1641独占台湾。公元1661年3月,郑成功率兵25000人、战舰近500艘,从金门料罗湾出发,经澎湖直抵台湾西海岸。在台湾人民的支持下,郑成功军队经过九个月激战,击败荷兰殖民者,迫使荷兰侵略者挂起了白旗投降,被侵占了38年之久的台湾,终于回到了祖国的怀抱。郑成功因而成为中国历史上受人景仰的伟大的民族英雄。

平定三藩

清朝康熙皇帝统治时期,发生了"三藩之乱"。"三藩"指的是当时镇守云南的平西王吴三桂、镇守广东的平南王尚之信、镇守福建的靖南王耿精忠。康熙皇帝亲政以后,国内外形势十分严峻,清政府的权力还不能行使全国,特别是割据一方的藩王势力,对朝廷是严重的威胁。于是,康熙就作出了撤藩的决定。吴三桂得到消息后,立刻就起兵发动了叛乱,尚之信、耿精忠及各地的藩王也纷纷响应。康熙临危不乱,运用灵活的战术策略,渐渐扭转战局,平定了三藩之乱。平定三藩之乱用了8年时间,消除了地方割据势力,有利于国家统一,也有利于开发边疆。

康乾盛世

"康乾盛世",指的是清代从康熙到乾隆时期的一段盛世局面,又称"康雍乾盛世",起于康熙二十年(1681年)平三藩之乱,止于嘉庆元年(1796年)川陕楚白莲教起义爆发,持续时间长达115年。在这段时期,贸易繁荣,经济发达,人口激增,疆域也不断扩大,中国社会在政治、经济、文化等诸多方面都达到了一个新的高峰,所以称为"康乾盛世"。

九、近现代风云

虎门销烟

鸦片是一种毒品,人一旦吸上就会上瘾,对人体有极大的危害。清朝道光年间,英国大量向中国输入鸦片,严重毒害了中国人民,国民体质下降,并造成中国白银大量外流,人民负担加重,也使清王朝遭遇了统治危机。道光皇帝听取林则徐等大臣的进谏,支持"禁烟运动",于1838年11月15日,特命林则徐为钦差大臣到广东查办禁烟。第二年林则徐到达广州后,与英美鸦片贩子进行了坚决的斗争,收缴大量的鸦片。1839年6月3日,他下令在虎门海滩当众销毁总重量1188127公斤的鸦片,历时23天,史称"虎门销烟"。

鸦片战争

中国禁烟的消息传到英国后,英国决定以此为借口发动侵华战争。1840年2月,英国舰队开抵广东海面,封锁珠江口,鸦片战争正式爆发。清朝军队武备废弛、敌情不明、指挥紊乱,结果一败涂地。1842年,英国军队攻陷镇江,切断京杭大运河南北交通,直抵南京城下。清政府无力再战。1842年7月24日,清政府在英国侵略者的炮口下,被迫签订了丧权辱国的《南京条约》。鸦片战争至此结束。《南京条约》是清政府第一份不平等条约,严重损害了中国的主权,5000年来,中华民族从未受过如此巨大屈辱。中国由此逐步沦入半殖民地状态,鸦片战争也成为中国近代史的开端。

太平天国运动

鸦片战争以后,中国社会危机进一步加剧。全国各族人民反清浪潮不断高涨。在这种形势的推动下,洪秀全等人于1851年1月11日在广西金田村发动了起义。起义军不断发展壮大,横扫全国,并在1853年攻占南京,洪秀全自称天王,建立了太平天国政权。太平天国运动历时14年,势力发展到 18 个省,是我国历史上规模最大的一次农民起义。虽然后来在中外势力的联合镇压下,太平天国运动遭到了失败,但它沉重打击了清王朝的腐朽统治,揭开了近代革命斗争的新篇章。

火烧圆明园

圆明园是位于北京西郊的皇家园林,体现了我国古代造园艺术的精湛,被世人誉为"人间奇迹"、"万园之园"。令人痛心的是,这座中外罕见的园林艺术珍品,却毁在入侵者的手里。第二次鸦片战争期间,英、法组成联军发动侵华战争,并攻入北京,开始了疯狂的抢劫和破坏。为了迫使清政府尽快接受议和条件,英国人以清政府曾将英法被俘人员囚禁在圆明园为借口,命令米启尔中将率领侵略军3500 余人进入圆明园。英法侵略军把圆明园抢劫一空之后,为了销赃灭迹,掩盖罪行,英国全权大臣额尔金在英国首相帕麦斯顿的支持下,下令烧毁圆明园。大火连烧 3 昼夜,使这座世界名园化为一片废墟。

中日甲午战争

日本从明治维新以后,迅速走上军国主义道路,首先把侵略矛头指向朝鲜、中国。1894 年 7 月 25 日,日本的海军和陆军先后向中国军队发动进攻,挑起了侵略中国的战争。由于这一年是农历的甲午年,所以历史上称这次战争为"甲午战争"。甲午战争经历了黄海海战和威海卫之战等著名的战役,由于清政府昏庸无能,中国军队一败再败,就连经营多年的北洋舰队也全军覆灭。这次战争以清政府的惨败而告终。在日本的威逼之下,清政府与日本签订了丧权辱国的《中日马关条约》,日本得到巨额赔款,并割去辽东半岛、台湾及澎湖列岛等大片中国领土。甲午战争中国的失败,使半殖民地化速度进一步加快,民族危机愈益深重,同时也促使中华民族日益觉醒。

百日维新

中日甲午战争后,中国民族危机日益严重。中国的维新派人士康有为、梁启超、谭嗣同、严复等希望按照西方国家的模式,推行政治、经济改革,改变国家落后的面貌。他们在各地组织学会,创办报刊,设立学堂,宣传变法主张,并得到了清朝光绪皇帝的支持。1898 年 6 月 11 日,光绪颁布"明定国是诏书",宣布变法维新。这次变法在 103 天里颁布了数十条维新诏令,因而被称为"百日维新"。

戊戌六君子

以慈禧太后为首的守旧派极力反对变法,于 1898 年 9 月 21 日发动政变,囚禁光绪帝,逮捕维新派志士,取消变法措施,"百日维新"失败了。康有为、梁启超逃亡国外,谭嗣同、康广仁、林旭、刘光第、杨锐、杨深秀等六人被杀害,后世称这六位志士为"戊戌六君子"。

义和团运动

义和团原名义和拳,由不同源流的民间组织秘密结社,经过长期相互渗透和结合而成,是民间爱国反帝的社团。义和团运动是 1900 年爆发的一场反帝爱国运动,是帝国主义扩大侵略,民族矛盾空前激化的产物,也是甲午中日战争后,中国人民反抗侵略、反抗压迫的又一次伟大的农民运动。虽然义和团运动在中外反动势力的打击下失败了,但是这个运动显示出中国人民的巨大力量。

八国联军侵华

1900 年夏,为了镇压中国的义和团运动,英、俄、美、法、德、日、意、奥八个帝国主义国家组成了侵华联军。这次事件以清政府战败而告终。八国联军先后攻陷天津和北京,在北京进行疯狂的烧杀抢掠,造成大量中国文物和文化遗产的失窃、破坏;并把北京分为各自的占领区,实行军事统治。1901 年 9 月 7 日,清政府被迫与总共十一个国家签订了《辛丑条约》赔款白银 4.5 亿两,八国联军侵华事件才告终结,中华民族又一次蒙受了耻辱。

辛亥革命

清朝末年,清政府丧权辱国、政治腐败,使得民族危机日益深重,也激起了广大人民的愤慨与反抗。中国民主革命的先行者孙中山先生成立了革命组织中国同盟会,决心武装推翻清政府的统治,并提出了"三民主义"

的主张。从 1905 年起,同盟会组织发动了多次起义,虽然都以失败而告终,却扩大了革命运动的影响,加速了清王朝的灭亡。1911 年 10 月 10 日,武昌的革命党人发动起义,取得胜利,成立了湖北军政府。全国各省闻风响应,不到两个月,就有 14 个省先后宣布独立。独立的各省代表在南京选举孙中山为临时大总统。1912 年 1 月 1 日,中华民国临时政府在南京宣告成立,孙中山宣誓就职。2 月 12 日清帝溥仪宣布退位,结束了清王朝的统治。由于 1911 年是农历的辛亥年,所以这次革命被称为"辛亥革命"。辛亥革命成功推翻了清朝的统治,结束了中国的帝制,开启了民主共和的新纪元。

五四运动

第一次世界大战结束后,战胜国在巴黎举行和会,列强肆意践踏中国主权,把战败国德国原先在山东的权益转让给日本。日本更进一步向当时的北洋政府提出了二十一条无理要求,北洋政府也接纳了其中的大部分条件。中国作为战胜国之一,不仅没有收回应有的权益,反而被日本夺去了更多的权益,这激起了国人对日本和软弱的北洋政府的不满。在这种情况下,一场反帝爱国运动便在北京爆发了。1919 年 5 月 4 日,北京大学等高校的学生举行游行,要求取消"二十一条",严惩卖国者。这场运动迅速席卷全国,各地学生罢课,工人罢工,商人罢市,大力声援北京学生。最后,北洋军阀政府被迫免去亲日卖国官员的职务,并拒绝在和约上签字,五四运动至此以胜利而告一段落。

中国共产党成立

五四运动后,中国工人运动迅速发展。1920 年 8 月,首先在上海成立中国共产主义小组,陈独秀被推为书记。10 月,李大钊发起成立北京共产主义小组。接着,共产党组织在武汉、长沙、广州、济南相继成立。在国外,也建立旅欧共产党巴黎小组、日本小组。1921 年 7 月 23 日至 31 日,中国共产党第一次全国代表大会在上海举行,最后一天改在浙江嘉兴南湖一只游船上举行。这次大会宣告了中国共产党的正式成立。

北伐战争

　　孙中山第二次护法运动失败后，在中国共产党和俄国共产党的热心帮助下改组了中国国民党，实现了国共合作，创办了黄埔军校，培养出一支进行北伐战争的骨干力量——国民革命军。国民革命军于 1926 年 7 月 9 日在广州举行北伐誓师典礼。国民革命军用了半年多的时间，就消灭了军阀吴佩孚、孙传芳的主力，把国民革命由珠江流域扩展到长江流域。在北伐胜利进军影响下，西南各省地方军阀也转向拥护国民政府。

叶挺独立团

　　叶挺独立团是北伐战争时期由中国共产党直接领导的、以叶挺为团长的国民革命军第四军独立团，1925 年 11 月在广东组建。1926 年 5 月，独立团作为北伐先遣队开赴两湖前线。在攻占汀泗桥、贺胜桥两次战役和围攻武昌的战斗中，独立团英勇善战，屡建奇功，为第四军赢得了"铁军"的光荣称号。

南昌起义

　　1927 年，蒋介石和汪精卫先后发动反革命政变，实行"清共"政策，国共合作破裂，大革命失败了。为了反抗国民党反动派的屠杀政策，1927 年 8 月 1 日，中国共产党在江西省南昌市举行武装起义。南昌起义由周恩来任前敌委员会书记，贺龙任起义总指挥，总兵力共约 3 万余人。起义军经过近 5 个小时的激战，全歼守敌 1 万余人，胜利占领了南昌城。南昌起义打响了武装反抗国民党反动派的第一枪，标志着中国共产党创建革命军队、独立领导武装革命的开始。因此，8 月 1 日被定为中国人民解放军的建军节日。

红军长征

　　从 1930 年开始，蒋介石的国民党军先后对中国工农红军的革命根据地进行了四次"围剿"，红军在毛泽东、朱德的正确指挥下，四次都取得了反"围剿"的胜利。1933 年 9 月，蒋介石对中央革命根据发动了第五次"围剿"。由于王明"左"倾教条主义的错误领导，中央红军苦战一年，还是没能打破"围剿"，从 1934 年 10 月 10 日晚开始，中共中央机关和中央红军主力被迫撤离中央革命根据地,进行战略大转移。直到1936年10月,红军的三大主力即红二、红四方面军与红一方面军在甘肃会宁胜利会师,红军长征才胜利结束。这次长征前后历时两年,跨越了12个省,总行程达2.5万公里以上,创造了人类历史上的奇迹。长征的胜利是中国革命新局面的开始。

遵义会议

由于王明"左"倾冒险主义的错误领导,造成了中央红军第五次反"围剿"的失败和长征初期的严重损失。在党和红军处于极其危险的紧急关头,中共中央于1935年1月15日至17日在贵州遵义召开了政治局扩大会议。在此次会议上确立了以毛泽东为代表的新的中央领导的正确领导,红军终于摆脱了几十万敌军的包围,取得了长征的胜利。

"九一八"事变

1931年9月18日晚10时20分,日本军队炸毁沈阳北郊柳条湖村附近一段南满铁路路轨,并诬陷说是中国军队干的,随即炮击中国东北军驻地北大营;同时,南满铁路沿线日军向沈阳城发起攻击,这就是震惊中外的"九一八"事变。"九一八"事件爆发后,日本与中国之间的矛盾进一步激化,日本也开始走上全面侵华的道路。这次事件爆发后的几年时间内,东北三省全部被日本关东军占领,因此被中国民众视为国耻。直到今日,9月18日在中国许多非正式场合都被称为"国耻日"。

"七七"事变

"七七"事变,也叫卢沟桥事变。1937年7月7日晚,日军在北平卢沟桥桥附近举行实弹演习。晚上11点左右,日军借口"失落日兵一名",要求进入宛平县城搜索,遭到了中国方面的断然拒绝。日军立即包围宛平城,并炮轰卢沟桥。守卫卢沟桥的中国军队则进行了坚决的英勇反击,这就是"七七"事变。"七七"事变是日本全面侵华战争的开始,也揭开了中国全民抗战的序幕。全国各党各派从此在抗日旗帜下团结起来,走向抗日救亡的道路。

西安事变

1936 年 12 月 12 日，东北军领袖张学良和西北军领袖杨虎城实行"兵谏"，在西安扣留当时的国民政府军事委员会委员长蒋介石，要求停止"剿共"，改组政府，出兵抗日，这就是震惊中外的"西安事变"。蒋介石最后被迫接受停止内战、联共抗日等条件，西安事变和平解决。西安事变为国共两党结束内战、团结抗日奠定了必要的基础。

南京大屠杀

1937 年 12 月 13 日，南京被日军攻陷。日本侵略者进城后，开始了大肆的烧杀掳掠。从中华门附近的居民区，到中央路和中山北路的难民区，一场骇人听闻的大屠杀遍地展开，六朝文明古都顿时变成了人间地狱。在一个多月内，南京军民先后被杀害者达 35 万多人，全城约 1/3 的房屋被焚烧、毁坏。其狂虐残暴的程度，世界历史上实属罕见。日军的暴行，激起了中国人民极大愤恨，更坚定了中国人民消灭侵略者的决心。

平型关大捷

1937 年 9 月，八路军第 115 师在山西东北部平型关伏击侵入山西北部的日军。经过一天的激战，歼敌 1000 余人，取得抗日战争以来第一次大胜利，打破日军"不可战胜"的神话，鼓舞了全国军民的抗日斗志。

血战台儿庄

1938 年 3 月，日军企图占领台儿庄，进而迂回攻打徐州。国民党军队在第五战区司令长官李宗仁的指挥下，在台儿庄附近集中了约 25 万人的优势兵力，准备狙击歼灭敌人。中日双方军队在台儿庄展开了激烈的争夺战。中国军队英勇战斗，至死不退。共歼敌 1 万多人，缴获了大量的战利品。台儿庄战役中国军队在抗战初期正面战场取得的最大的一次胜利，鼓舞了中国人民争取抗战胜利的信心。

百团大战

1940 年 8 月，为了粉碎日军对华北抗日根据地的进攻，打破其"囚笼政策"，争取全国抗战形势好转，八路军总部决定向华北日军占领的交通线和据点发动大规模的突袭战。参战兵力105个团，约40万人，由八路军副总司令彭德怀直接指挥，历史上称为"百团大战"。在历时3个半月的百团大战中，八路军共进行大小战斗1824次，击毙伤日伪军25800余人，缴获了大量武器、弹药和物资，沉重打击了日伪军，粉碎了日军的"囚笼政策"，鼓舞了全国人民抗战胜利的信心，提高了共产党和八路军的声威。

重庆谈判

1945年抗日战争胜利后，为避免内战、争取和平，中国共产党同国民党政府就国内局势以及和平、民主、建国等问题在重庆进行了为期43天的和平谈判，史称重庆谈判。1945年10月10日，国共双方签订了《政府与中共代表会谈纪要》，即《双十协定》。但就在《双十协定》公开发表的第二天，蒋介石就发布"剿匪"密令，公开发动了内战。重庆谈判，暴露了国民党假和平、真内战的阴谋，展现了中国共产党争取和平民主、反对内战独裁的真诚愿望。通过谈判，中国共产党不仅在政治上取得了主动，更赢得了人心。

中华人民共和国成立

在推翻国民党反动派的统治、取得解放战争的全面胜利后，1949年10月1日，中华人民共和国中央人民政府成立典礼，即开国大典，在北京天安门广场隆重举行。在群众的欢呼声中，毛泽东主席向全世界庄严宣告："中华人民共和国中央人民政府今天成立了！"在代国歌《义勇军进行曲》的雄壮旋律中，毛泽东按动电钮，新中国第一面五星红旗冉冉升起。随即，毛泽东向全世界宣读中央人民政府第1号公告，并举行盛大阅兵式和群众游行。中华人民共和国的成立，是中国有史以来最伟大的事件。中国人民从此当家做主成为国家的主人，中华民族的发展从此开启了新的历史纪元。

下篇　世界历史

一、文明古国

五大文明发源地

从大约公元前 4000 年开始,在亚洲西部的两河流域、非洲北部的尼罗河流域、亚洲东部的黄河流域以及亚洲南部的印度河、恒河流域,相继出现了早期的文明古国,即古巴比伦、古埃及、古中国和古印度,人们称为"四大文明古国"。在黄河流域的夏商文明出现的同时,以希腊为中心的爱琴海地区也跨入了早期文明国家的行列。四大文明古国加上古希腊,是世界公认的五大文明发源地。

古埃及

古埃及位于非洲东北部尼罗河中下游地区, 建于公元前 32 世纪左右,公元前 343 年被波斯灭亡,跨度近 3000 年。古埃及有完整的国家体制,有相当发达的农业和手工业。古埃及是典型的水力帝国。埃及大部分都是黄沙滚滚的沙漠,只有尼罗河冲刷而过的地方是孕育埃及的绿带,聚集了 90% 以上的埃及人口。古埃及人创造了埃及象形文字,并且掌握了丰富的天文学和几何学知识。

法老

法老原意为宫殿,后来逐渐演变成对古埃及君主的尊称。在古埃及,法老是绝对专制的君主,同时又是众天诸神在人间的代表。法老自称是太阳神阿蒙神或拉神(均为太阳神)之子,是神在人间的代理人和化身,令臣民将其当作神一样来崇拜。法老拥有至高无上的权力,集军、政、财、神诸权于一身。古埃及人对法老的崇拜近乎疯狂,他的意志就是法律。

金字塔

金字塔是利用大石建成的巨大三角形建筑物，是古埃及文明的代表作，也是埃及国家的象征。古埃及受宗教影响极大，金字塔就是古埃及人对永恒观念的一种崇拜产物，也是法老王的陵墓。由于古埃及人在尼罗河两岸生活及耕作，所以金字塔主要是在沙漠地区兴建。在 900 年的时间里，古埃及人共建筑了超过 80 座金字塔，其中最大的一座是胡夫金字塔，它是为法老胡夫而兴建的。除埃及外，美洲印第安人也建造过具有独特风格的金字塔。

狮身人面像

狮身人面像高 21 米，长 57 米，坐落在开罗西南，是埃及著名的古迹。除了前身达 15 米的狮爪是用大石块镶砌外，整座像是在一块含有贝壳之类杂质的巨石上雕成。面部是古埃及第四王朝法老哈夫拉的脸型。相传哈夫拉到此巡视自己的陵墓——哈夫拉金字塔工程时，吩咐为自己雕凿石像。工匠别出心裁地雕凿了一头狮身，而以这位法老的面像作为狮子的头。由于狮身人面像长得像希腊神话中的人面怪物斯芬克斯，西方人也叫它作"斯芬克斯"。

木乃伊

木乃伊原来的意思是沥青，指一种干枯不腐烂的尸体，世界许多地区都有用防腐香料或用香油（或药料）涂尸防腐的方法，而以古埃及的木乃伊为最著名。古埃及人坚信人死后，他的灵魂不会消亡，仍会依附在尸体或雕像上，所以，法老王后等死后，都制成木乃伊，作为对死者永生的企盼和深切的缅怀。

古巴比伦

古巴比伦是历史最悠久的古代东方国家之一，是古代两河流域重要的奴隶制国家。公元前 19 世纪中，来自叙利亚草原的闪族人的一支——阿摩利人攻占巴比伦城，建立了国家。阿摩利人以此为中心，南征北讨，四处征战，最终建立了一个强大的巴比伦王国，历史上称之为"古巴比伦王国"。阿摩利人也因此被称为巴比伦人。巴比伦人继承了原先苏美尔人和阿卡德人的文明成果,并发扬光大,把两河流域文明发展到了顶峰。

汉穆拉比法典

汉穆拉比是古巴比伦第六代国王, 约公元前 1792 至公元前 1750 年在位,他征服了苏美尔人和阿卡德人,统一了两河流域。他所颁布的《汉穆拉比法典》是世界上第一部较为完备的成文法典。法典全文用楔形文字铭刻,除序言和结语外,共有条文 282 条。包括诉讼手续、损害赔偿、租佃关系、债权债务、财产继承、对奴隶的处罚等。这部法典为研究古巴比伦社会经济关系和西亚法律史提供了珍贵材料。

新巴比伦王国

在巴比伦王国的北面,居住着强悍的亚述人。公元前 8 世纪,亚述成为一个庞大的军事帝国,占领了几乎整个地中海沿岸,巴比伦也被其征服公元前 612 年,居住在巴比伦的迦勒底人战胜了亚述人,在巴比伦建立了一个新的国家。为了和那个被亚述灭掉的古巴比伦王国区别开,人们把它叫做新巴比伦王国。

空中花园

空中花园也叫"悬苑",被称为世界七大奇迹之一。相传公元前 6 世纪,新巴比伦王国国王尼布甲尼撒二世娶波斯国公主赛米拉米斯为妃。为取悦患思乡病的爱妃, 国王下令在都城巴比伦兴建了高达 25 米的花园。据说花园采用立体造园手法,在高高的平台上,分层重叠,层层遍植奇花异草,并埋设了灌溉用的水源和水管,四周由镶嵌着许多彩色狮子的高墙环绕,园中种植各种花草树木,远看犹如花园悬在半空中,所以叫"空中花园"。可惜这个神奇的花园现在已经不存在了。

巴比伦的灭亡

国王尼布甲尼撒在位期间,巴比伦的国力最为强大。巴比伦城人口达到 10 多万,还有来自亚洲各地的商人,社会经济有了很大发展。但在尼布甲尼撒死后,国内政局立即动荡起来,6 年中 8 个国王被废,其中两个被杀。在东面,力量越来越强大的波斯帝国征服了巴比伦的盟邦米堤亚。随后在公元前538年,波斯军队攻陷巴比伦城,存在仅88年的新巴比伦王国灭亡了。

古印度

"印度"是地区名,泛指印度河流域为中心的广大地区,包括今印度、巴基斯坦、孟加拉、尼泊尔等国所在地区。古印度文明最早在印度河流域兴起,即现在的巴基斯坦。古代印度人民创作了精美的绘画与雕塑;建造了大量的佛寺和神庙。佛教是古印度人为当代世界留下的最大历史遗产。此外,古印度的文字(梵文)和建筑艺术也富有特色,在数学知识方面同样有卓越贡献。我们现在所用的阿拉伯数字,其实是印度人发明的。

种姓制度

种姓制度是古印度社会特有的一种等级制度。古代印度人被分为四个种姓,即婆罗门、刹帝利、吠舍和首陀罗。其中婆罗门为祭司贵族,在社会中地位是最高的。而首陀罗是奴隶,受到压迫和剥削最深。种姓制度最重要的特征是职业世袭和内婚制。种姓之间界限森严,互相不能通婚、交往,不能共食、并坐。统治阶级利用婆罗门教给种姓制度披上一层宗教的外衣。该教宣称四个种姓完全处于神的意志,是天经地义的。种姓制度延续了几千年,直到现代印度独立后才从法律上予以废止。

阿育王

阿育王是印度孔雀王朝的第三代君主,是印度历史上最伟大的一位君王。他的一生可分成两个阶段:前半生通过权力斗争夺取王位,通过武力扩张基本统一了印度,光在对羯陵伽国的战争中就杀了10万人。当他在征服羯陵伽国时,亲眼目睹了大量屠杀的场面,深感悔悟,于是放下屠刀,停止武力扩张。他在后半生努力把佛教推广到全国,发展经济,使孔雀帝国社会经济、政治、文化达到极盛,从而成为古印度史上举足轻重的历史人物。

佛教的产生

佛教是当代世界三大宗教之一,起源于古印度列国时代。佛教创始人为悉达多·乔答摩,佛教徒尊称他为"释迦牟尼",意思是"释迦族的贤人"。乔达摩是迦毗罗卫国的王太子。据说他幼时受传统的婆罗门教育,20岁时感到人世充满了生、老、病、死的各种苦恼,又对当时的婆罗门教不满,于是舍弃了富贵生活,出家探索人生解脱之道。他经过艰苦的修行终于在35岁那年"悟道成佛"。后来,他在印度北部、中部恒河流域一带任教,历时45年,从者甚众,流传下来,称为佛教。

古希腊

古希腊位于欧洲南部,地中海的东北部,包括今巴尔干半岛南部、小亚细亚半岛西岸和爱琴海中的许多小岛。早在古希腊文明兴起之前约800年,爱琴海地区就孕育了灿烂的克里特文明和迈锡尼文明。从公元前800年开始,一直到公元前146年,这里出现了许多新的城邦国家,经济生活高度繁荣,产生了光辉灿烂的希腊文化,对后世有深远的影响。古希腊人在哲学思想、历史、建筑、文学、戏剧、雕塑等诸多方面有很深的造诣。这一文明遗产在古希腊灭亡后,被古罗马人延续下去,从而成为整个西方文明的精神源泉。

克里特文明

地中海东部的克里特岛是古代爱琴文明的发源地,欧洲最早的古代文明中心,曾经产生了欧洲最早的以克诺索斯为中心的奴隶占有制国家。克诺索斯位于克里特岛北部,其宫殿曾毁于地震或战祸,后来又重建,更加雄伟。宫殿规模宏大,设计奇巧,有"迷宫"之称。约公元前1400年,克里特的宫殿又相继受到人为破坏,可能是大陆希腊人所为。从这时起希腊人成了克里特岛的主宰,并逐渐与当地原有居民融合,克里特文明也随之结束,文明中心移向希腊半岛。

迈锡尼文明

大约公元前1600至前1100年,迈锡尼文明在南部希腊及爱琴海区域兴起。这一文明因其最大的遗址迈锡尼而得名。当印欧语族的迈锡尼人从巴尔干南下侵入希腊后,便融合当地部族,建立起奴隶制国家,迈锡尼文明由此而诞生。在繁盛时期,迈锡尼王国统治了克里特岛,入主克诺索斯王宫,成为希腊和爱琴海的霸主。迈锡尼文明继承了米诺斯文明的传统,青铜工艺水平很高,航海贸易发达,同埃及、西亚有频繁的文化交往和商业联系。在古希腊神话和荷马史诗中,都曾谈到迈锡尼国家的情况。

城邦国家的兴起

城邦是指古希腊的一种国家形态,它一般以一个城市为中心,包括其周边的村社构成。城邦居民的主体是拥有政治参与权的男性公民集体。在公元前 8 ~ 公元前 6 世纪,古希腊城邦逐渐形成,当时约有两三百个城邦,其中最大的城邦是斯巴达和雅典。古希腊城邦实行的公民政治,使城邦公民享有较充分的政治权利。尤其是雅典的民主制为后世提供了宝贵的借鉴经验。

雅典

雅典位于中希腊东南的阿提卡半岛,是古希腊的著名城邦。相传公元前 8 世纪,提修斯联合各部,对氏族部落进行改革,以雅典为中心建立起城邦机构。通过改革,氏族部落管理机构正式发展为由贵族独占的国家机构。提修斯建立的雅典城邦长期掌握在贵族手中。贵族借职权、财力兼并小农土地,发展债务奴隶制,造成平民与贵族之间的紧张关系。公元前 6 世纪初期,平民在忍无可忍的情况下发动了武装起义。公元前 594 年,在平民的积极支持下,梭伦当选为执政官,并被指定为"调停人"。梭伦担任执政官后进行了一系列改革,为建立民主制奠定了基础。雅典民主的有利环境,促成思想文化的繁荣,出现一批杰出的哲学家、历史学家、戏剧家、美术家、修辞家。直到罗马统治时代,始终是地中海地区的文化教育中心,为人类精神文明做出巨大奉献。

梭伦改革

梭伦是古代雅典著名的政治家和诗人。他出身贵族,青年时出外游学,到过希腊、小亚细亚的许多地方,增长了见识。约公元前 594 年,平民与贵族围绕土地和债务展开激烈斗争,内战迫在眉睫。梭伦及时当选为执政官,实行改革,包括颁布"解负令",废除一切公私债务和债务奴隶制,规定个人占有土地最高限额,建立民众法庭等。他的改革调解了平民与贵族的激烈对抗,促进了雅典的经济繁荣,为雅典的民主政治奠定了社会、经济和政治基础。

斯巴达

斯巴达位于南希腊(伯罗奔尼撒半岛)东南部,是古希腊著名城邦。斯巴达的政体是寡头政治,以追求武力和霸权而闻名。从出生起,一个未来的斯巴达公民就受到特定的体质、品质、心理素质、军事技能的多方面训练,以便成长为出色的军人。由于军事实力强大,在希波战争期间,斯巴达成为希腊联军的领袖。公元前 5 世纪末,斯巴达及其同盟者战胜雅典军队,一度确立了对全希腊的霸权,但不久便被新兴的底比斯打败。在北方的马其顿崛起后,斯巴达彻底失去了在希腊的影响力。

希波战争

公元前 6 世纪下半叶,西亚强大的波斯帝国征服了小亚细亚西海岸的希腊城邦,引起希腊人强烈不满。公元前 499 年,小亚细亚半岛上的米利都等希腊城邦发动起义,得到雅典的援助,希波战争因而爆发。波斯国王大流士一世在镇压了小亚细亚希腊人起义后,开始向希腊本土进军。前公元 490 年,波斯大军渡海西侵,希腊许多城邦表示臣服,斯巴达动摇不定,雅典坚决抗战,在马拉松战役中大败波斯军队,鼓舞了希腊人的勇气。公元前 480 年, 继位的波斯国王薛西斯一世率 50 万大军再次进攻希腊。希腊各城邦也结成同盟,陆军以斯巴达人为主力, 海军则以雅典舰队为主,共御强敌。希腊陆军在温泉关狙击波斯陆军失败,斯巴达国王李奥尼达壮烈牺牲,但为希腊海军的集结赢得了时间。波斯人攻占了雅典,但希腊海军在萨拉米斯海战中一举击溃波斯海军,波斯人不得不撤退。公元前 449 年,双方缔结和约,波斯放弃对小亚细亚希腊城邦的统治,承认雅典在爱琴海的霸权。希波战争以希腊人的胜利而告终。

马拉松战役

马拉松战役是希波战争中的一次重要战役,因会战地在马拉松小平原而得名。公元前 490 年, 波斯皇帝大流士亲率波斯军队在雅典城东北 60 公里的马拉松平原登陆,妄图一举消灭雅典,吞并整个希腊。当时斯巴达没有及时援助，雅典只有依靠自己力量与波斯帝国进行对抗。当时波斯军队有 10 万人，装备精良，还有骑兵，而雅典军队只有 1 万人。双方军队在马拉松平原展开激战，波斯军队突破了希腊的中线，但雅典统帅米尔提太巧妙布阵，在两翼取得了胜利，并乘胜追击，从两面夹攻突破中线的敌人，一直把波斯军队追赶到海边。这次战役波斯军队死亡达 6400 人而希腊只牺牲 192 人，雅典人终于以少胜多，以弱胜强，取得了鼓舞全希腊人的胜利。

马拉松赛跑项目是怎么产生的

当希腊军队取得马拉松战役的胜利后，为了把胜利喜讯迅速告诉雅典人，雅典统帅米尔提太派擅长跑步的士兵斐力庇第斯去完成任务。当他以最快速度从马拉松跑到雅典中央广场，对着正焦急等待消息的人们说了一声"大家欢乐吧，我们胜利了！"之后，就倒在地上牺牲了。为了纪念马拉松战役的胜利，表彰斐力庇第斯的功绩，1896 年在雅典举行的第一届奥林匹克运动会上，举行了从马拉松到雅典的长跑比赛，当时的距离是40公里 200 米。在 1920 年，又精确地测量了这段距离，结果是 42 公里195米，以后就把这个距离作为正式马拉松跑的距离，并列入了历届的奥运会比赛。

萨拉米斯海战

萨拉米斯海战是希波战争中最后的，也是最重要的一场大战。当时波斯陆军已经占领了雅典，形势非常危急。雅典海军统帅铁米斯托克利指挥希腊海军，在雅典外的萨拉米斯湾同庞大的波斯舰队交锋。激战从清晨进行到夜晚，波斯海军被彻底击败，波斯国王薛西斯害怕制海权的丧失造成退路切断，不得不撤回亚洲。这是自马拉松战役以来，雅典对波斯的又一次辉煌胜利，也树立了以后一个世纪雅典的海上霸权。

伯罗奔尼撒战争

希波战争以后，雅典成为希腊的霸主。希波战争中，希腊各城邦建立了以雅典为首的提洛同盟，战后逐渐成为雅典称霸的工具。以斯巴达为首的伯罗奔尼撒同盟则不满雅典的霸权。公元前 431 年，斯巴达的同盟底比斯进攻雅典的同盟普拉提，正式引发了伯罗奔尼撒战争。战争开始的头10年，双方互有胜负，相持不下，于公元前421年缔结和约。又过了几年，雅典大规模远征西西里，结果以惨败告终，元气大伤，无力抵御斯巴达的攻势。公元前405年，伯罗奔尼撒同盟舰队在波斯的资助下，全歼雅典海军。雅典不得不向斯巴达投降，斯巴达成了希腊的新霸主。但斯巴达的胜利并没有给希腊带来和平，希腊各城邦的矛盾更加激化，陷入混战之中，斯巴达的霸权也很快丧失了。

马其顿王国崛起

马其顿位于希腊的北部，处于希腊文明的边缘，原本被希腊人视为蛮族。但从公元前4世纪起，经过国王腓力二世的改革，马其顿逐渐崛起，成为巴尔干地区的军事强国。公元前338年，马其顿在喀罗尼亚大败希腊联军，控制了整个希腊。公元前334年，继位的马其顿王亚历山大率大军渡海东征，在高加米拉战役中取得了决定性胜利，并乘势攻下巴比伦，灭掉了波斯帝国。亚历山大继续东进，将马其顿统治扩展到西亚、埃及、中亚、印度河流域，建起横跨欧、亚、非三洲的亚历山大帝国。亚历山大病死后，他的部将纷争，庞大的帝国也随之分裂。

亚历山大大帝

亚历山大大帝是古代马其顿国王，世界历史上卓越的军事家和政治家。他足智多谋，有雄才大略，早年曾师从亚里士多德。他在担任马其顿国王的短短13年中，东征西讨，先是确立了在全希腊的统治地位，后又灭亡了波斯帝国。在横跨欧、亚的辽阔土地上，建立起了一个疆域广阔的强大帝国。创下了前无古人的辉煌业绩，促进了希腊与亚非诸国的经济和文化交流，对人类社会文化的进展产生了重大的影响。

古罗马

古罗马的历史开始于大约公元前753年。最初罗马只是意大利台伯河畔的一个小邦，通过几百年的扩张，到公元前1世纪，罗马已经成为一个横跨三大洲的庞大帝国。一直到公元前27年，罗马帝国都是奴隶制共和国，在元老院授予屋大维"奥古斯都"的尊称后，罗马变为君主制度。罗马帝国不断地进行掠夺战争,达到了强盛的顶峰。但盛极而衰,公元395年,帝国分为东西两部。公元476年,西罗马帝国在日耳曼各部落夹击下灭亡。古罗马的政治制度、法律、宗教、文学、建筑艺术、史学等对后世有深远的影响。古罗马人在吸收其他文化成就的基础上,发展了自己的文化,并把希腊文明传送到了欧洲西部。

罗马古城

罗马古城地处台伯河下游平原,包括帕拉蒂诺、卡皮托利诺、埃斯奎利诺、维米纳莱、奎里那莱、凯里、阿文蒂诺7个山丘,史称"七丘之城"。当罗马帝国成为横跨三大洲的强大帝国后,在近千年的时间里,罗马城一直是地中海地区的大城市,最繁盛时人口逾百万,为古代世界最大的都城。

罗马共和国

公元前509年,罗马人不满于王政时代第七王塔克文·苏佩布的残暴统治,起来暴动驱逐了塔克文,从此,罗马进入了新的历史时期——罗马共和国时期。塔克文被逐后,森都里亚大会从贵族中选出两名执政官来治理国家。罗马共和国与现代的共和观念不同,可以说是奴隶主贵族的专政,握有实权的元老院完全由贵族组成,两名执政官必须从贵族中产生。所以,共和国初期,平民同贵族之间的矛盾十分尖锐,平民争取政治权利的斗争持续不断。

斯巴达克起义

斯巴达克为色雷斯族人,在反抗罗马征服的战争中负伤被俘,沦为加普亚角斗士训练学校的角斗奴。公元前73年,约200名奴隶角斗士密谋逃亡,事泄后约有70人逃脱,在附近的维苏威山起义,斯巴达克是主要领导人。各地逃亡奴隶和破产农民纷纷响应,起义军多次打败当地官军,队伍日益扩大,发展到12万人左右。为尽快歼灭起义军,罗马当局调动大军包围起义军。公元前71年春,双方在阿普利亚境内激战。起义军战败,斯巴达克壮烈牺牲,另有约6万名起义军将士战死。起义沉重打击了贵族的统治,加速了罗马共和国的灭亡。

三头政治

三头政治也叫"三雄政治"，是罗马共和国末期前后两次各由三个权势人物结成的政治同盟。当时罗马社会处于激烈动荡的转折时期，城邦共和政制已不适应发展的需要，所谓的三头政治实际上是罗马从共和制向帝制过渡的统治形式。前三头同盟由凯撒、庞培、克拉苏于公元前60年秘密结成，存在了12年之后同盟瓦解，凯撒实行独裁。后三头同盟由屋大维、安东尼、李必达于公元前43年公开组成。公元前36年，屋大维剥夺李必达兵权；公元前31年安东尼被屋大维战败，次年自杀，后三头政治告终。屋大维成为罗马的唯一主宰，建立帝制，罗马帝国确立。

35 凯撒

凯撒是古代罗马著名的政治家、军事家。他公元前59年任执政官，卸任后任高卢总督，征服山外高卢、不列颠，积累起大量个人财富，培养出一支效忠自己的私人军队。公元前53年，克拉苏死后，三头同盟破裂，庞培与元老院结盟，想要剥夺凯撒权力。公元前49年，凯撒率军奔袭罗马，庞培及部分元老被迫逃往希腊。以后，凯撒用了3年时间，肃清了庞培在非洲、西班牙的残部，结束了内战，于公元前45年凯旋罗马，就任独裁官。由于他君主专制意向日益明显，终被仇视他的贵族共和分子所杀。

古罗马帝国

自从斯巴达克起义以来，罗马进入了军人执掌政权的时代，并通过两次"三头执政"后，屋大维自号"奥古都斯"（意为至对至尊），成为罗马的独裁者，从此罗马就进入了帝国时代。罗马帝国当时总共控制了大约590万平方公里的土地，是世界古代史上最大的国家之一。395年，罗马皇帝提奥多西死后，帝国被他的两个儿子一分为二，分称东罗马帝国和西罗马帝国。西罗马帝国名义上首都仍在罗马，直到476年，在日耳曼各部落夹击下灭亡；东罗马则以君士坦丁堡为其首都，也称为"拜占庭帝国"。

古玛雅

玛雅人是印第安人的一支。他们曾经生活在今天墨西哥的尤卡坦半岛、伯利兹及危地马拉、洪都拉斯等地区,孕育了神秘的玛雅文明。玛雅人在这里生息繁衍了至少 4000 年之久,创造了独特而神奇的历史。玛雅人建造出了宏伟的神殿,创造出了精美的雕像,发明了神秘的象形文字,还建立了等级制国家。他们在数学、天文和历法上有很高的造诣。17 世纪西班牙殖民者进入美洲大陆之后,玛雅文明就慢慢消失在热带丛林中了。

精确的天文历法

早在几千年前,玛雅人的天文台就能准确预测日食,知道月亮、金星的运行周期。他们在纪元前就能熟练运用天文历法,其精密程度远远超过同时代古希腊或罗马人所用的历法。他们通用的历法有两种:一种叫圣年历,供宗教崇拜用,把一年分为 13 个月,每月 20 天,全年共 260 天;第二种是太阳历,又称民历,每年有 18 个月,每月 20 天,剩下最后 5 天是禁忌日,即全年共 365 天,每 4 年加闰 1 天,总长 365.2420 日,接近现代科学预测的 365.2422 日。玛雅人除对地球历法了解得十分精确之外,他们对金星的历年也十分了解。金星的历年就是金星绕太阳运行一周的时间,玛雅人计算出金星历年为 584 天,而今天我们测算的金星历年为 584.92 天。

玛雅人的金字塔

金字塔是玛雅文明的象征。玛雅的金字塔是平顶,上面修建富丽堂皇的神庙,装饰着美丽的壁画和雕刻,四周有供攀登的阶梯。奇钦—伊察作为后期玛雅文化的代表,汇集了当时的一流建筑。著名的奇钦—伊察库库尔坎神庙,其金字塔台基高 24 米,每边宽 5 米,各有 90 级阶梯,庙高 6 米,正面阶梯底部还有两个带羽毛的蛇头石刻,整个布局美观大方。

波斯帝国

波斯帝国是古代伊朗以波斯人为中心形成的帝国。统治这个帝国的是阿契美尼斯家族,所以也叫阿契美尼德帝国。公元前 550 年,波斯王居鲁士二世向外扩张,建立波斯帝国。从公元前 546 年开始,居鲁士二世先后征服小亚细亚西部沿海各希腊城邦,灭掉新巴比伦王国。到大流士一世时,在政治、经济、军事方面进行了一系列改革,不断对外扩张,波斯帝国达到全盛时期。但在随后持续近半个世纪的希波战争中,波斯遭到失败,帝国从此走向衰落,再也无力对外扩张。公元前334年,马其顿王亚历山大率军人发动东侵。公元前330年,波斯都城波斯波利斯陷落,末代皇帝大流士三世被杀,帝国灭亡。

居鲁士二世

居鲁士大帝是波斯帝国的创建者,阿契美尼德王朝的第一位国王。他出身于波斯阿契美尼德族,是波斯部落领袖冈比西斯一世的儿子。当时波斯还只是米底的一个附庸。公元前550年,居鲁士领导波斯人反抗米底人的奴役,灭米底,建立了阿契美尼德王朝。居鲁士二世依靠外交手段和军事实力,逐步建立起一个规模空前的大帝国,就连巴比伦也成了他的行宫之一。公元529年,他率军深入游牧民族马萨格泰境,被马萨格泰人围困,激战中身受重伤而去世。

大流士一世

大流士一世是波斯帝国的第三代君主(公元前522～公元前486)。大流士一世在位期间,是阿契美尼德王朝的鼎盛时期。他在政治、经济、军事等方面进行一系列改革,为巩固波斯帝国的统治奠定了基础。大流士一世试图征服整个希腊,但两次入侵均告失败,他本人也在埃及人的起义声中去世。大流士一世是古代颇有建树的君主,他创立的国家体制多年未变,对帝国的稳定起了重要作用,他的一些改革措施促进了各地经济、文化的交流。

二、世界中古史

黑暗的欧洲中世纪

"中世纪"一词,最初出现在文艺复兴时代,专指从西罗马帝国灭亡到文艺复兴之间的一段时间,大约从公元 5 世纪到 15 世纪。这时的欧洲在黑暗中前进,整个欧洲不断分裂,形成了许多贵族地主统治的封建专制国家,带来了频繁的战争,思想领域被基督教会所控制,科技和生产力发展停滞,人民生活痛苦,所以中世纪也被称作"黑暗时代"。直到文艺复兴运动出现以后,漫长而黑暗的中世纪才终于走到了尽头。

日耳曼人大迁徙

日耳曼人是一个古老的欧洲民族,由若干部落组成,其中较重要的是法兰克人、汪达尔人、伦巴德人、东哥特人和西哥特人,原来住在波罗的海和北海沿岸地带。公元 4 世纪末,匈奴人入侵日耳曼人的领地,使日耳曼人如潮水般向罗马帝国境内涌来,形成了一场日耳曼民族大迁徙运动。这场大迁徙延续了 200 多年,规模宏大,波及大半个欧洲和北非广大地区,在西罗马帝国的旧土上建立了许多日耳曼人的国家, 书写了西欧历史的新篇章。

法兰克王国

法兰克是北方日耳曼民族的一支, 是住在莱茵河下游的一个部落联盟,以勇敢著称。公元 486 年,萨利克法兰克人击败罗马帝国军队,占领巴黎和卢瓦尔河以北土地,奠定了法兰克王国的基础。公元 6 世纪下半叶开始,王权逐渐衰落,宫相丕平见机篡位自立为王,开创了加洛林王朝。到查理大帝时,领土包括西欧大部,封建制度基本确立。公元 800 年,查理加冕称帝,法兰克王国遂成为查理帝国,也叫加洛林王朝。公元 843 年,《凡尔登条约》签订后,分帝国为东法兰克王国、西法兰克王国和中法兰克王国,从而形成了近代德、法、意三国的雏形。

骑士制度

公元 800 年，法兰克王国的查理大帝一统西欧，12 名跟随查理大帝南征北战的勇士被人们称为"圣骑士"，这被视为骑士的起源。完整的骑士制度到公元 11 世纪才成形。原本骑士是隶属于贵族的士兵，并且有义务为王国作战。后来与基督教的神圣信仰相结合，骑士也成了基督的卫士，深受人们崇拜与尊敬的人物在人们心目中，骑士是正义和力量的化身，荣耀和浪漫的象征，骑士制度则成为西方的伦理标准，深刻地影响了人们的观念和行为。

拜占廷帝国

古罗马帝国分裂为东西两个部分后，东罗马帝国也被称为拜占廷帝国。这是因为帝国首都君士坦丁堡的前身是古希腊的殖民地拜占廷城，所以得名。拜占廷帝国位于欧洲东部，横跨欧、亚、非三洲交界处，领土以巴尔干半岛和小亚细亚为中心，是古代和中世纪欧洲历史最悠久的君主制国家。自公元 476 年西罗马帝国灭亡后，拜占廷帝国继续存在了近千年，共历经 12 个朝代，93 位皇帝。1453 年，奥斯曼土耳其最终将君士坦丁堡攻陷，拜占廷帝国灭亡。

君士坦丁堡战役

15 世纪初，衰落的拜占廷帝国领土，只剩下首都君士坦丁堡及其附近若干城市，以及被土耳其军队切断了联系的伯罗奔尼撒地区，君士坦丁堡实际上已是一座孤城。1451 年，穆罕默德二世即位奥斯曼土耳其帝国苏丹。1453 年初，他亲率大军从海陆两面包围并企图占领君士坦丁堡，彻底灭亡拜占廷帝国。君士坦丁堡军民在皇帝君士坦丁十一世帕莱奥古斯率领下顽强抵抗，誓死保卫城堡，但终因寡不敌众，弹尽粮绝，城堡最后被陷。延续了上千年的拜占廷帝国至此灭亡。

十字军东征

1096 ~ 1291 年，西欧封建主、大商人和罗马天主教会对地中海东岸的伊斯兰国家发动了8次侵略性远征,由于教会授予每一个战士十字架,所以组成的军队叫"十字军"。十字军的主要目的是从伊斯兰教手中夺回基督教圣地耶路撒冷。十字军东征一般被认为是天主教的暴行。尽管如此,十字军东征使西欧直接接触到了当时更为先进的拜占廷文明和伊斯兰文明,为后来欧洲的文艺复兴开辟了道路。

阿拉伯帝国

阿拉伯帝国(632～1258年)是阿拉伯半岛上的阿拉伯人于中世纪创建的一系列伊斯兰封建王朝。中国历史上也称为大食国。从7世纪开始,阿拉伯人以惊人的速度崛起于拜占庭和波斯的南部边疆,通过不断扩张,成为继波斯帝国、亚历山大帝国、罗马帝国和拜占廷帝国之后又一个地跨亚、欧、非三洲的大帝国,在中世纪的历史上产生了非常重要的影响。后来因民族矛盾和内部分裂等原因,帝国逐渐衰弱。1055年,塞尔柱突厥人曾攻陷巴格达。1258年,被蒙古帝国所灭。

神圣罗马帝国

神圣罗马帝国,全称为"德意志民族神圣罗马帝国"或"日耳曼民族神圣罗马帝国",是由德意志萨克森王朝国王奥托一世始建的封建帝国。962年,奥托一世加冕为皇帝,建立神圣罗马帝国。帝国的疆土以德国和意大利的中、北部为主,存在了将近900年的时间。1806年7月,莱茵地区在法国大革命的影响下成立"莱茵同盟",宣布独立,是对帝国的沉重打击,同年8月6日,弗朗西斯二世皇帝被迫退位,神圣罗马帝国最终灭亡。

奥斯曼帝国

奥斯曼帝国是土耳其人所创立的国家。1301年,一位名叫奥斯曼的土耳其王子宣告自己成为苏丹(土耳其的国王名称)。他组建军队开始四处侵略。奥斯曼及其子孙所征服的领土被称为奥斯曼帝国。帝国极盛时势力达欧、亚、非三大洲,占有南欧、中东及北非的大部分地区。在灭掉拜占廷帝国后,奥斯曼帝国定都君士坦丁堡,且以罗马帝国继承人自居。这个世界性帝国一直存在到第一次世界大战结束之时。

黑死病

14世纪中期,欧洲受到一场具毁灭性影响的瘟疫侵袭,它就是当时欧洲人所称的"黑死病"。黑死病是一种腺鼠疫,因患者皮下形成出血点并转成黑色而得名。患者的腹股沟和腋窝也会出现肿块(淋巴结肿大)。通常,在出现症状数小时之内,患者就会死去,情形十分可怕。黑死病起源于亚洲西南部,约在1340年代散布到欧洲,在全世界造成了大约7500万人死亡,其中2500万为欧洲人,占了欧洲当时总人口的约1/3,只有路途遥远和人口疏落的地区才没有受伤害。

英法百年战争

百年战争是指英国和法国在1337年到1453年之间进行的战争,是世界历史最长的战争,断断续续进行了长达116年。1337年底,英王爱德华三世声称有权以外甥资格继承法国王位,不宣而战攻入法国,与腓力六世争夺王位,百年战争开始。战场主要在法国,双方时打时停。战争初期,英军不断打败法军。但是法国人民继续不断地夺回土地。1453年,百年战争以法国胜利夺取波尔多而结束。不久,法国实现统一,建立强有力的专制王权。

圣女贞德

圣女贞德被称为"奥尔良的少女",是法国历史上的民族英雄、军事家,天主教会的圣女,法国人心中的自由女神。百年战争中,1428年底,英军包围通往南方的门户奥尔良城,妄图一举吞并整个法国。在民族存亡的危急关头,贞德带领法国军队对抗英军的入侵,解除奥尔良之围,为法国胜利做出贡献。她最终被俘,被宗教裁判所以异端和女巫罪判处火刑。法国人民怀念贞德,称她"圣女"。

文艺复兴

13世纪末期,在意大利商业发达的城市,新兴的资产阶级中的一些先进的知识分子借助研究古希腊、古罗马艺术文化,通过文艺创作,宣传人文精神,掀起了一场思想文化运动。这场运动扩展到西欧各国,于16世纪在欧洲盛行,史称"文艺复兴"。1550年,意大利画师——瓦萨里第一次使用"文艺复兴"一词,把当时欧洲的文化繁荣说成是古希腊、罗马文化的复兴。文艺复兴是人类历史上一个百花齐放、人才济济的光辉时代,在文学、艺术和自然科学等领域都成果斐然,后来的科学发展、地理大发现、民族国家的诞生也都是源于文艺复兴。文艺复兴结束了黑暗的中欧洲,开启了欧洲的近代历史,在人类文明发展史上标志着一个伟大的转折。

人文主义

人文主义是文艺复兴的核心思想,也叫人本主义或人道主义。它主张以人为中心,肯定人性和人的价值,反对来世主义和禁欲主义,要求享受人世的欢乐,要求人的个性解放和自由平等,推崇人的感性经验和理性思维。它倾向于对人的个性的关怀,注重强调维护人性尊严,提倡宽容,反对暴力,主张自由平等和自我价值体现。

达·芬奇

达·芬奇是意大利文艺复兴中期的著名美术家、科学家和工程师,与米开朗琪罗、拉斐尔并称"文艺复兴三杰"。他是一位思想深邃,学识渊博的天才,不仅以《最后的晚餐》和《蒙娜丽莎》等名画驰名于世,在数学、力学、天文学、光学、生物学、人体生理学以及机械设计、土木建筑、水利工程等方面都有不少创见或发明。他的艺术实践和科学探索精神对后代产生了重大而深远的影响。

莎士比亚

莎士比亚是文艺复兴时代英国伟大的戏剧家和诗人。他曾在剧团里当马夫,演配角,后来出任导演,创作剧本,并展露艺术才华。莎士比亚是人类最伟大的戏剧天才。他的《威尼斯商人》、《无事生非》、《皆大欢喜》和《第十二夜》赞美爱情、友谊、自由、幸福,抨击禁欲主义和封建道德,洋溢着人文主义精神,被称为"四大喜剧";《哈姆雷特》、《奥赛罗》、《李尔王》和《麦克白》控诉了社会的罪恶与黑暗,被称为"四大悲剧"。他的作品情节生动,刻画深刻,受到各国人民的喜爱,成为人类文明的宝贵遗产。马克思称他为"人类最伟大的天才之一"。

宗教改革

1517 年 10 月 31 日，一位名叫马丁·路德的德国教士在维登堡教堂的大门上钉上了一份公告，即《九十五条论纲》，历数罗马天主教会的种种腐败行为。路德的抗议行为标志着宗教改革运动的开始。路德在德国和瑞典赢得了支持，建立起自己的路德教派。其他宗教团体也纷纷成立。1529后，这些宗教团体被统称为"新教"。天主教会虽竭力反扑，残酷镇压一切被称为异端的人，但已无法恢复以前的状况。继路德之后，约翰·卡尔文在瑞士日内瓦也进行了成功的宗教改革。直到今天，卡尔文教仍是新教的一大支派，在英、美和瑞士有很大影响。宗教改革摧毁了天主教会的精神独裁和西欧的封建制度，在历史上具有进步作用。

马丁·路德

马丁·路德 1483 年生于一个矿业主的家庭。他毕业于爱尔福特大学，后来，他又进神学院学习。1508 年起，担任维登堡大学的神学教授。他到过罗马，亲眼看到过教皇的腐朽和贪婪，因此强烈反对封建教会的统治，主张建立一个廉洁的教会。1517 ~ 年 10 月 31 日，贴出 95 条论纲，点燃宗教改革的熊熊烈火。1521 年，他开始从事《圣经》的翻译，把它译成德文，所依据的是未被篡改的希伯来文及希腊文原本。1543 年，路德翻译的德文《圣经》面世了，海涅认为他对"圣经"的翻译是"创造了德语"。1546 年 2 月，路德死于其出生地萨克森的艾斯勒本，享年 63 岁。

开辟新航路

13 世纪末，威尼斯商人马可·波罗的游记引起了西方到东方寻找财富的热潮。然而，由于奥斯曼土耳其帝国控制了东西方交通要道，东西方的贸易受到严重阻碍。于是在 15 ~ 17 世纪，欧洲一些国家的航海家和探险家开始另辟一条直达东方的新航路，探察当时欧洲人不曾到过的海域和陆地。尤其在葡萄牙和西班牙更是把开辟到东方的新航路作为重要的收入来源，两国的商人和封建主由此成为世界上第一批殖民航海者。

迪亚士发现好望角

迪亚士是葡萄牙航海家，15 世纪末开辟新航路的重要人物之一。

1487年,迪亚士接受了葡萄牙国王约翰二世的命令,从里斯本出发,沿着非洲西海岸向南驶去,到达非洲东海岸。这是欧洲人第一次绕过非洲南端到达非洲东岸。1488年,他们在返航时到达非洲南端的好望角,由于风浪极大,难于航行,迪亚士称这里为"暴风角"。而葡萄牙国王认识到发现非洲南端的重要性,认为到这里后前往东方大有希望,于是改名"好望角"。

哥伦布发现新大陆

　　哥伦布是意大利航海家,美洲新大陆的发现者。1492年8月3日,哥伦布在西班牙国王的资助下,带领87名水手,分乘3只船从巴罗斯港出发,经过艰苦的航行,1492年10月12日凌晨终于发现了陆地。哥伦布以为到达了印度,其实这里只是中美洲加勒比海中的巴哈马群岛。1493年3月15日,哥伦布回到西班牙。此后他又三次重复他的向西航行,又登上了美洲的许多海岸。直到1506年逝世,他一直认为他到达的是印度。后来,一个叫做亚美利哥的意大利学者,经过更多的考察,才知道哥伦布到达的这些地方不是印度,而是一个原来不为人知的新的大陆,这就是美洲大陆。

达伽马通印度

　　达伽马是葡萄牙航海家。1497年7月8日,他受葡萄牙国王派遣,率船从里斯本出发,寻找通向印度的海上航路,船经加那利群岛,绕过非洲南端的好望角,经莫桑比克等地,于1498年5月20日到达印度西南部的卡利卡特。同年秋,他离开印度,于1499年9月9日回到里斯本。这是欧洲人历史上第一次经由非洲南端绕行到达东方,西欧直通印度的新航路终于开辟成功,促进了欧、亚两洲商业和航运业的发展,达伽马也由此被誉为葡萄牙的哥伦布。

麦哲伦环球航行

　　麦哲伦是葡萄牙航海家,人类历史上第一次环球航行的组织者。1519年9月6日,麦哲伦在西班牙国王的资助下,率领一支由5艘帆船266人组成的探险队,从西班牙塞维利亚港起航。探险队于11月底绕过美洲南端的海峡(后称麦哲伦海峡),进入风平浪静的太平洋,到达菲律宾。在途径菲律宾群岛时,探险队与岛上的土著人发生冲突,麦哲伦受伤身亡,最后,这支船队只剩下一艘船。这艘船取道南非,于1522年9月6日返回西班牙塞维利亚港,实现了从西方向西航行到达东方的计划,完成了历时3年的环球航行。麦哲伦船队的环球航行依次经过大西洋、太平洋、印度洋,用实践证明了地球是一个圆体。

哥白尼提出日心说

哥白尼是波兰天文学家,日心说的创始人。在古代,人们普遍认为地球是静止不动的,是宇宙的中心,其他的星体都围着地球转动。后来,科学家们逐渐发现地球其实每天都在自转,并不是静止的。到了16世纪,哥白尼认为,地球并不是宇宙的中心,宇宙的中心在太阳附近,地球是绕着太阳转的。从1516年开始,哥白尼用20多年的时间写成《天体运行论》,根据自己的观测资料,提出了日心说,推翻统治西方天文学界近千年的地心说,使自然科学开始从神学中解放出来。哥白尼的观点引起了罗马教会的恐慌,因而遭到迫害。虽然日心说并不完全正确,但它从根本上否定了基督教关于上帝创造一切的谬论,从而实现了天文学的根本变革。

殖民掠夺

殖民地是指由宗主国统治,没有政治、经济、军事和外交方面的独立权利,完全受宗主国控制的地区。新航路的开辟,为欧洲各国的殖民掠夺提供了机遇。西班牙和葡萄牙开始在各自航海家所发现的大陆上建立殖民地和贸易站。西班牙控制了加勒比海地区大片的领土,以及中美洲和南美洲,把大量黄金、白银运往西班牙。同样,葡萄牙在巴西建立了殖民地,为他们提供了大量的黄金。不久,荷兰人、法国人和英国人也陆续来到这些地区进行殖民统治。殖民者还进行罪恶的黑奴贸易。他们从欧洲驶到非洲,用枪、酒等商品来交换黑人,然后横渡大西洋,把劫掠来的黑人卖到西印度群岛,最后再用贩卖黑奴的钱购买糖、朗姆酒和烟草,运回欧洲。

圈地运动

15世纪末至19世纪中叶,西欧新兴资产阶级和新贵族采用暴力手段,大规模地把农民从土地上赶走,称为圈地运动,其中以英国最为有名。

15 世纪中叶,新航路的开辟,使英国的对外贸易迅速增长,进一步刺激了英国羊毛出口业和毛织业的发展,羊毛价格不断上涨。于是资产阶级和新贵族开始大规模地圈占农民土地,赶走农民,把圈占土地改为牧场。随着英国宗教改革对圈地运动的促进,工场手工业得到迅速发展,政府也通过一系列法令使圈地运动合法化。到 19 世纪上半叶,英国的圈地运动扩及苏格兰和爱尔兰。历时 300 余年的掠夺,使大批农民被剥夺了生产资料,沦为流浪者。

印加帝国

印加人是南美印第安人的一支,印加文化是南美文明的渊源之一。"印加"的意思是"太阳的子孙",因为这支印第安人自认为是太阳的后代,国王是太阳的化身。他们原居今秘鲁的库斯科,本来只是一个小国,后来从 15 世纪到 16 世纪初,形成庞大的帝国,疆土北起哥伦比亚南部,南到智利中部,西临太平洋,东至亚马逊丛林,总面积达 80 万平方公里,人口 600 万人。人们称印加人是"新世界的罗马人"。1532 年,西欧殖民者皮萨罗等攻占库斯科,最后一位国王被杀,印加帝国灭亡了。

印加大道

印加人修建了两条贯通南北的大道:一条在高原,从哥伦比亚南部直通智利,长约 5600 公里;另一条在沿海,从厄瓜多尔经秘鲁到智利中部,长 4000 公里。路面宽 5～8 米,逢山开路,遇水架桥,有的藤编吊桥长达 60 米。干线之外还有支线,通往全国各地。大道沿线遍设驿站,险要地段筑有要塞和烽火台。有的学者认为,这是人类最伟大的工程之一,可以吓倒现代最勇敢的工程师。

三、世界近代史

英国资产阶级革命

1603 年,苏格兰国王詹姆士·斯图亚特继承了英国王位,开始了斯图亚特王朝的统治。詹姆士一世鼓吹"君权神授",根本不把议会放在眼里,曾三次解散议会;他的许多政策大大阻碍了英国资本主义的发展,引起了资产阶级和新贵族的强烈不满。查理一世继位后,仍然独断专行,使英国社会的各种矛盾迅速激化。1642 年,查理一世挑起了内战,组织王军,向议会军发起进攻。1643 年,克伦威尔前往英格兰东部,募集了一支主要由自耕农和城市平民组成的骑兵,屡次击溃王党军。内战结束后,1649 年,查理一世被处死,英吉利共和国时代开始。克伦威尔病逝后,1660 年,斯图亚特王朝短暂复辟。1688 年,资产阶级和新贵族发动宫廷政变,推翻斯图亚特王朝封建统治,史称"光荣革命"。1689 年,颁布《权利法案》,标志君主立宪制的资产阶级统治确立。英国资产阶级革命推翻了英国封建君主专制,确立了比较完备的资产阶级统治,为之后的英国工业革命奠定了基础,推动了世界历史的进程。

查理一世

查理一世是詹姆士一世的次子,1625 年即位为英国国王, 称查理一世。他在位期间,长期关闭议会,进行残酷的统治。1640 年,查理一世与议会的矛盾激化,他正式与议会决裂,企图逮捕议会领袖而未遂,随后又挑起了内战。在两次内战中,查理一世均遭失败。根据议会设立的高等法庭的判决,查理一世以暴君、叛国者、杀人犯和人民公敌的罪名,于 1649 年 1 月 30 日在白厅前被斩首。

克伦威尔执政

克伦威尔是英国 17 世纪的政治家、军事家、宗教领袖。英国内战刚开始时,训练有素的王家军长驱南下,议会军节节败退。克伦威尔是一个乡绅的儿子,他带着自己招募的 60 名农民骑兵加入了议会军队。这支队伍在历次战斗中都非常勇敢,越战越强,数量也不断增加,被称为"铁骑军"。克伦威尔和他军队扭转了战争的局面,拯救了议会,克伦威尔也因此成为议会军统帅。在 1642 年、1648 年两次内战中,他先后统率"铁骑军"和新模范军,战胜了王党的军队。1649 年,在城市平民和自耕农压力下,处死国王查理一世,宣布成立共和国。1653 年,他建立了军事独裁统治,自任"护国主"。 为了向外扩张和争夺殖民地,曾对荷兰、西班牙和葡萄牙作战,取得了胜利。1658 年克伦威尔在日益严重的政治危机中病逝。

法国启蒙运动

　　启蒙运动源于英国,18 世纪在法国达到高潮。启蒙一词在法文中意为"以光明驱逐黑暗"。启蒙运动涌现出一大批著名的启蒙思想家,他们要求破除神学迷信,高举理性旗帜,为启蒙运动做出了巨大历史贡献。启蒙运动极大地启迪了人们的反封建意识,在破除迷信、消除愚昧、弘扬理性方面起了的巨大作用,为后来欧美兴起的资产阶级革命高潮提供了充分的舆论准备,对整个西方近代文明产生了深远的、关键的影响。

伏尔泰

　　伏尔泰是法国启蒙思想家、文学家、哲学家,是 18 世纪法国启蒙运动的旗手,被誉为"法兰西思想之王"、"欧洲的良心"。他不仅在哲学上有卓越成就,也以捍卫公民自由,特别是信仰自由和司法公正而闻名。他激烈抨击天主教会的黑暗统治,认为天主教会是一切进步的障碍。提倡自然权利学说,主张自然赋予人类以自由平等的权利,包括人身、思想、出版、信仰自由和法律面前的平等,一切人都具有追求生存、追求幸福的权利,这种权利是天赋予的,不能被剥夺,这就是天赋人权思想。雨果曾评价说:"伏尔泰的名字所代表的不是一个人,而是整整一个时代。"

百科全书派

　　在法国的启蒙运动中,百科全书派是一面重要旗帜。它区别于一般的文学流派,因参加编纂、出版《百科全书》的活动而得名。《百科全书》的主编是狄德罗。参加撰稿的有 160 余人,他们哲学观点不同,宗教信仰不一。他们反对封建特权制度和天主教会,向往合理的社会,认为迷信、成见、愚昧无知是人类的大敌。主张一切制度和观念要在理性的审判庭上受到批判和衡量。他们推崇机械工艺,孕育了资产阶级务实谋利的精神。《百科全书》的出版,为法兰西民族建造了一座精神文明的纪念碑。

狄德罗

　　狄德罗是 18 世纪法国哲学家、美学家、文学家、教育理论家,启蒙运动的重要代表。他是第一部法国《百科全书》主编,为编辑《百科全书》联络了一批先进知识分子。他们宣传无神论和自然神论,主张宗教宽容,反对特权,形成著名的"百科全书派",而狄德罗则是这个派别的领袖。狄德罗除主编《百科全书》外,还撰写了大量著作,表述了他的唯物主义哲学思想。狄德罗一生提倡科学,曾被教会关押三个月,但他毫不畏惧,临终时说:"我死后,随便人们把我葬在哪里都行,但是我要宣布我既不相信圣父,也不相信圣灵,也不相信圣族的其他任何人!"

孟德斯鸠

　　孟德斯鸠是法国伟大的启蒙思想家、法学家,也是近代欧洲国家比较早的系统研究古代东方社会与法律文化的学者之一。他的著述虽然不多,但其影响却相当广泛,尤其是《论法的精神》这部集大成的著作,奠定了近代西方政治与法律理论发展的基础,也在很大程度上影响了欧洲人对东方政治与法律文化的看法。他最突出的贡献是提出三权分立的政治学说,主张利用权力之间的互相制约避免滥用权力,为现代一些资产阶级国家所直接采用。其代表作有《波斯人信札》、《论法的精神》等。

卢梭

　　卢梭生于瑞士日内瓦一个钟表匠的家庭,是 18 世纪法国大革命的思想先驱,启蒙运动最卓越的代表人物之一。他从天赋自由平等的观点出发,认为人类的不平等是随着私有制和国家的产生而发展起来的,而封建制度使这种不平等发展到顶点,因而用暴力推翻暴政是完全合理的。他主张社会契约和人民主权,宣称一切权力属于人民,政府只是执行公意的机构,一旦政府破坏了与人民订立的契约,人民就有权推翻政府。卢梭主张建立民主共和国,实行直接民主,反对代议制度。他的革命性学说直接影响了法国资产阶级革命。

法国资产阶级大革命

18 世纪后期,由于对外战争频繁、宫廷生活奢靡浪费,以及对贵族实行免税特权,法国波旁王朝陷入了难以解决的财政危机。启蒙思想的广泛传播激励了改革社会的普遍愿望。包括资产阶级在内的第三等级与旧制度的矛盾日益激化。1789 年 7 月 14 日,巴黎人民攻占巴士底狱,法国资产阶级大革命爆发了。这次革命鲜明地宣布自由、平等、法制和民主原则,坚决废除君主专制和等级制度。在与国内外反动保守势力的搏斗中,人民群众被广泛地发动起来,推动革命沿上升路线发展,从 1789 年到 1794 年先后经历了立宪君主制、吉伦特派共和国和雅各宾派民主专政。这次革命摧毁了法国封建专制制度,促进了法国资本主义的发展;也震撼了欧洲封建体系,推动了欧洲各国革命。期间所颁布的《人权宣言》和《拿破仑法典》在世界历史上产生了深远的影响。

三级会议

三级会议是法国的一种等级代表会议。1302 年,腓力四世首次召开三个等级的会议,与会者有教士、贵族、市民三个社会等级,这是三级会议的开端。此后,每当国家面临困境或国王需要援助尤其是征收新税时,通常都举行三级会议,制订新法令。1789 年,为了解决严重的财政危机,国王路易十六同意召开三级会议。第三等级代表要求取消等级区分,按人数表决。提出三个等级一起开会,共同审查代表资格的建议。在遭到拒绝后,第三等级于 6 月 17 日自行召开国民议会。至此,以等级为基础的三级会议完成了历史使命。

攻占巴士底狱

巴士底狱于 1382 年建立,位于巴黎的东南部,起初是一个军事堡垒,后来便成了国王囚禁政治犯的监狱。这座监狱由坚厚的城墙和八个高大的炮楼组成,堡垒四周有两条深水壕沟环绕,驻有强大的守卫部队。巴士底狱是法国专制王朝统治的象征,久为人民所痛恨。1789 年 7 月 14 日,成千上万的群众喊着"打到巴士底狱去"的口号,冲向巴士底狱,成千上万的群众把巴士底狱团团围住。一部分人拖来大炮,炮轰巴士底狱,一部分人冒着炮火切断吊桥铁链把吊桥放下来,继续往前冲。经过 4 小时激战,终于攻克这座封建堡垒。它标志法国资产阶级革命开始了。后来 7 月 14 日这一天被定为法国国庆日。

处死路易十六

路易十六是法国波旁王朝皇帝,也是法国历史中唯一一个被处死的皇帝。路易十六性格优柔寡断,政策变化无常。他根本无心朝政,沉迷于制锁工艺。法国大革命爆发后,路易十六被迫组织立宪派拥立资产阶级掌握实权,后来暗地与外国侵略者勾结,共同镇压国内革命党人。1792 年,法国民众组成的义勇军打退了国内的侵略者,成立法兰西第一共和国,波旁王朝自此灭亡。1793 年 1 月 21 日,路易十六在巴黎革命广场被处死。

雅各宾派

雅各宾派是法国大革命时期的一个资产阶级激进派政治团体。在法国大革命中出现的众多革命团体中,雅各宾俱乐部是唯一的全国性组织,拥有数千地方组织。1793 年 6 月 2 日雅各宾派推翻吉伦特派统治,取得政权,当时的主要领导人有罗伯斯比尔、丹东、马拉等。专政期间,比较彻底地解决了农村土地问题,从根本上摧毁了封建制度;击退了国内外反革命势力进攻,巩固了大革命的成果。专政后期内部发生分裂,实力大大削弱。1794 年 7 月 27 日热月政变之后,雅各宾派的政治活动基本完结。

罗伯斯庇尔

罗伯斯庇尔是法国大革命时期政治活动家、雅各宾派领袖。他出身于律师家庭,曾任律师。1789 年当选为三级会议的第三等级代表,先后担任国民议会及制宪会议代表。1793 年革命后成为雅各宾政府领导人。执政期间,他努力实践卢梭的社会政治思想,力图实现人民主权和建立民主共和国,主张通过部分地分配财产以达到社会平等。面对当时法国革命的严峻形势,他果断实行恐怖统治。1794 年 7 月 27 日,反对势力联合发动"热月政变",罗伯斯庇尔被捕,企图自杀未遂,于次日被送上断头台。

拿破仑与法兰西第一帝国

拿破仑是世界历史上杰出的政治家、军事家。他出生于科西嘉岛一个小贵族家庭。青年时代,拿破仑信奉卢梭的社会契约和人民主权思想。大革命爆发后,拿破仑在与反法同盟的作战中取得一系列胜利,捍卫了革命果实,声名大振。1798～1799年,他远征埃及。因国内政局不稳,拿破仑丢下在埃及的军队突然回国,于1799年11月9日(雾月18日)发动政变,推翻督政府统治,就任第一执政。他坚决制止波旁王朝的复辟企图,迅速平定了一些叛乱,建立了强有力的国家政权,使自大革命以来动荡不安的局面安定下来。为进一步确保革命成果,亲自参与制定了《法国民法典》。拿破仑还采取措施保护和促进资本主义工商业。随着个人统治地位日益巩固,拿破仑1804年放弃共和制度,建立法兰西帝国,自任皇帝,历史上称为法兰西第一帝国。

拿破仑法典

《拿破仑法典》是法国第一部民法法典,也叫《法国民法典》。拿破仑就任第一执政后,授意起草一部民法典,并亲自参加了法典的制订工作。1804年3月21日该法典正式颁行。这部法典确认了资产阶级和农民占有贵族和教会土地财产的合法性,以法律的形式确立了大革命的成果;法典反映了法律面前人人平等的原则,保证每个人具有的自由平等的民事权利和行为能力,否定了封建特权。法典破除了封建的立法原则,成为近代资本主义国家立法的规范。为了纪念拿破仑对法典的贡献,该法典于1807年和1852年两次被命名为《拿破仑法典》。拿破仑自称,滑铁卢的失败会摧毁他在军事上的业绩,但任何东西也不能摧毁他的法典。

法兰西第一帝国的扩张与覆灭

拿破仑执政期间,对外战争频繁。在第二次至第五次反法同盟战争中,拿破仑率领法国军队取得了辉煌的胜利,他的军事思想和军事才能得到充分发挥,多次打败数量上占优势的欧洲各国联军。至1809年,拿破仑一世及其家族直接或间接控制了除英国、俄国以外的整个欧洲,达到了强盛的顶峰。1812 年,拿破仑亲率 60 余万大军入侵俄国,惨遭失败。英、俄、普、奥等国趁机组成第 6 次反法联盟,1814 年 3 月 31 日攻入巴黎,4 月 6 日拿破仑一世被迫退位,被流放到厄尔巴岛,波旁王朝复辟。1815 年 3 月 20 日,拿破仑一世从厄尔巴岛返回巴黎复位,史称"百日王朝"。6 月 18 日,拿破仑一世在滑铁卢被第 7 次反法联军击溃。6 月 22 日再次退位,被流放到圣赫勒拿岛,第一帝国覆灭。

滑铁卢战役

1815 年 3 月,被流放的拿破仑率旧部逃离厄尔巴岛,返回巴黎。英国、普鲁士、奥地利等国君主集了 70 万重兵,准备分头进攻巴黎。6 月 17 日,拿破仑击败由布吕歇尔将军率领的普鲁士军队,并赶到比利时布鲁塞尔南的滑铁卢村,与由威灵顿公爵率领的英军相遇。但是,拿破仑手下的一名将军没能按命令消灭逃跑的普军。6 月 18 日,拿破仑率军与英军交战。当天下午,正当两支军队都疲惫不堪时,布吕歇尔率领的普军突然赶到,并猛攻法军的右翼。晚上 9 点,拿破仑率领的法军败走。滑铁卢战役后,联军很快攻占巴黎,拿破仑被放逐到大西洋中的圣赫勒拿岛。滑铁卢战役彻底结束了拿破仑的军事生涯和政治生命,改变了欧洲的历史进程。"滑铁卢"这三个字也从此成为"失败"的代名词而流传下来,并在全世界广泛使用。

英国工业革命

工业革命发源于 18 世纪中期的英国,之后发展到欧美主要国家。工业革命首先是一场空前规模的技术革命,使社会生产力取得了惊人的发展。英国在工业革命期间,先后建成了纺织、钢铁、煤炭、机器制造和交通运输五大工业部门,到 19 世纪 50 年代取得了世界工业和世界贸易的垄断地位。工业革命具有划时代的历史意义,对人类社会的演进产生了空前深刻、巨大的影响。它促使欧美各国先后实现工业化,由农业国变成工业国。它给人类带来了进步和幸福,同时也使人类面临新的矛盾和挑战。

瓦特和蒸汽机

瓦特是英国著名的发明家,是工业革命时期的重要人物。他对当时已出现的蒸汽机原始雏形作了一系列的重大改进，发明了单缸单动式和单缸双动式蒸汽机，提高了蒸汽机的利用效率和可靠性，对当时社会生产力的发展做出了杰出贡献。很快，蒸汽机械便用于纺纱和织布，蒸汽打谷机、收割机用于农场，蒸汽机用于铁路运输。这一切，都奠定了近代社会的工业化基础，推动世界工业进入了"蒸汽时代"。

北美独立战争

现在的美国，原先是英国的殖民地。1607 年初，英国人在詹姆士河口建立了第一个殖民地弗吉尼亚。17 世纪初至 18 世纪中叶，英国在北美大西洋沿岸先后建立起 13 个殖民地，并对其进行疯狂的剥削和压迫，与殖民地人民的矛盾尖锐化。1755 年 4 月 18 日，莱克星顿的民兵打响了独立战争的第一枪，拉开了北美独立战争的序幕。莱克星顿的枪声很快传遍北美各地，人民运动的浪潮顷刻之间就席卷了全部殖民地。1776 年 7 月 4 日，《独立宣言》颁布，大大鼓舞了北美人民的革命斗志，各地人民斗志昂扬地赶赴战场，为实现独立而英勇斗争。1778 年 2 月 6 日，法国承认美国独立，并援助美国对英作战。之后，西班牙、荷兰、俄国、丹麦、瑞典和奥地利等国也加入反英战争，英国完全陷于孤立。1781 年 10 月，最后一支英军在约克镇投降，北美独立战争胜利结束。

来克星顿的枪声

1775 年 4 月，马萨诸塞的英国总督兼驻军总司令盖奇得到了一个消息：在波士顿附近的康科德镇上，有"通讯委员会"的一个秘密军需仓库。盖奇立即传下命令，派军队前往搜查，没收这些军火。两天以后，一支由 800 名士兵组成的英军，由指挥官史密斯率领，连夜出发了。第二天凌晨，他们来到了离康科德还有 6 英里的小村庄莱克星顿。在这里，英军发现有几十个村民正手握长枪严阵以待，他们正是赶来阻击的莱克星顿的民兵。史密斯下令开火，民兵们立刻还击，共打死打伤英国士兵 247 人，取得辉煌的战绩。莱克星顿的枪声，揭开了北美独立战争的序幕。独立战争胜利后，人们把莱克星顿当作美国自由独立的象征，赞誉它是"美国自由的摇篮"。

《独立宣言》发表

美国《独立宣言》是美国独立战争期间颁布的重要历史文献。《独立宣言》宣布,一切人生而平等,上帝赋予他们诸如生存、自由和追求幸福等不可让与的权利。为保障上述权利,人们才建立政府,任何政府一旦损害这些权利,人们就有权改换它或废除它,建立新政府。马克思称它为"第一个人权宣言"。宣言由托马斯?杰斐逊等起草,大陆会议于 1776 年 7 月 4 日予以通过。为了表示纪念,7 月 4 日被规定为美国的独立日。宣言对推动后来的欧洲各国资产阶级革命,特别对法国大革命及其《人权宣言》产生了积极影响。

美国"国父"华盛顿

华盛顿是美国独立革命的主要领袖之一。他早年参加过几次英国人对法国人的战争,升至上校。后来成为当地殷富的大种植园主。独立战争开始后,1775 年 7 月 3 日,华盛顿被任命为大陆军总司令。身为独立战争的最高军事将领,华盛顿具有非凡的组织才能,身处逆境,依然坚忍不拔。他领导北美人民,奋力抗争,克服种种困难与挫折,终于赢得了反英独立战争的最后胜利。1783 年 12 月 23 日,他递交辞呈,解甲归田。1789 年,华盛顿当选为美国第一任总统。他在内政外交有很多成绩,奠定了联邦政府未来发展的基础。华盛顿在美国历史上占有极重要的地位,特别因对美国独立做出重大贡献,被誉为美国的"国父"。

拉丁美洲反殖民主义斗争

哥伦布发现美洲新大陆之后,西班牙、葡萄牙殖民主义者先后侵入拉丁美洲,开始了长达 300 年的殖民掠夺。1791 年 8 月在加勒比海地区的海地革命爆发,揭开了拉丁美洲独立运动的序幕。海地起义军将法国、西班牙和英国三大欧洲侵略军击败,于 1804 年 1 月 1 日正式宣布独立,并采用了印第安人的传统名称"海地"作为国名。海地的独立大大鼓舞了拉丁美洲人民的革命信心和斗志,推动了拉丁美洲民族解放运动的发展。玻利瓦尔、圣马丁等领导大规模的武装反抗殖民统治的独立战争,经过几十年的战斗,赢得彻底胜利。1822 年 12 月,巴西在种植园主和大地主的支持下宣告独立。至此,拉丁美洲绝大部分地区摆脱了西班牙和葡萄牙的殖民统治,建立起 17 个独立国家,现代拉丁美洲国家的政治格局基本奠定。

美国内战

1861 年 4 月 15 日至 1865 年 4 月,美国南方奴隶与北方联邦政府之间爆发了大规模内战。南方种植场奴隶主进行战争的目的是要保卫奴隶制度,脱离联邦,而北方目的则在于打败南方,以恢复全国统一,废除奴隶制度,从而使得资本主义得到顺利的发展。这场内战伤亡人数超过 100 万,以北方联邦政府的胜利而告终。美国内战也被称为继独立战争之后的美国第二次资产阶级革命。它废除了黑人奴隶制度,较好地解决了农民的土地问题,维护了国家统一,为美国资本主义的加速发展扫清了道路,并为美国跻身于世界强国之列奠定了基础。

《解放宣言》

《解放宣言》全称是《解放黑人奴隶的宣言》。这是美国内战期间林肯总统颁布的一项重要法令。在英属北美殖民地创建之初,急需大批劳力,欧洲殖民者便从非洲拐骗、劫掠黑人到新大陆作为奴隶役使。在万恶的奴隶制度下,黑人受到极为残酷的剥削和压迫。在美国内战期间,为了解放黑奴,赢得内战的胜利,1862 年 9 月,林肯总统公布了《解放宣言》,郑重宣布从 1863 年 1 月 1 日起,南方各州的黑奴将永远获得自由。政府将承认并保障这些人的自由。这是投向叛乱者的致命的道义上的炸弹,对埋葬奴隶制、夺取战争的胜利都有重大影响。马克思认为,它是"在联邦成立以来美国史上最重要的文件"。

林肯

林肯是美国第 16 任总统。他谦逊正直,平易近人,被人们称为"诚实的亚伯"。1860 年 11 月,林肯当选为美国总统。林肯就职前后,南方各州悍然分裂联邦,并首先挑起内战。在国家危难之时,林肯力挽狂澜,克服内政、外交上的艰难险阻,先后在 1862 年颁布《宅地法》《解放宣言》等重要法令,1863 年 11 月在葛提斯堡演说中提出了"民有、民治、民享的政府"的思想,终于领导美国人民赢得平息叛乱的完全胜利,彻底根除了黑人奴隶制度。然而,当美国人民沉浸于胜利之际,1865 年 4 月 14 日,林肯被南方奴隶主收买的一个暴徒刺杀。林肯是一位杰出的政治家,为推动美国社会向前发展做出了巨大贡献,受到人民的尊敬,被誉为"新时代国家统治者的楷模"。在美国人的心目中,他的威望甚至超过了华盛顿。

马克思主义的诞生

　　马克思主义是关于消灭资产私有制,全世界无产阶级和全人类彻底解放的学说。它由马克思主义哲学、马克思主义政治经济学和科学社会主义三大部分组成。马克思主义在19世纪40年代产生于西欧,英、法、德三国是其发源地。它的主要理论来源是德国古典哲学、英国古典政治经济学和英法空想社会主义。19世纪科学技术的新成果,特别是细胞学说的确立,能量守恒和转化规律的发现、进化论的新发展为马克思主义的产生奠定了坚实的自然科学基础。1848年2月出版的《共产党宣言》中,第一次对无产阶级的思想体系作了系统的表述,这标志着马克思主义的诞生。

马克思和恩格斯的伟大合作

　　科学共产主义的创始人马克思、恩格斯都出生于德国。1844年8月,马克思和恩格斯在巴黎相会,发现他们在对资本主义的起源、性质、发展前途以及一切理论问题上的认识竟完全相同,便决定共创科学社会主义,开始了伟大的合作。马克思和恩格斯在创立科学社会主义的同时,还致力于创建一个科学共产主义理论武装的,由无产阶级先进分子组成的革命政党。1847年11月"共产主义者同盟"在伦敦召开第二次代表大会,会议一致通过马克思和恩格斯的原则,并委托他们根据科学共产主义的原理,起草同盟的纲领。1848年2月,《共产党宣言》在伦敦发表,标志着马克思主义的诞生,开辟了无产阶级以科学共产主义为指导进行自觉革命的新时代。

马克思和恩格斯的伟大合作

　　科学共产主义的创始人马克思、恩格斯都出生于德国。1844年8月,马克思和恩格斯在巴黎相会,发现他们在对资本主义的起源、性质、发展前途以及一切理论问题上的认识竟完全相同,便决定共创科学社会主义,开始了伟大的合作。马克思和恩格斯在创立科学社会主义的同时,还致力于创建一个科学共产主义理论武装的，由无产阶级先进分子组成的革命政党。1847 年 11 月"共产主义者同盟"在伦敦召开第二次代表大会，会议一致通过马克思和恩格斯的原则，并委托他们根据科学共产主义的原理，起草同盟的纲领。1848 年 2 月，《共产党宣言》在伦敦发表，标志着马克思主义的诞生，开辟了无产阶级以科学共产主义为指导进行自觉革命的新时代。

《共产党宣言》

　　《共产党宣言》是马克思和恩格斯为共产主义者同盟起草的纲领，由马克思执笔写成。写于 1847 年 12 月至 1848 年 1 月，1848 年 2 月在伦敦发表。《共产党宣言》第一次全面系统地阐述了科学社会主义理论，指出共产主义运动已成为不可抗拒的历史潮流。《宣言》最后发出国际主义的战斗号召："全世界无产者，联合起来！"它的发表，标志着马克思主义的诞生和国际共产主义运动的开端，创造了一个崭新的时代。

日本明治维新

　　"明治"是日本睦仁天皇在位的年号。明治维新是指 19 世纪后期日本所进行的由上而下、具有资本主义性质的全面西化与现代化改革运动。明治维新的主要领导人是一些青年武士，他们以"富国强兵"为口号，企图建立一个能同西方并驾齐驱的国家。明治维新推翻德川幕府，毁灭了旧的封建秩序，使大政归还天皇；在政治、经济和社会等方面实行大改革，实施了富国强兵、殖产兴业和文明开化三大政策；推动了日本社会的进步，使之摆脱了民族危机，从此走上了发展资本主义道路，成为世界强国。

第一次世界大战

　　第一次世界大战是帝国主义国家两大集团——同盟国与协约国之间为瓜分世界、争夺势力范围而进行的世界性战争。战争的导火索是 1914 年 6 月的萨拉热窝事件。战争从 1914 年 8 月开始持续到 1918 年 11 月，历时 4 年零 3 个月。这场战争主要发生在欧洲，但波及到全世界，当时世界上大多数国家都卷入了这场战争，是人类历史上破坏性最强的战争之一。大约有 6500 万人参战，1000 万人丧生。

同盟国和协约国

同盟国和协约国是 19 世纪末两个对立的帝国主义军事同盟。协约国以英、法、沙俄为主，还包括塞尔维亚等弱小的欧洲国家。第一次世界大战期间，日本、意大利、罗马尼亚、美国等 24 个国家先后加入协约国。十月革命后，苏俄宣布退出。最终，协约国赢得了第一次世界大战的胜利。后来随着世界格局的变化，协约国不复存在。同盟国以德国和奥匈帝国为核心，也曾包括意大利。不过，意大利从一战开始后就宣布中立，并在 1915 年 5 月加入协约国，三国同盟瓦解。在第一次世界大战时，加入同盟国方面作战的还有保加利亚和奥斯曼土耳其帝国。1918 年，同盟国战败，同盟瓦解。

萨拉热窝事件

萨拉热窝是波斯尼亚首府。1908 年，奥地利吞并了波斯尼亚和黑塞哥维那。两地的斯拉夫人热切希望摆脱奥地利控制，与塞尔维亚合并，建立统一国家。1914 年 6 月 28 日，奥匈帝国皇位继承人斐迪南在萨拉热窝检阅军事演习，被一个塞尔维亚族青年用手枪打死。7 月 28 日，奥匈帝国以此事为借口向塞尔维亚宣战，决定乘机吞并塞尔维亚。随后许多国家也相继卷入战争，由此引发了第一次世界大战。

凡尔登战役

1916 年，德军作战重心转回到西线。总参谋长法金汉主张，通过一次大规模战役，使法军力量全部投入，消耗殆尽。德军统帅部选择凡尔登为"碾碎法军的磨盘"。于是从 1916 年 2 月 21 日到 12 月 18 日，德国和法国在凡尔登地区进行了一场大会战，史称"凡尔登战役"。双方不断增加兵力，反复冲杀，形成拉锯战。德军最终未能实现原先的战略计划。该战役是第一次世界大战中规模最大、时间最长的战役，双方损失惨重，法军伤亡40 多万人，德军伤亡近 35 万人。

索姆河战役

第一次世界大战期间，1916 年英、法联军在法国索姆河地区对德军发动了一场进攻战役。这场战役从 6 月底开始一直持续到 11 月中旬，因

历史知识

天气恶劣和物资耗尽才停止。英法联军夺回了240平方公里的土地。双方伤亡巨大,法军损失34万人,英军损失45万多人,德军损失53.8万人,其中10万多被俘。虽然联军未实现战略计划,但显示了军事和经济方面的优势,掌握了制空权。德军兵员难以补充,士气从此低落。这场战役与凡尔登战役成为一战的转折点。

你应该具备的

四、世界现代史

俄国十月社会主义革命

1917年2月,俄国人民推翻了沙皇专制统治,成立了工兵代表苏维埃。但是,俄国资产阶级窃取了胜利成果,成立了以克伦斯基为首的临时政府,并准备建立军事专政。1917年11月7日,在列宁和布尔什维克党领导下,以停泊在涅瓦河上的"阿芙乐尔号"巡洋舰的炮声为信号,俄国首都圣彼得堡的工人赤卫队和士兵举行了武装起义,向临时政府所在地冬宫发起攻击,推翻了临时政府,建立了苏维埃政权。由此,世界上第一个社会主义国家诞生了。革命很快扩展到全国。这次革命导致了1918～1920年的俄国内战和1922年苏维埃社会主义共和国联盟(苏联)的成立。因为革命发生在俄历10月,所以称为"十月革命"。

列宁

列宁是无产阶级的革命导师,苏联共产党和苏维埃国家的缔造者。他原名为弗拉基米尔?伊里奇?乌里扬诺夫,"列宁"是他的笔名。1895年,列宁创立了彼得堡工人阶级解放斗争协会。1903年,他出席俄国社会民主工党第二次代表大会,形成了以他为首的布尔什维克。俄国1905年革命爆发后,列宁直接领导革命,并提出了无产阶级政党在民主革命中的策略。第一次世界大战爆发后,列宁又提出了"变帝国主义战争为国内战争"的口号,阐明了社会主义可以在一国或数国首先胜利的理论。1917年2月沙皇政府被推翻后,流亡在外的列宁立即返回俄国。在列宁的领导下,俄国人民终于取得了十月社会主义革命的胜利。革命胜利后,列宁当选为第一届苏维埃政府主席。

布尔什维克

1903年7月30日,俄国社会民主工党在布鲁塞尔召开代表大会,会上形成了以列宁为核心的布尔什维克,布尔什维克的意思是多数派;而以马尔托夫为首的一派居少数,被称为孟什维克,即少数派。。布尔什维克及其思想体系的产生,标志着列宁主义的形成。1952年10月,联共(布)第十九次代表大会鉴于孟什维克早已退出历史舞台,无须保留双重名称,因此决定将全联盟共产党(布尔什维克)改名为苏联共产党。

苏联的成立

苏联,全称是苏维埃社会主义共和国联盟,是由具有平等权利的加盟共和国联合组成的联盟国家,成立于1922年12月。沙皇俄国是一个通过侵略扩张形成的多民族殖民帝国,而十月革命则打碎了民族压迫的枷锁。1917年11月15日,苏维埃政府公布了《俄国各族人民权利宣言》,主张各民族在平等、自主的基础上建立真诚的、巩固的联盟。1922年12月30日,苏维埃社会主义共和国联盟第一次代表大会通过了前苏联成立宣言和成立条约,宣布俄罗斯联邦、乌克兰、白俄罗斯和南高加索联邦(由阿塞拜疆、亚美尼亚和格鲁吉亚联合组成)根据自愿和平等的原则成立了统一的联盟国家。此后,经过不断合并,前苏联由15个加盟共和国联合组成。

斯大林

斯大林是前苏联共产党和前苏联政府重要的领导人、国际共产主义运动活动家,对20世纪的前苏联和世界产生了深远的影响。列宁逝世后,他继任成为党和国家的领袖。在任期间,他以计划经济的方式实施大规模工业化,使前苏联成为重工业和军事大国。但同时斯大林也逐渐发展起了对自己的个人崇拜。他对政界和军队中的大清洗、对少数族裔的压迫流放闻名于世,给国家的经济建设和政治生活带来了严重的消极影响。第二次世界大战中,斯大林领导的前苏联和盟军共同击败了纳粹德国和日本帝国,取得了战争的胜利。战后他扶植了东欧集团,建立社会主义国家阵营,在冷战中与美国、英国等资本主义国家对峙。

1929年世界经济危机

1929年,资本主义爆发了经济危机。这是迄今为止资本主义发展史上延续时间最长、波及范围最广、破坏最严重、影响最深的一次经济危机。

这次经济危机首先在美国爆发,并迅速蔓延到了其他国家。危机持续时间长达 4 年,此后又是长期的萧条,世界经济因此倒退了几十年,工厂大量破产,失业人数猛增,国际贸易严重萎缩。大危机使资本主义社会的各种矛盾激化起来。为对付危机,美、英、法等国大力发展国家垄断资本主义,而德、日两国先后走上了法西斯道路,大肆扩充军备,最终导致第二次世界大战的爆发。

黑色星期四

在 1929 年 10 月以前,美国纽约的华尔街股市出现了持续 7 年左右的繁荣,所有股票价格都节节上升。1929 年 9 月初,一位统计学家预言美国将出现空前规模的大萧条,但当时的总统胡佛却声称美国经济从根本上看是健全的。然而在 10 月 24 日星期四这一天,出现了空前的抛售风潮,股票市场彻底崩溃,股票价格暴跌,5000 多亿美元的资产一日内化为乌有,标志着经济危机的大爆发。因此在美国历史上,1929 年 10 月 24 日这一天被称为"黑色星期四"。

罗斯福新政

美国总统 F.D.罗斯福在 1933 年执政后,为摆脱严重的经济危机和萧条,采取了一系列社会经济政策,包括整顿银行与金融业、复兴工业、调整农业政策、大力兴建公共工程以创造就业机会等,世称"罗斯福新政"。"新政"一词来源于 1932 年罗斯福接受民主党总统候选人提名时的演说,当时他声称"要为美国人民实行新政"。新政使美国逐渐摆脱了危机,为千百万人提供了就业和生活的保障,使经济不平衡状况有所改善,并缓和了阶级矛盾,维护了资产阶级民主制度。

第二次世界大战

第二次世界大战是人类历史上规模空前的全球性战争。交战双方是以美国、前苏联、中国、英国、法国等国组成的反法西斯同盟,与以德国、日本、意大利等法西斯国家组成的轴心国集团。全球有 61 个国家和地区参战,有 19 亿以上的人口被卷入战争。战争中军民共伤亡约 9000 余万人。1943 年 7 月,英、美军队攻占意大利南部的西西里岛,9 月意大利投降。

1945 年 5 月 2 日,苏联军队攻克柏林;5 月 8 日,德国无条件投降。8 月 14 日,日本宣布接受波茨坦公告投降;9 月 2 日签署投降书。第二次世界大战最后以反法西斯同盟的胜利而告终。

法西斯的兴起

法西斯是一种鼓吹种族主义、专制独裁和侵略扩张的政治理论、运动和政权形式,是西方国家在陷入经济大危机的困境后的产物。第一次世界大战后,在意大利和德国分别出现墨索里尼的国家法西斯党和希特勒的纳粹党,先后于 1922 年、1933 年建立法西斯专政。日本也在 30 年代法西斯化。西班牙、匈牙利、保加利亚、阿根廷等国也推行过法西斯主义。法西斯主义的泛滥给世界各国人民带来痛苦和灾难,导致第二次世界大战的爆发,最终通过反法西斯战争被世界人民埋葬。

战争狂人希特勒

希特勒是法西斯德国国家元首和总理, 发动第二次世界大战的头号战犯。1920 年,他改组民族社会主义德国工人党(即纳粹党),成为该党拥有绝对权力的元首。1934 年以后,他自称国家元首兼总理,拥有对武装部队的最高统帅权。实行法西斯独裁统治,逮捕屠杀共产党人和进步人士,迫害犹太人。并与意大利、日本结成轴心国侵略集团,积极准备战争。1939 年,悍然入侵波兰,全面挑起第二次世界大战。1945 年 4 月,苏军攻入柏林,法西斯德国灭亡在即,战争狂人希特勒于 30 日在总理府地下室开枪自杀。

纳粹党

纳粹党是德国的法西斯政党,全称是民族社会主义德国工人党。1921 年 6 月 29 日,希特勒成为这个党的元首。希特勒当权后,纳粹党也成为德国的执政党,对德国和世界人民犯下滔天大罪。纳粹党头目除希特勒外,还有戈林、戈培尔等。1946 年 9 月 30 日,这个罪恶的法西斯政党被纽伦堡国际军事法庭宣判为犯罪组织。

德国入侵波兰

1939 年 3 月,德国占领捷克斯洛伐克。为消灭英法在中欧的主要盟国波兰,解除进攻西欧的后顾之忧, 9 月 1 日凌晨, 德国集结 150 万军队、2000 余架飞机和 2800 辆坦克,向波兰发起突然袭击。德军采取闪电战术,首先以大批飞机密集轰炸战略要地,继而以坦克和摩托化部队为先导分三路突进。9 月底,波兰首都华沙被攻陷,波兰灭亡了。德国入侵波兰,标志着第二次世界大战的全面爆发。

法国的沦陷

希特勒德国占领波兰后,于 1940 年 5 月 10 日开始进攻西欧。德军绕过法国人的马其诺防线,闪电般占领了荷兰、比利时和卢森堡,然后通过法比边境的阿登山区,侵入法国境内,英法联军节节败退。26 日,德军进抵英吉利海峡,将英法军队拦腰切断。在北部的 40 万英法联军慌忙从敦刻尔克撤离欧洲大陆。6 月 14 日,德军占领巴黎,抢占了法国大片领土。22 日,法国在停战投降协定上签字。从德国展开西线进攻到法国败降只经历了 6 个星期,闪电战的威力让法国体会到了亡国的耻辱。

敦刻尔克大撤退

1940 年 5 月,英、法联军在对德作战中失利,遭到分割,近 40 万军队溃退至法国西海岸的敦刻尔克地区,面临全军覆没的危险。5 月 24 日,德军装甲部队已经逼近法国的北部港口敦刻尔克,但却在这时接到暂缓前进的命令。被包围的英、法联军趁机巩固防御工事,掩护实施从海上撤退至英国的"发动机计划",即敦刻尔克大撤退。英国动用了 800 多艘各种类型船只,冒着德机的轰作,将 20 万英军和 13 万法比军队由英吉利海峡撤到英国。这次撤退是当时历史上最大规模的军事撤退行动,虽然丧失了大量的物资和武器装备,但为英国避免了全军覆没的悲剧,对保存英军实力,重新武装,日后反攻欧洲大陆有着重要意义。

不列颠空战

德军占领西欧大陆后,希特勒于 1940 年 7 月下达全面入侵英国的"海狮计划"。为夺取制空权,把占有优势的英国海军赶出英吉利海峡,给入侵扫清道路,并迫使英国屈服,德国空军对英国本土进行了大规模的连续空袭。德军最初主要轰炸英军的军舰、海军基地、机场和雷达站,后来开始轰炸伦敦等重要城市,企图摧毁英国军民的抵抗意志。英国军民在丘吉尔政府领导下团结一致,奋力抵抗。英国皇家空军充分利用本土上空作战的优势,进行了有效的还击。德军的"海狮计划"彻底破产。不列颠空战是第二次世界大战中规模最大、时间最长的空战。英国取得自卫战的胜利,希特勒的军事冒险受到严重的挫败,有力地鼓舞了世界各国人民反法西斯斗争。

日本偷袭珍珠港

　　珍珠港位于夏威夷群岛中心的瓦胡岛南端,是美国在太平洋上最大和最重要的海军基地,停泊着太平洋舰队。1941 年 12 月 7 日清晨,日本海军的航空母舰舰载飞机和微型潜艇突然袭击珍珠港的太平洋舰队。美军毫无戒备,反击无力,损失惨重,太平洋舰队几乎全军覆没。而日本只损失了 20 余架飞机和少量小型潜艇。事件发生后,美国对日宣战,太平洋战争由此爆发。这次袭击最终将美国卷入了第二次世界大战。

斯大林格勒战役

　　1942 年春,德国军队在莫斯科战役失败后,决定再次对苏联发动进攻。因无力全面进攻,于是集中兵力于南线,企图一举攻占苏联的南方重镇斯大林格勒。7 月 17 日,德军逼近斯大林格勒,战役开始。面对占有优势的敌人,苏军寸土不让,顽强抵抗,德军经过近两个月的激战才攻入市区,双方开始了更为激烈的城区争夺战。苏军决心"誓死保卫城市,绝不后退一步",最终坚守住了部分市区,并为全面反攻赢得了时间。1943 年 1 月 10 日,苏军开始总攻,德军全面崩溃。至 2 月 2 日,被围德军全部被歼,其指挥官鲍罗斯元帅被俘。这次战役历时 200 天,是第二次世界大战中规模最大的战役之一。德军力量受到严重削弱,损失 150 万人,约占苏德战场兵力的 1/4,希特勒被迫转入战略防御。这次战役也成了第二次世界大战的转折点。

诺曼底登陆

　　二战后期,英美盟军决定法国西北部的诺曼底登陆,对德国法西斯进行反攻。1944年6月6日6时30分,诺曼底登陆战役正式开始。当天,盟军大批飞机和军舰轰击德军海岸防御工事,随后由船只运输的进攻部队登陆,突破德军的"大西洋壁垒",建立起滩头阵地。诺曼底战役持续了超过2个月,盟军先后调集了36个师,总兵力达288万人,其中陆军有153万人,相当于20世纪末美国的全部军队,是20世纪最大的登陆战役。诺曼底登陆成功后,美英军队重返欧洲大陆,攻入德国本土,与苏军配合,彻底打败了法西斯德国。

日本上空的原子弹

意大利和德国法西斯相继投降后,日本仍在负隅顽抗。1945年,美国总统杜鲁门和美国政府想尽快迫使日本投降,决定对日本使用原子弹,确定广岛、长崎为轰炸地点。1945年8月6日早晨,美军战斗机在广岛投下第一颗原子弹,当天就造成8.8万人死亡。但广岛的悲剧并未使日本投降。于是在8月9日这一天,美国又在日本长崎投下第二颗原子弹,长崎当天有6万余人死去。8月15日,日本天皇发布投降诏书,宣布投降。9月2日,日本代表在投降文件上签字。第二次世界大战到此全部结束了。

东西方冷战

"二战"结束后,美国为了争夺世界霸权,于1947年推出了"杜鲁门主义",对前苏联和其他社会主义国家采取了敌视和遏制政策。1946年3月,丘吉尔在美国富尔敦发表了著名的"铁幕"演说,它和"杜鲁门主义"标志着西方国家已开始执行"冷战"政策。1949年4月,在美国的主导下,成立了北大西洋公约组织。为与北约对抗,1955年,前苏联与一些东欧国家建立了华沙条约组织。这两大集团除直接交战以外,在经济、政治、军事、外交、文化、意识形态等各方面都处于对抗状态。虽然相互对抗,冲突不断,但对抗双方都尽力避免导致世界范围的大规模战争的爆发,所以叫"冷战"。

古巴导弹危机

尽管以美苏为代表的"冷战"双方从未爆发全面战争,但有很多次都走到了战争的边缘,其中最危险的一次是古巴导弹危机。1962年,美国人发现前苏联人正在距离美国本土仅有 90 英里的古巴地区建造核导弹基地,严重威胁了美国的安全。当时的美国总统肯尼迪以果断的行动发出核战争的警告,并与前苏联人达成了一项外交默契,促使前苏联人从古巴地区撤出导弹基地,导弹危机得以解除。这个事件被看做是冷战的顶峰和转折点。

东欧剧变

20 世纪 80 年代末到 90 年代初,东欧各个社会主义国家发生了剧烈动荡,政治经济制度发生根本性改变,由斯大林模式的社会主义制度最终演变为西方欧美资本主义制度。这场剧变最先在波兰出现,后来扩展到东德、捷克斯洛伐克、匈牙利、保加利亚、罗马尼亚等前华沙条约组织国家。这个事件以前苏联解体告终,一般被认为标志着冷战的结束。

苏联解体

1991 年 8 月 19 日,前苏联共产党中的保守派发动政变,软禁了最高苏维埃主席团主席戈尔巴乔夫,试图收回下放给加盟共和国的权力,同时终止不成功的经济改革。但政变仅仅维持 3 天便宣告失败。虽然戈尔巴乔夫在政变结束后恢复了职务,但前苏联中央政府已经无法控制在平息政变的过程中大大加强的加盟共和国的分离势力。1991 年 12 月 25 日,戈尔巴乔夫宣布辞职,将国家权力移交给俄罗斯总统。第二天,前苏联最高苏维埃通过最后一项决议,宣布前苏联停止存在。从此,前苏联正式解体。冷战也至此结束。

中东战争

中东地区主要是亚、非、欧三洲连接的地区,战略地位十分重要。二次世界大战后,美国取代了英国在中东的地位,犹太复国主义得到了美国的支持。1947 年 11 月,联合国通过巴勒斯坦"分治",建立一个犹太国和一个阿拉伯国的决议。对此,阿拉伯人表示强烈反对。1948 年 5 月 14 日,犹太人单方面宣布成立以色列国。第二天,埃及、约旦、伊拉克、叙利亚和黎巴嫩五国联军分头开入了巴勒斯坦地区,第一次中东战争爆发。自此,中东地区就深陷入近半个世纪的断断续续的战争之中。

海湾战争

1990 年 8 月 2 日，伊拉克军队占领了科威特，并宣布将其作为一个"省"并入版图，从而引发了以美国为首的西方国家与伊拉克之间的战争。以美国为首的多国部队在取得联合国授权后，于 1991 年 1 月 16 日开始对科威特和伊拉克境内的伊拉克军队发动军事进攻，主要战斗包括历时 42 天的空袭，以及在伊拉克、科威特和沙特阿拉伯边境地带展开的历时 100 小时的陆战。多国部队以较小的代价取得决定性胜利，重创伊拉克军队。伊拉克最终接受联合国决议，并从科威特撤军。海湾战争结束。

伊拉克战争

历时 7 周的海湾战争结束后，海湾危机并未就此结束。自 1991 年起，围绕核查与反核查、制裁与反制裁等问题，伊拉克与以美国为首的西方国家多次争吵并不时发生冲突。最终导致 2003 月 3 月 20 日美英盟军向伊拉克发起全面进攻。美军于 4 月 9 日突入伊首都巴格达，将萨达姆政权推翻。

科索沃战争

东欧剧变中，南斯拉夫联邦解体以后，塞尔维亚和黑山两个共和国宣布联合组成"南斯拉夫联盟共和国"。进入 20 世纪 90 年代以后，南联盟境内的科索沃省谋求独立，遭到南联盟政府的反对和压制。1998 年，以美国为首的北约开始介入科索沃危机，北约与南联盟的矛盾逐渐成为主要矛盾。1999 年 3 月 24 日夜，北约假借维护"和平"与"人权"的名义，向南联盟发起疯狂的空中袭击，狂轰滥炸长达 78 天。1999 年 6 月 9 日，南联盟与北约签署了停战协义。第二天，北约停止轰炸。科索沃战争结束。

"911"事件

2001 年 9 月 11 日上午 10 点 29 分（美国当地时间），被恐怖分子劫持的 4 架民航客机撞击美国纽约世界贸易中心，千万世界贸易中心双塔在内的 6 座建筑被完全摧毁，其他 23 座高层建筑遭到破坏，美国国防部总部所在地五角大楼也遭到袭击。共有 2823 人遇难，另外还有 105 人失踪，直接经济损失高达 1000 亿美元。这就是人们常说的"911"事件，它是人类历史上迄今为止最严重的恐怖袭击事件。

天地怎么开辟，人类怎么出现，请看

盘古和女娲的神话

请问，我们民族的历史从哪一天开始？

有人说，应该从老祖宗盘古开天辟地算起。

为什么这样说？道理很简单。如果没有天、没有地，哪会有社会和人群，演化成一篇篇动人的历史故事呀？所以古时候人们往往就把"盘古开天地"，当成是中国历史的第一个篇章。

还有人说，应该从女娲造人算起。

为什么这样说？道理也很简单。如果世界上没有人，哪来的历史呀？

到底是盘古开天地，还是女娲造人，揭开了历史的第一幕？也有不同的说法。

有人说，没有天地，哪有世界和历史？开天辟地在先，人类出现在后，先后关系必须要弄清楚。

有人说，开天辟地固然重要，但是历史是人创造的，只有天地没有人，就谈不上历史了。

瞧呀，这两种观点争论不休，好像是先有鸡还是先有蛋的问题。我们不管三七二十一，按照先后顺序，一个个讲下去，请读这本书的小朋友自己动脑筋，好好想一想吧。

现在先讲盘古开天地的故事。

盘古是谁？他是怎么开天辟地的？

传说在非常非常遥远的远古时期，没有天，也没有地，上下一片，混混沌沌的，好像是一个大鸡蛋。里面躺着一个人，呼噜呼噜睡大觉。这样一天天过下去，整整睡了18000年。有一天，他揉一揉眼睛醒了，觉得心里闷得发慌，瞧着周围的情景很不顺眼。他顺手一摸，摸着一把大斧头，抡起来使劲一砍，劈开了鸡蛋壳。只听见哗啦一声，周围发生了翻天覆地的变化。一些很轻很亮的东西，轻飘飘升上去，一天长一丈，越长越高，变成了高高的天空。另一些又重又浑浊的东西沉下去，越沉越深，变成了脚下的大地。他舒展了一下筋骨站了起来，十分满意自己创造的天地，这比从前那个稀里糊涂的大鸡蛋壳好得多啦。

天地虽然分开了,盘古还有些担心。

他担心什么呀?

他担心的是,眼前分开的天地还会不会合拢?如果合拢了,又要回到原来那个混混沌沌的样子了。他就站直了身子,头顶着天,脚踩着地,用力支撑着,不让它们重新合拢。每天天升高一丈,地加厚一丈,盘古的身子也跟着长一丈。这样又过了18000年,天变得很高很高,地变得很厚很厚,他也一天天长得更高了。据说,他的身子有9万里长,变成了一个不折不扣的巨人。

唉,盘古这样死死撑着天地,连躺下来休息一下的时间也没有,实在太累了。过了很久很久,他终于支持不住,倒下来一下子死了。

盘古死后,天地并没有合拢,反倒分得更开,往后一直也没有坍塌。

唉,可敬又可怜的盘古呀,这样糊里糊涂丢了性命,实在太不上算了。

盘古死后,他的遗体在哪儿?可以让我们凭吊吗?

他临死的时候,曾经大声叫喊,声音变成了轰隆隆的雷声,目光变成了闪电,最后的呼吸变成了风和云彩,左眼变成太阳,右眼变成月亮,头发和胡子变成满天的星星,倒下的身体、伸开的手脚变成了起伏绵延的山脉,血液变成了滚滚江河,皮肤和汗毛变成了花草和树林,肌肉变成了一片片田地,脉络变成了一条条大路和小路,牙齿、骨头变成了闪闪发光的金属和矿石,顺着身子淌下来的汗珠儿也变成了甘霖雨露……

啊,我们的老祖宗盘古"垂死化身",把自己的一切都奉献给了后世子孙。没有他,哪有天和地,哪有世界上美好的一切呀。

女娲呢?她是怎么造人的?

盘古死后,天地里空荡荡的。后来不知从哪儿钻出来另外一个女神,就是我们要讲的女娲。

女娲独自生活在这个空荡荡的世界里,觉得非常寂寞,应该增添一些什么东西,才能有些生气?她想了一下,决定按照自己的样子,造一些小人儿。

造人那样简单吗?可以呀,传说她神通广大,一天可以变化70次,没有什么事情是办不到的,要想造人还不容易么?简直是小菜一碟。

用什么东西造人呢?造许多人,得要耗费许多原料,就用不值钱的泥土吧。

她打定了主意,就用泥土捏成一个个小人儿。说也奇怪,这些小泥人儿一落地,就全都活蹦乱跳,迈开腿儿到处乱跑了。天地间一下子就有了生气,一点也不寂寞啦。

她做了一个小泥人,又做一个,做来做去觉得太麻烦了,干脆就用藤条沾着泥浆朝四面挥洒。挥洒出去的泥水点儿,也变成了有生命的小人儿。不消说,这种小泥人比不上她亲手做的。据说,这就是人世间地位高低的人们的区别。

呸！话说到这儿，讲故事的老头儿很不高兴。生活在世间的人们都是平等的，哪有什么高低贵贱的差别？这一段准是从前一些甘心做奴才，或者奴才的主子，别有用心编造的。给人划等级，把耗子药一样的宿命论灌输给人们，好让老百姓乖乖地做牛马一样的奴才。

女娲当时只做了小泥人，往后的人类是怎么繁殖起来的呢？

据说，女娲在和泥的时候，有的多加了一些水，变成了性情柔和的女人，水分少的则变成了性情刚强的男人。男人和女人生活在一起生了孩子，孩子长大了又生了孩子，人就越来越多了。

女娲的功劳不仅仅是造人，她还补过天呢。

据说，古时候水神共工和火神祝融打仗，共工打败了，气得一脑袋朝支撑天空的柱子撞去。撞倒了一根柱子，天上坍塌了一块儿，日月星辰全都东升西落，大地也朝东南方向倾斜了，使地面的江河统统流进东南边的深渊。这场祸事闹得不小，天地完全乱了套。女娲连忙炼了五色石子补天，又用芦苇烧的灰堵塞住洪水，这才重新整理好天地的秩序。

啊，她造了人，又补了天，功劳真不小呀！

两个故事讲完了，你相信这是真的吗？

讲故事的老头儿说，这是假的，也是真的，应该相信其中的一丁点儿，又不要完完全全相信。

为什么说这是假的，不能完全相信呢？

因为这是神话传说，当然不是真的，不能当成真正的历史来看待。

为什么又说这是真的，应该相信一丁点儿呢？

因为神话传说里往往包含着一些真实的成分。傻瓜迷信神话，聪明人要学会弄懂其中真实的东西。

为什么说其中有真实的成分？因为透过这两个故事，也反映了人类认识世界的过程呢。

我们都知道，宇宙和地球的历史远远比人类的历史悠久得多。天地早就"开辟"了。地球形成后，还有古生代的大海里的三叶虫、笔石、甲胄鱼，爬上岸的总鳍鱼，中生代的大霸王恐龙，以及新生代初期出现的始祖象、三趾马等许多原始哺乳动物，全都比人类早得多。难道它们生活的时代，天地还没有开辟吗？

就以人类本身来说，也经过了"从猿到人"的漫长过程，那时候天地也早就存在了呀！怎么说是盘古一斧头劈开的呢？

这个神话故事真正传达给我们的信息，是原始人对周围世界的认识过程。

最早的原始人，压根儿就不能认识周围的世界，整天稀里糊涂地过日子，所以才有整个天地都是一个混混沌沌的大鸡蛋的说法。不是天地混混沌沌，而是他们自己的脑袋是混混沌沌的。

后来他们的脑筋一天天开窍了，慢慢弄清楚了周围世界里的一些现象，眼前豁然开朗，就好像眼前的天地一下子开辟了，这才有了盘古开天地的故事。

噢，明白啦，不是盘古开辟了天地，而是我们的老祖宗自己的脑袋瓜子开了窍，提高了自己的认识水平呀。

女娲的故事呢？

当然也不是真的，只有傻瓜才把神话当成历史看。但是这个故事，却告诉了我们，远古时期人们只知道伟大的妈妈，是她们，生育繁殖了人类，带领人们战胜一个个困难。这个故事还告诉我们，远古时期的生活环境多么恶劣啊。用一个有趣的故事，就说出了为什么日月星辰东升西落，大地上的江河都向东流，一直流进了大海的现象。瞧呀，咱们的原始老祖宗把这些现象解释得多么有趣。

读完了这篇故事，千万不要迷信神话，不要相信古时候真有盘古和女娲两个人，而应该知道，在千奇百怪的神话故事里，常常隐藏着许多原始人没法解释清楚的事情。

请你原谅原始人吧！他们不能解释身边的许多自然现象，才编造了许多离奇古怪的神话。我们应该从这些幻想色彩丰富的神话故事里，挖掘合理的知识内核，这才是正确对待远古神话的科学态度。

你应该具备的

甲骨文记录的历史篇章

商原本是一个鸟图腾的部落，从建立国家以前到后来，都像鸟儿一样飞来飞去到处搬家。建立王朝后，它的国都也东搬西搬，总共搬了五次，好像喜欢旅行的候鸟似的。

为什么这样？因为老是发水灾，洪水赶着商朝的国王，不得不一次次搬家呀。

还有一个原因，由于做国王有好处，王室里的兄弟们都抢着当国王，闹得不可开交。为了避开不怀好意的兄弟们，也是一个重要原因。

这样搬来搬去，总不能没有个完呀。到了盘庚上台的时候，搬到了殷这个地方，搬得实在腻味，就不再搬家了，历史上称为"盘庚迁殷"。殷在今天河南省的安阳地方，所以人们就把商代的后半段称为"殷商"。

盘庚很有头脑，十分注意维护社会安定，因此得到了老百姓的拥护，诸侯也信服他，商朝渐渐兴旺起来了。这样又传了三代，传到武丁在位的时候，发展到了一个新的顶峰，称为"武丁中兴"。

武丁时代为什么能够一下子崛起？这和他本人的不平凡经历分不开。据说，他从小就生活在平民中间，养成了简朴的生活习惯，深深了解老百姓的需求和疾苦，甚至还交了一些奴隶朋友。他上台后，就毫不犹豫选拔了一些来自民间的贤人做事，当然就比从前高高在上的国王好得多了。他的第一号帮手傅说，就是一个奴隶朋友。传说傅说正在吭哧吭哧筑墙的时候，就被武丁派来的人在修房子的工地上找到，恭恭敬敬迎接到武丁的面前了。傅说帮助武丁治理国家，商朝变得非常兴旺。

武丁时期的国力强大了，就不断对外用兵，势力范围一直达到东边的大海，西边的陕西西部，北边的辽东，南边的淮河、长江以南，大大扩大了王国的边疆和影响。他的王妃妇好也是一个有名的武将，曾经带兵攻打过许多地方，是中国历史上第一个威名赫赫的女将军。

这样说了老半天，人们不禁会问，从前半真半假的传说听多了，这些故事是真的吗？有没有令人信服的证据？

有的！想不到的是，这个重要的证据竟是无意中从药铺里发现的。1899年，一位名叫王懿荣的考古学家得了疟疾，派人到一个小小的药铺买回一剂中药，惊奇地发现在一味叫龙骨的药品上面刻画着一些奇怪的符号。龙骨是古代脊椎动物的化石，也包括一些乌龟壳的甲片。他觉得这不是一般的刻痕，很像古代的象形文字，连忙派人去药店，以每片二两银子的高价，把所有刻有符号的龙骨全部买回来，给它取名叫做甲骨文。

啊哈！中国最古老的文字就这样被发现了。考古学家绞尽了脑汁，像大侦探一样破译了甲骨文的含意，发现里面有商代后期一些国王的名字，很可能这就是商代遗留的东西。

有了线索就好办。接着追踪下去，考古学家了解到这些刻写着甲骨文的甲片，都来自河南省安阳的小屯村一带，他们就把目光锁定在这个地方，断定这里就是传说中的殷商国都。考古学家们摩拳擦掌，准备"破案"了。

从1928年开始，一直发掘了将近60年，考古学家在这里发现了包括刻写着甲骨文的龟甲、兽骨在内，数不清的珍贵文物，全都是当时遗留下来的。

这里发现的甲骨有10万多片，上面的单字大约4500多个，已经认出了1700多个字，是我国已知最早的文字。

认识了上千个字就好办。古时候的记录很简单，不用多少字就可以写出一篇篇"日记"啦。统统拼凑起来，形成了一部内容丰富的"百科全书"。

是呀，这些甲骨"日记"，少的只有几个字，多的有上百字，记录的内容非常广泛，上从国家大事，下到私人的生活，包括天文知识、气象记录、巫医的占卜方法等，简直是一大堆历史故事的汇编。难怪后来周朝的人说："惟殷先人，有册有典。"说的就是这时候才开始有文字及一片片甲骨记录编写的"书本"。有了这样的不容怀疑的材料，人们不得不相信这段历史是真的了。

和甲骨文残片同时出土的，还有许多青铜器皿和兵器，显示出当时制造和雕凿技术先进的水平。其中有一个叫做"司母戊"的大方鼎，有130多厘米高，重量达到875千克，周身刻满了精美的花纹，表现出不凡的冶炼技术和雕刻艺术水平。

这里还有宫殿、手工业作坊遗址、墓地、水井、排水管道、道路和奴隶住的土洞子。一些墓穴里面，埋葬了大量珍宝和被杀死的奴隶作为殉葬品，显示出奴隶制国家对待奴隶极为残忍的事实。

甲骨文的发现，使古代历史终于走出了朦朦胧胧的传说时代。从这个时候开始,所有的重大事件都有记录了,进入了信史的阶段。

商朝的农业、畜牧业、手工业,都比从前发达得多。

从甲骨文的记录看,为了更好地利用土地,这时候已经实行了井田制,把田地划成一块块的。甲骨文卜辞里还有除草、施肥、灌溉水沟的记录。种植的农作物也更加丰富多彩了,不仅有黍,还有麦、谷子和稻子。加上桃、李等果树,桑、麻等用来纺织的原料,生活越来越好了。

他们不仅饲养了马、牛、羊、鸡、犬、豕这传统的"六畜",还喂养了鸭子和鹅,大大增添了营养丰富的食物。在殷墟甚至还发现了两座象坑,埋了两头大象。这是用来作战的战象,古书上也记载了他们骑着大象攻打东夷的事情。

商朝的手工业的分工细、规模大、技术高,除了铸造铜器、陶器和骨器的三大门类外,还出现了漆器制作。一些青铜器的铜、锡、铅三种合金成分的比例非常科学。用高岭土烧制的白陶,火温达到 1000 摄氏度以上。这些都是了不起的成就。

这个时候的天文学、医学、音乐、艺术也有很大的成就呢。

他能倒拖 9 头牛,他能双手托起屋梁,却是一个坏君王

暴君商纣王的下场

商朝辉煌了一阵子,终于落下大幕了。

值得注意的是,上古时期的夏、商两个王朝的闭幕式,几乎是一模一样的。

夏朝的末代国王桀是一个荒淫无耻的暴君,商朝的末代国王纣也是一个荒淫无耻的暴君。

传说桀一表人才,纣也是仪表堂堂,全都是大帅哥。如果被今天的导演瞧见,准会把他们拉上银幕。

桀的力气很大,敢赤手空拳和虎豹搏斗,非常聪明机敏。纣也博学多才,能言善辩,善于处理复杂的事情,而且力大无穷。他可以把铁钩拉直,有空手搏斗猛兽的记录,还能够拽着 9 头牛的尾巴往后退。据说,有一次王宫的屋梁坏了,木匠打算搭一个架子,先把屋梁撑住再修理。他大大咧咧说,别那么麻烦,拿一根木头来,我把屋梁托起来,你们慢慢修理吧。只凭这一条,也算一个

威风凛凛的大力士。如果参加运动会，捞一个奖牌绝对不成问题。

桀好酒好色，迷恋的美女妹喜，喜欢听撕绸子的声音，被认为是祸水。纣也好酒好色，迷恋一个美女妲己，喜欢看杀人，纣就抓了许多老百姓杀给她看。妲己简直是一条美女蛇，同样被认为是亡国的祸水。

桀大兴土木造宫殿。纣也大造宫殿，一点也不落后。特别是宫内一座高高的鹿台，建造得非常宏伟，是他和妲己时常玩耍的地方。

桀在宫内挖了一个大池子，装满了美酒，带领成百上千的随从，边饮酒、边唱歌跳舞作乐。纣也同样挖了酒池，还在池边许多木柱上挂满了肉，造了一座人工"肉林"，命令手下的男男女女脱光了衣服，嘻嘻哈哈互相追赶寻欢作乐。

桀杀了劝他的忠臣关龙逄。纣也杀了劝他的叔叔比干，挖了比干的心肝出来看。谁敢批评他，就用烧红的烙铁烫手。或者叫批评者抱着一根抹了油、又被烧得通红的铜柱子往上爬，落下来就跌进火里活活烧死。

桀的本名叫履癸。因为当了国王，又叫帝履癸。纣的本名叫做辛，又叫帝辛。桀和纣，都不是好名字，全都是后人给他们取的，包含着"残忍"的意思，是"暴君"的同义词。

瞧呀，他们两个简直像是一个模子做出来的，几乎没有一丁点儿差别。

咦，这是怎么一回事？

他们都是末代国王，全都是奢侈腐化、暴虐荒淫的一路货色。奴隶制国家的帝王，比封建君主还厉害。手里握着生杀大权，想怎么干，就怎么干。学坏不用请人教，完全可能干出同样的坏事情。

也有人怀疑说，翻开古书细细清查，纣的罪恶有好几十条，后世给他列举出来的罪过越来越多，会不会有些是后人增添的？反正墙倒众人推，历史都是胜利者书写的，想怎么说，就怎么说吧。

平心而论，纣也不是没有一丁点儿功劳。他讨伐了不肯服从的东夷，扩大了王国的边疆。

那时候，商王朝主要的对手是海边的东夷。商王朝常常攻打东夷，掳掠一些人回来做奴隶。东夷也时不时骚扰侵犯，照样抓一些人回去当奴隶，把商王朝弄得焦头烂额。纣的父亲帝乙曾经讨伐东夷，没有取得胜利。

纣上台后，就亲自带领精兵讨伐东夷。他在战场上非常勇猛，敌人根本就不是他的对手。加上商王朝的军队使用的是先进的青铜武器，所有的箭头全都是青铜箭镞，比东夷的石头和兽骨磨制的箭镞锋利得多。纣王很快就打败了东夷部落的联合部队，一直追击到长江下游，把疆土开拓到我国东南一带。中原的先进文化传播到那里，对开发长江流域起了很大的作用。在他的努力下，商王朝的版图扩大了许多，比夏王朝的版图大得多，黄帝时代松散的部落联盟更加没法与之相比了。这是他的一项功劳,不能一笔抹杀了。

　　最近考古学家在河南的偃师商城遗址里,发掘出一个用石头砌的大水池,长 130 米、宽 20 米、深 1.5 米,总面积达到 2600 平方千米,有人认为这就是他留下的酒池的证据。可是这个水池的两端都有渠道,流出宫城后和城外的护城河相通,怎么可能把许多美酒都白白流到城外呢?里面应该是潺潺流水,穿过层层高墙流进宫里。可能是宫内一座人工园林的遗迹,证明早在那个时候,就有了园林建筑,也应该在园林发展史上记上一笔才对。

　　纣是一个不能原谅的暴君,也是一个开辟了疆土的有功君王。功是功、过是过,总得分清楚才行。

　　这样厉害的商王朝,在纣的统领下,怎么一下子就灭亡了?这和他的残暴、不得民心分不开。老百姓早就对他恨得牙痒痒了,只要有人起来带头,就会一窝蜂全都起来反抗这个残酷的暴君。

　　此外还有一个原因,和他一心一意征服东夷,耗尽了国力有关系。春秋时期的《左传》说:"纣克东夷而殒其身",说的就是这个意思。

　　埋葬商王朝的周,本来是西边渭水上游的一个默默无闻的小国,谁也没有把它放在眼里。周文王姬昌即位后,十分重视发展农业生产,对老百姓非常好,人们都很喜欢他,周一天天兴旺起来。纣瞧着周的势力越来越大,多了一个心眼,就找了一个理由,把姬昌抓来,囚禁在自己的鼻子下面。姬昌的手下人连忙送给纣许多金银珍宝、美女良马,费了好大的劲,纣王才把姬昌放了出来。

　　姬昌得到自由后决心报复,到处寻找贤人帮助自己。他走到渭水边,瞧见一个老人坐在河边一动不动钓鱼。再一看,他的渔钩不是弯的,而是拉得直直的,感到非常奇怪。老人说:"愿者上钩呀。"

　　姬昌心里想,这个老头儿不简单,准是一个有学问的人,就向他请教天下大事。这才知道他叫姜尚,又叫姜子牙,上知天文,下知地理,把天下大势分析得头头是道。姬昌非常高兴,就拜他为国师,帮助自己治理国家。在他的帮助下,姬昌把周治理得井井有条,又征服了周围许多部落,控制的面积越来越大,国势更加强盛了。老百姓都喜欢姜尚,尊称他为姜太公。

　　下一步,就是推翻商王朝了。

　　可惜的是,还来不及实现这个目标,周文王姬昌就死了。继位的周武王姬发在弟弟周公姬旦的辅佐下,看准了纣正调动大军进攻东夷、王都朝歌空虚的时候,联合了 800 多诸侯在孟津集会,组成一支联军,从背后浩浩荡荡杀了过来。

　　正在朝歌城内和妲己寻欢作乐的纣慌了,要想赶快召回东征东夷的远征军已经来不及了,只好组织了一帮奴隶,拿起刀枪上战场,妄想抵挡住进攻他的联军。想不到这些奴隶早就把他恨得牙痒痒的,才不想为他卖命呢,立刻在战场上倒戈,跟随着周武王打进朝歌,要活捉这个暴君算账。

纣和妲己高高坐在鹿台上,眼看潮水般的联军涌进城里,已经无路可走,完全绝望了,只好命令手下人一把火烧着了鹿台。在熊熊火焰中,埋葬了自己,也埋葬了600多年的商王朝。

青铜树、鼓眼睛、梳辫子的男人

谜样的三星堆

你应该具备的

正当北方殷商王朝繁荣兴盛的时候,在远离中原地方的西南边疆,悄悄出现了另一个奴隶制王国。他们制造的青铜器,充满了幻想的色彩,一点也不比殷墟出土的差,说明他们也创造出灿烂的文明。

这是什么地方?

这是什么时候?

这是什么王国?

这是坐落在成都平原上,距今三四千年前的古蜀王国,最早发现的遗迹在成都北边的三星堆。

提起三星堆,一身都是谜。让写书的老头儿一个一个讲吧。

你看呀,这儿挖出来许多青铜头像,一个个全都是高鼻梁,鼓着凸出的大眼睛。其中一个巨大的青铜面具,鼓出来的眼睛好像是两根圆筒子,模样儿奇怪极了。

有人猜,这是不是从西方迁移来的人种?

有人猜,这是不是外星人?

写书的老头儿说:不,这不是外来人种,也别像科幻小说似的,动不动就拉扯上外星人。要揭破这个谜,必须注意三个问题。

第一,要弄清楚这个头像塑造的是谁。古代蜀族是从岷江上游的山里迁移出来的,他们的祖先叫蚕丛。一本古老的书上描写他说:"其目纵",就是"他的眼睛是鼓出来的"意思。古书上写得非常清楚,只有住在岷江上游的蚕丛才是"纵目",后来搬出山的许多头领都不是这个样子。这个"鼓眼睛",是他的特殊相貌,最多只是当时住在山中时期的小群体的现象,而不是整个种族的大

110

群体。

第二,要弄清楚青铜头像和面具的差别。青铜头像是照着人的样子做的,是现实主义的作品。面具是抓住一个特点进行扩张的浪漫主义的手法,不能当成是真的。

第三,要看整体,不能只看局部现象。这儿有一个青铜大立人,身子瘦得像一根棍儿,鼓着凸出的眼球,还有一个大脖子,活像是甲亢病人的样子。翻开古书一看,原来当时住在岷江上游的人们,吃的盐都是用当地的岩石和土壤煎熬出来的。地质学家调查了以后宣布说,这儿是缺碘的地层,吃了这样的盐,不得甲亢才怪呢。蚕丛的后代走出山去,吃的盐不同了,也就不再得这种病了。

你看呀,这儿还挖出一个青铜圆圈儿,中间有一个圆圆的东西,伸出五根铜条,和外面的圆圈儿相连,活像是汽车的方向盘。

有人猜,这是不是车轮?

有人猜,这是不是盾牌?

有人猜,这是不是太阳的模型? 四川地区自古以来就有"蜀犬吠日"的说法。这个青铜太阳轮必定是太阳崇拜,一种"盼日"的心理。

写书的老头儿说:不,三四千年前的气候和今天不一样,那是一个全球性的灾变气候阶段,以长期干旱和突发性的洪水为特点。许多古代神话也透露了这样的古气候信息。后羿射日的故事,就是最好的例子。人们对天上的毒日头恨极了,有一种"惧日"的心态。

这个青铜太阳被一个圆圆的青铜圈紧紧箍住,岂不是寄托了人们的愿望,要紧紧约束住它,不让它危害人间吗?

你看呀,这个青铜大立人,有两只不成比例的大手,握着的圆圈没有对齐,不知道握着什么东西。

有人猜,他握着的是祭神的玉琮呀。

有人猜,他握着的是一根弯弯的象牙。

写书的老头儿说:不,不成比例的大手,应该是"大力气"的表现。这个青铜大立人被称为"群巫之长",是部落首领,也是一个大巫师。可能正在"持龙祭天",就是抓住一条大蟒蛇祭天求雨的意思。大蟒蛇可不是好抓的,必须要用大力气才行。如果是一根象牙,何必这样夸张"力气"呢?

你看呀,这儿一个青铜面具的额头上,冒出一串弯弯扭扭的奇怪图形,这是什么东西?

有人说,这就是犀牛角嘛,还有什么好说的。

写书的老头儿说:不,犀牛角是尖的,这个东西却好像是一股云雾似的东西,从额头中央翻翻滚滚直往上冒。而犀牛角长在鼻子上,也不在额头顶上。怎么会是犀牛角呢？这种青铜面具是巫师戴着祈祷天上神灵用的。在原始时期，巫师是代表部落群众和神灵沟通思想的代言人。从脑瓜里冒出来一股翻翻滚滚的玩意儿，岂不正好表现出飞向高高天空的"思想"吗？

噢，这真太奇妙了。从三星堆青铜面具额头上飞出来的"思想"，看得见、摸得着，比罗丹的《思想者》明显得多了。

你看呀，这儿有一棵巨大的青铜树，树上站着九只青铜鸟。

啊，这岂不是神话传说中的九只太阳鸟，站在扶桑树上么？

写书的老头儿说：我国古代神话中，有三棵神树的传说，东方的扶桑木、西方的若木和中间的建木。扶桑木和若木，是太阳鸟轮流出发和到达休息的地方。建木是人们和天上的神祇交流的通天梯，常常有神灵从这里下降来到人间。古时候无论住在什么地方的人们，总是认为自己居住的地方是天地的中央，不会无条件接受中原地区的三棵神树的观念，总得要修改一下。这棵树上盘旋而下的一条蟒蛇化身的神龙，是不是天上神灵下降人间的象征，反映了天地沟通的观念？如果真是这样，它就应该是中央的建木了。地处西南边疆的三星堆古蜀族，是不是把中原的三棵神树的观念，结合自己的意愿，把建木和扶桑的功能混合在一起，塑造出了这样一棵独特的青铜神树？

你看呀，这儿有一个祭神的神坛，反映出天堂、人间、地府三个世界。为什么天堂在四座高山尖上？为什么地平圆座置放在下层地府的两只怪兽身上？

写书的老头儿说：古代蜀族是从西边的龙门山脉里走出来的，时时刻刻怀念着家乡，对龙门山脉非常了解。他们从前住在山里的时候，认为众神居住的天堂，在高高的山上。龙门山脉时常发生地震，所以认为大地是两只怪兽驮着的。它们驮不动了，轻轻动一下身子，就发生地震了。人们对故乡山区真是观察入微啊。三星堆遗址里的许多青铜器、玉器和黄金，也是龙门山脉里的特产呢。

看呀，这儿还有龙呢。三星堆的龙，到底是什么动物？

写书的老头儿说：龙是一种虚拟的动物，别处把奇怪的鳄鱼当成龙，这里却有一个古怪的龙，长着羊脑袋，拖着长长的龙身子，是他们的祖先在山中瞧见的岩羊的化身。还有蟒蛇和猪变的龙，全都带着浓浓的地方色彩。

看呀，这儿有许多动物，好像是一个青铜动物园。1个，2个，3个，眼睛也看花了，到底有些什么动物？

这里有大象、蟒蛇、老虎、野猪，加上鱼鹰、戴胜、锦鸡、鹗等许多鸟类，活脱脱一幅亚热带的自然风光。

看呀，这儿的男子汉全都梳着长长的辫子，有的还穿着超短裙，腿上刺了文身，是不是三四千年前也有时髦的新潮？

是呀，这儿出土的青铜头像，几乎全都在后脑勺上拖了一根大辫子，有的还把辫子盘在头顶上，和电视剧里的清朝的人的发型差不多。为什么古老的三星堆人也留辫子呢？这和他们的生活分不开。

原始时期，人们披着长长的乱发，生活在茂密的森林里，头发很容易被树枝钩住，无论打猎追赶野兽，还是来往走路，都很不方便。学会了梳辫子，就麻利得多了。不消说，这对生产和生活都有许多好处，是富有进步意义的辫子。

这里有一个青铜鸟足少女，还有一个跪在地上的女奴，不分地位高低，都穿着同样的超短裙。这不是为了追求时髦，而是生活的实际需要。因为当时实在太热了。如果不是这样，谁会穿超短裙呢？

你看呀，这儿还有一个火锅呢。四川人喜欢吃火锅，这是不是最早的火锅老祖宗？

说对啦，这就是原始时期的火锅。

说到最后还有两个谜。成都平原面积不大，为什么发现了许多三四千年前的古城？为什么这些古城里的文明一下子突然中断了？为什么所有的古城都找不到城门呢？

有人猜，是不是战争和瘟疫的影响，使人们离乡背井搬走了？

有人猜，没准儿这些怪里怪气的三星堆人是外星人吧？

三四千年前的古城早就被破坏了，当然找不到城门啰。

不，这儿残留的一圈圈古城墙非常奇怪。两边都是斜斜的，谁都可以爬上去。这不是真正的城墙，是防洪堤呀！有一个古城，周围一圈城墙都是好好的，只有洪水冲开的一个缺口。由此可见，压根儿就没有什么城墙。人们要进城，不管什么地方都可以翻过防洪堤走进去。

再一看，每座古城都有被洪水冲坏的痕迹。准是洪水冲破了防洪堤，人们不得不搬家，就在旁边再修一座，这儿的古城就越来越多了。

说到这里，人们会问：城墙像防洪堤一样，敌人打来了怎么办？

放心吧，这儿附近没有强大的敌人，所有这里出土的玉戈，比真正用来打仗的青铜戈还多，是"化干戈为玉帛"最好的体现。正是由于没有战争，长时期的和平环境，才绽放出三星堆遗址的灿烂花朵。

封建制度的设计师

人们常常说"封建社会"这句话。请问，封建制度是谁发明的?封建社会是什么时候开始的?

这是周公姬旦精心设计的杰作。要说这件事，先得讲一个故事。

当周武王平定天下后，为了安抚商朝的残余势力，消除他们的担心，武王没有杀纣的儿子武庚，反而让他继续留在殷做诸侯，显示出自己很有气度，因而得到许多商朝遗民的好感。可是敌人的儿子毕竟也是敌人，会不会记住杀父之仇，找机会报复?武王又有些不放心，安排了自己的三个弟弟，管叔、蔡叔和霍叔，在周围建立了三个小国，称为"三监"，时刻警惕着，监视武庚的行动。

可惜的是新王朝建立第二年，周武王就死了。他的儿子还是一个毛孩子，接替他当了小皇帝，即周成王。这样小的孩子连自己也管不了，怎么管理国家? 只好由周公摄政，代替他治理国家，好比请了一个家庭教师似的，教他怎么做人，怎么做国王，等他长大了，就把政权还给他。按理说，这是一个好事情呀，用不着大惊小怪。可是这个家庭教师有些不一样，他一面教国王这个学生，还要一面代替他管理国家。小国王无所谓，周围的兄弟叔伯就有些不高兴了。其中，特别不高兴的，就是负责监视武庚的三个亲王。他们心里想:哼，你这个周公到底安的什么心呀。从古以来哪有什么代替别人做国王的道理，莫不是想趁着国王年纪小，打算自己谋权篡位?

想到这里，他们的心里就酸溜溜的，不是滋味了。管叔和蔡叔悄悄商量，决定动手干掉周公。可是他们自己掂量了一下，觉得力量有些不足，就拉扯上监视的对象武庚，约他一起反叛。

武庚本来就窝了一肚子气，一说就同意了。他和原来支持商朝的一些东夷部落有关系，很快就串通起来，发动了叛乱。管叔和蔡叔只是要赶周公下台，武庚却是妄想复辟。他们肚皮里各打各的主意，乱哄哄凑在一起，闹得乌烟瘴气。

这是周朝成立以来，面临的第一场重大考验。周公没有慌张，亲自领兵东征平叛。第一年，挡住了叛军凶猛的势头。第二年，攻破了叛军的老窝，杀死了武庚和管叔，抓住蔡叔，把他流放到很远的地方，基本平定了这场火爆的叛乱。第三年,又扫荡了支持叛军的许多东夷部落,完全消除了残余的叛乱分子。到了这个时候,周公才静下心来,仔细总结这个事件的教训。为什么这次叛乱闹得这样厉害? 主要是对京城以外的地方还控制得不严,商王朝的残余势力没有被收拾干净。他想来想去,做了几个非常重要的决定。

第一条,建立起一套非常完整的封建制度。

封建、封建,就是封一大批同姓子弟、异性功臣和其他有名望的贵族,在全国各地建立诸侯国。周公一口气就封了 71 个诸侯,分为公、侯、伯、子、男五个爵位,好像众星拱月似的,保卫京都和周朝天子的安全。

每个诸侯又把自己的领地,分封给一些卿大夫,称为"采邑"。这些卿大夫再把领地分封给手下的武士,称为"食地"。凡是有势力的人都分了一块地方,日子过得甜滋滋的,大概就不会造反了吧?

这样一层层建立起来的宝塔式的统治形式,是封建制度的基础。天子安安稳稳坐在宝塔尖上,统治着整个国家。

这些诸侯不是自己姬家的人,就是通婚的亲戚,全都是哥哥、弟弟、叔叔、侄子,加上舅舅、外甥什么的。还有一些从前同一个部落的乡亲,跟随自己打过仗、信得过的功臣,在四面八方密密麻麻建立了许多诸侯国,编织成一张巨大无比的封建诸侯网,牢牢控制住整个天下。即使少数诸侯有野心,还有许多听话的诸侯站在天子一边,可以吓住少数野心家,不敢乱说乱动,防止上层贵族叛乱。

第二条,建立了以自己的家族为中心的宗法制度。规定父亲死了,由大儿子继位,别的儿子只能到外地做诸侯,或者留在京城做官,不能争夺王位乱来一气。国王的位子是这样,诸侯的位子也是这样,绝对不许乱了章法。

宗法制度还规定了社会上的等级制度。从上到下分为天子、卿大夫、士、庶人、工、商六个等级,不能随便超越等级乱了套。说白了,就是一种阶级划分呀!

第三条,建立了"礼刑制度"。

什么是"礼"? 就是礼节制度呀。

包括祭祀、丧葬、迎宾、出兵、宴会,所谓"吉、凶、宾、军、嘉"五大类礼节。每种礼节都有严格规定的仪式和演奏的音乐。还规定了一套"贵贱有差、尊卑有别、长幼有序"的规矩,生活中不能随便乱套。

什么是"刑"? 就是刑法啊。

周朝的刑法比商朝的刑法完善得多。种类非常复杂,规定得十分细致。谁触犯了法网,就要倒霉啦。

这一大套刑法中,最重要的有脸上刺字、割鼻子、砍脚、割掉生殖器、砍脑袋五大类,叫做"五刑"。其中又划分了许多详细的规则,例如仅仅是刺字、割鼻子的理由,就有上千条。砍脑袋的标准也有200条。总共有3000条罪过可以判刑,真厉害呀!

贵族和当官的犯了法,也要按照这些刑法来治罪吗?

不,这套刑法是专门对付奴隶和老百姓的,专门有一条叫做"刑不上大夫,礼不下庶人",只要社会地位在大夫以上,不管犯了什么法就统统没事啦。

这个刑法还有一个规定,犯了罪,只要出钱也可以免掉受刑。

啊,这太不公平了。倒霉的只是社会最底层的奴隶和老百姓,上层人物犯了法也可以逍遥法外。

不管大家高兴不高兴,周公制定的这一大套封建制度,总比从前更加残酷的奴隶制度要好些。在乱哄哄的时代,整顿好了社会秩序,一切都井井有条,还算有些进步意义。

不过需要提醒的是,虽然那时建立起了封建制度,却还没有完全脱离奴隶社会。从奴隶社会发展到真正的封建社会,必须完全取消做牛做马的奴隶,让他们全都自由自在地呼吸,不像翻开一页日历那样简单,还得慢慢来呢。

要治理好一个国家,只是这样就够了吗?

不,生产也很重要呢。为了发展生产,周公又制定了井田制。把田地划成一块块的,好像是豆腐干。中间的是公田,周围八块是私田。规定大家必须种好了公田,才能够种自己的私田。加上农具改革、水利兴修,农业生产大大发展起来了。

同时,又设立了专门管理手工业和商业的官员。生产工地有监工,监督着奴隶劳动,产品质量也有很大的提高。

除了这些规章制度,还有一个重要决定。为了控制不平静的东方,干脆把京城往东搬,搬到今天洛阳附近,平地新建一座京城叫洛邑。这里更加靠近东边,就可以时时刻刻监视着东边不老实的一些部落,更好地管理天下了。这个新建的京城又叫成周,从前的京城镐京又叫宗周,两个都是西周时期政治、军事、文化的中心。

为了加强监视商王朝的残余势力,彻底铲除他们的复辟梦想,周公还强迫把一些顽固分子搬到洛邑,放在自己的眼皮底下,看他们还敢不敢造反。

周公办事非常认真,十分注意礼节,生怕得罪了天下的贤人。他在洗头和吃饭的时候,外面有客人来了,就握着还来不及梳理的头发,吐出嘴里的食物,赶紧去接待客人。人们称赞他的这种作风,流传着"握发吐哺"的典故。

周公把原本乱哄哄的天下治理得好好的,建立了上古时期从来也没有过的安定秩序,往后一直到春秋战国,也没有这样平静,所以生活在乱世的孔老夫子非常尊敬他，把他的人格和推行的礼乐制度当做是最高的理想，做梦也想恢复到那个时候的景象呢。

　　啊，周公，说他是封建制度的设计师，一点也不错。

你应该具备的

"春秋五霸"走马灯

春秋时期是奴隶社会的瓦解时期。周天子的权威一落千丈，"天下共主"的周天子所发的号令再也不行了。诸侯们谁的拳头大，谁就是天下的霸主，大家都得听他的。谁不听话，就谨防挨揍。

这是说着好玩的吗？

才不是呢。仅仅根据鲁国的历史书《春秋》的记载，在这 294 年中，就打了 480 多次仗。每年都有战争，没有一个平静的年头。春秋初期，天下有 170 多个诸侯国。根据司马迁写的《史记》统计，这个阶段有 36 个诸侯丢了脑袋，52 个诸侯国亡了国。真是遍地烽烟，战火连天呀。

许许多多诸侯国打来打去，最后只剩下几个大的，像走马灯似的，先后出现了"春秋五霸"，演出了一台台你争我夺的武打历史剧。

第一个霸主是"东霸天"齐桓公小白。

他是怎么当上霸主的？这和他的一个仇敌分不开。当时齐国发生内乱，他跟着老师鲍叔牙，弟弟公子纠跟着管仲都逃跑到外国避难。后来国君被杀了，兄弟俩就赶回来争夺王位。两伙人在半路上遇见了，管仲瞄准小白一箭射去。小白来不及躲闪，就假装中了箭倒了下去。管仲以为他死了，于是就不慌不忙跟着公子纠走回去。想不到小白并没有死，而是快马加鞭赶在前面，当上了国君，称齐桓公。管仲只好和公子纠逃到鲁国去，继续当无家可归的流亡者。

小白上了台，要封鲍叔牙做相。为了报仇，又强迫鲁国杀了公子纠，交出有一箭之仇的管仲。管仲被装进囚车押回齐国，准没有好果子吃。想不到他的好朋友鲍叔牙却对齐桓公说："别杀他，让他做相吧。我给他当副手。"

齐桓公感到很奇怪，问他为什么。

鲍叔牙说："您别记仇啦，那时候他和我都是各为其主，当然要射死您啰。他比我强一千倍。大王要富国强兵，称霸天下，非请他帮忙不可。"

齐桓公这才醒悟过来，连忙打开囚车，恭恭敬敬请管仲升堂为相。

管仲真的很有见识，一心一意帮助齐桓公整顿国家，又劝他提出"尊王攘夷"的口号。

"尊王攘夷"是什么意思？就是号召尊重周天子，一起打退四面八方的敌人。

齐桓公从鼻孔里十分轻蔑地哼了一声说："那个没有用的周天子有什么

好尊敬的？你劝我尊敬他，会不会被别人看不起？"

管仲一本正经告诉他："不管怎么说，他还是名义上的天下共主呀。别人看不起他，咱们尊敬他，用他的名义来抬高咱们自己，难道不好吗？"

齐桓公这才明白了，连忙朝拜了周天子，用他的名义召集天下诸侯开会，大家订立同盟条约互不侵犯，共同扶保周王朝，对付外面的敌人。这样，一下子就打败了侵犯中原的楚国。

大家听他说得冠冕堂皇的，力量也很大，谁也不好反对，只好一个个签了名。周天子更加感谢他，把他当做是打着灯笼走遍天下也找不到的大好人。

这个诸侯同盟的头儿是谁？

那还用问吗，当然是天字第一号的大好人齐桓公啰，风风光光做了第一个霸主。直到他死后，齐国发生内乱，才退出了历史舞台。

第二个霸主是谁？

住在中原地方的宋襄公说："让我来接着当吧。"

他也学齐桓公召开了一次天下诸侯大会，想利用主人的身份，得到参加会议的诸侯们的拥护，当上做梦也想当的霸主。

他说："这个会议是我召开的。我是周天子封的公爵，爵位比你们都高，是名正言顺的盟主。"

谁知道别人看重的只是拳头大小，才不管你是什么公爵不公爵的呢，许多诸侯都不买他的账。

参加会议的楚成王就没有把他放在眼里，非常傲慢地说："公爵有什么了不起，我还是王呢。"

迂夫子似的宋襄公争辩说："我是周天子正式封的。你是自己封自己做的王，是冒牌货，不算数。"

楚成王才不吃这一套呢，立刻命令身边的卫兵把宋襄公抓起来，看他还敢不敢胡言乱语。虽然在大家劝说下，宋襄公被楚成王放了，却倒了威风，谁也看不起他。

宋襄公窝了一肚子气，找一个茬子，就和楚国打了起来。楚国兵马正在过河的时候，手下人劝宋襄公："趁他们还在河里，打吧！"

宋襄公瞪了他一眼说："这怎么行呢。咱们讲仁义道德，可不能干这种乘人之危的缺德事。"

楚兵上了岸，还没有排成阵形，手下人又劝他："打吧！等他们排好队伍就来不及了。"

宋襄公又瞪他一眼说："不成，我可不干这种事。"

等到敌人排好了阵形，像潮水一样哇呀呀喊叫着猛冲过来，宋襄公手下的军队哪里抵挡得住,打了一个大败仗。他自己也受了重伤,回去不久就死了。

唉,宋襄公还算一个大好人,只是太迂腐了。打仗就是打仗,哪有什么仁义道德好讲的?没准儿他临死也还没有弄明白自己是怎么失败的呢。这个堂吉珂德式的迂夫子,当然算不上是霸主。

紧接着又冒出来三个新霸主。

一个是"北霸天"晋文公。他也举起了"尊王攘夷"的大旗,帮助周天子平定了内乱,得到周天子的信任,封他做统领天下诸侯的侯伯。接着又在城濮地方连退九十里,诱敌深入,歼灭了进犯中原的楚国远征军,留下了"退避三舍"的佳话。

再一个是"西霸天"秦穆公。在他的治理下,原来小小的秦国渐渐强盛起来,也想打进中原,尝一下霸主的滋味。可惜他刚刚迈开步子,就被两个牛贩子破坏了。

小小的牛贩子,怎么可能破坏他的霸业梦想?说来是一场充满机智的喜剧。

当秦穆公得意洋洋领着大军正向中原前进的时候,半路上遇见郑国的两个牛贩子,瞧见杀气腾腾的秦国军队,心里暗叫一声不好。如果让他们过去,自己的祖国就要遭殃了。两个人商量了一下,决心挡住这支强大的军队。

他们牵着牛笑嘻嘻拦住秦穆公说:"你们怎么现在才来呀?我们的国君知道你们要来,派我们在这儿等候好久啦。这些牛就是我们的国君献给你们的慰劳品。"

秦穆公一听,心里想:"坏啦,郑国已经侦察到我们的军事秘密,必定早有准备了,别去找麻烦。干脆换一个地方打吧。"

他带着军队转了一个弯,转到北边去偷袭晋国。

晋国可不是好惹的,打了一个埋伏,杀得秦军丢盔卸甲,十分狼狈逃回去,再也不敢攻打中原了。

最后一个是"南霸天"楚庄王。

南方的楚国从来也没有放弃打进中原称霸的野心,趁着中原地方乱哄哄打来打去的时候,它吞并了南方许多小国,慢慢强大起来,就开始北上争夺霸权了。公元前 598 年,楚庄王领兵在今天河南郑州地方,打败了主要的对手晋国大军。凭着自己的拳头硬,当上了春秋时期最后一个霸主。

这就是从前流传的"春秋五霸"。让我们来盘算一下,谁是真霸主,谁是冒牌的。

那个满口仁义道德,一打就垮台的宋襄公没有资格。秦穆公虽然很厉害,却没有打进中原，也算不上霸主。"春秋五霸"少了两个，该补上两个候补的才行。这两个候补霸主，从东边的吴国和越国来，我们会在后面再慢慢讲他们的故事。

最后还要算一笔账，一个个霸主打得头破血流的争霸战争，到底好不好？打仗当然不好。这些争霸战非常残酷，不仅在战场上杀得血流成河、尸骨堆山，老百姓也跟着受苦，不知死了多少人。

可是一场场的争霸战，也加快了统一的步伐，促进了民族融合，推动着奴隶制度向封建制度转变。各国为了争霸，不得不进行一些改革，总也有一些好处的。

你应该具备的

越王勾践卧薪尝胆

吴王阖闾死后,他的儿子夫差继承了他的事业,心里装着两个计划。一面把目光转向中原,准备向中原大国挑战,完成父亲没有实现的美梦,争夺天下霸权;一面又转过身子,咬牙切齿要找越国报杀父之仇。

这两件事情都非常重要,先办哪件才好呢?

他仔细掂量了一下,心里想,北伐争霸不是一天两天可以办到的,必须做好充分的准备。父亲临死的时候,嘱咐他一定要为自己报仇,这才是头等大事。不解除后顾之忧,也不可能安心北伐呀。

为了向越国讨还血债,夫差叫人站在门口,每天大声向他喊叫:"你忘记了杀父的血海深仇吗?"他听见了就回答:"不,我永远也不会忘记。"夫差时时刻刻提醒自己,不要忘记了自己的责任。

有了这样的决心,又准备了两年多,吴国终于恢复了元气,重新武装起来。这时候孙武已经离开吴国了,夫差就派伍子胥领兵,和越国打了一场水战。吴军驾着船顺水而下,一鼓作气打垮了越军。包围了越国都城会稽,只消再使一丁点儿劲,就可以攻破这个最后的堡垒,活捉越王勾践了。

越王勾践慌了,不知道该怎么办好,手下的大臣文种劝他讲和投降。

勾践说:"事情已经到了这个地步,吴王夫差还会答应我们投降吗?"

文种说:"别急,还有一丁点儿希望。他手下的大臣伯嚭是一个贪财鬼和大色狼,只要塞给他一大笔钱,再加几个美女,就有转机啦。"

勾践还有什么好说的,只有死马当成活马医了。文种带着金银和美女悄悄找到了伯嚭。伯嚭却摆起了架子说:"你这一点钱管什么用?咱们马上就要打进你们的都城了,到时候什么都是咱们的,还稀罕你这点小钱吗?"

文种不动声色告诉他:"你说得也不错。可是到了那个地步,我们会放一把火,把金银财宝统统烧个精光。即使有些被你们得到了,也是你们大王的,哪里会轮到您的份?不如收下这笔钱,以后我们还会继续孝敬您的。"

伯嚭一听,这话也有道理,现在不拿白不拿,就统统收下了,转身就劝吴王夫差接受越国投降的要求。吴王夫差要把越王勾践夫妇押到吴国,文种也代表勾践答应了。

伍子胥在旁边听见，心里急了，要劝也劝不住。吴王夫差就这样轻易点头同意了，押着越王勾践夫妇回国，叫他们给自己的父王守墓。越国的一个大臣范蠡也跟在身边，一起过着牛马不如的奴隶生活，结束了一场恩仇故事。

吴越战争的第二幕结束了，比分1:1。吴国后来居上，占了优势。

三年过去了，吴王夫差派人来，勾践他们全都老老实实的，没有半点反抗的意思，就渐渐麻痹起来，反倒觉得他们挺可怜的，有些同情他们了。

有一次，吴王夫差生病了。范蠡瞅着机会，连忙劝勾践夫妇前去探望。他们俩像狗一样跪在床前问候病情，装作非常关心的样子，甚至端起吴王夫差的大便，嗅了又嗅，还尝了一口说："大王的大便里没有什么，病情很快就要好转，我们真高兴呀！"

吴王夫差瞧他们这副样子，认为他们已经改造好了，彻底消失了往日的气势，完全变成了两条忠实于自己的哈巴狗。加上伯嚭在旁边一阵劝说，就想放他们回国。

伍子胥提醒他："大王，您忘记了当年夏桀放商汤，商纣放周文王的教训吗？现在放他们回去，就是放虎归山，总要倒霉的。"可惜吴王夫差不听他的话，还是放他们回去，做自己的卫星国国王了。

吴王夫差处理好这个问题，就腾出手来准备北伐中原争霸了。他非常清楚，中原路途遥远，为了达到目的，必须建立一条可靠的运兵和后勤供应线。他就在今天的扬州附近的邗冈地方，建立了军事据点，挖了一条运兵运粮的河渠称为邗沟。头一个攻打的目标，就是从前的"春秋五霸"之一，北边强大的齐国。伍子胥劝他别忘记了背后的越国，总是一个祸根，千万不要看错了目标。吴王夫差不听他的，自作主张派兵北伐，第一年从海上进攻，第二年在陆上决战，想不到居然打赢了，一下子杀了齐军的主帅，俘虏战车800多辆，吴国的声威一下子传遍四方，震惊了整个中原，越王勾践也跑来祝贺。伍子胥眼看吴国危险了，就悄悄把儿子送到外国，做好了抽身离开的退路。不料这件事被吴王夫差发现了，经过伯嚭一番挑拨，立刻就逼着他自杀。伍子胥临死的时候说："在我的坟上栽一棵树吧。树长大了，吴国就要灭亡了。把我的眼睛挖下来，挂在东门上，我要亲眼看见越军打进来。"

可惜呀，可惜，吴王夫差不听伍子胥的话，到时候后悔也来不及啦。现在回过头来说越王勾践吧。他回国后，表面上还装得非常温顺，按期向吴王进贡，又送了一个叫西施的大美人给他，把吴王夫差迷得团团转，消除了对自己的疑心。勾践背地里却在范蠡、文种帮助下暗中积聚力量，准备报仇雪恨。为了激励自己，他不睡床，却睡在柴草上。吃饭的时候，总要先尝一下苦胆，让自己不忘过去的耻辱。在他的带领下，越国一天天恢复了元气。公元前482

年,趁着吴王夫差到北方召开诸侯会议的时候,就翻脸不认人,勾践带兵偷袭吴国的都城,抓住吴王夫差的儿子一刀宰了。

吴王夫差做梦都想不到会有这样的事情。勾践夫妇对自己那样低声下气,还会反叛吗?可是事实毕竟是事实,不容他多想一下,只好匆匆忙忙赶回来,派人向勾践求和。勾践瞧见他手里还有一帮人马,还不能立刻消灭他,就摆出非常大度的样子点头答应了。

勾践真的愿意和吴国在江南和平共处吗?

才不是呢。又过了几年,勾践的力量更大了,就没有什么和平好说了。他又气势汹汹,亲自带领大军进攻吴国。现在的吴国军队,没有孙武和伍子胥指挥,早已不是从前那支常胜军了。经不住范蠡和文种指挥的越军攻打,很快就被打得丢盔卸甲,完全乱了套。吴王夫差被包围在今天苏州附近一座小山上,伯嚭早就溜下山投降了,自己也只好乖乖举手投降。只要留下自己一条命,干什么都可以。

勾践会像当年夫差对待自己一样,大发慈悲饶了他吗?

不,他才不会心慈手软呢。他给夫差一把宝剑,逼着夫差立刻自杀。夫差临死的时候,后悔得要命,对旁边的人说:"我死了以后,用一块布遮住我的脸吧。我实在没有脸去见伍子胥。"

吴越战争终于落幕了,比分 2:1,越王勾践大获全胜,笑到了最后。

噢,故事还没有完呢。

第一件新闻,宰了那个贪财好色又怕死的伯嚭。这样的大坏蛋、软骨头,谁也不会放过。

第二件新闻,范蠡带着西施乘一只小船悄悄走了,跑到远方去做生意,成为一个大富翁。临走的时候,劝文种也走。他看准了,再跟着勾践不会有好结果。

第三件新闻,应了范蠡的预言。文种自以为是功臣,勾践不会对他怎么样,想不到勾践找一个原因就把他杀了。这证明国王都不是好东西,只可以一起吃苦,不能一起享福。

第四件新闻,越王勾践消灭了吴国以后,没有了后顾之忧,也得意洋洋带兵北伐中原,召集几个大国会盟,自己领头给周天子进贡。可怜巴巴的周天子,早就没有谁搭理了。瞧见有人招呼他一下,好像穷得揭不开锅的时候,一下子像拾到黄金一样高兴,连忙封勾践做诸侯的头儿,让勾践当了春秋时期最后一个霸主。

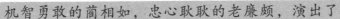

机智勇敢的蔺相如，忠心耿耿的老廉颇，演出了

完璧归赵与将相和

得到珍宝是好事，还是坏事？这个故事会告诉你。

最珍贵的是珍宝，还是团结一致的友谊？这个故事也会告诉你。

战国末年，赵惠文王得到了珍贵无比的玉石，叫做"和氏璧"。消息传出去，传进了秦昭襄王的耳朵里。秦昭襄王早就听说过这块玉石了，一心一意想得到它，就派人去对赵惠文王说："咱们的大王想要这块玉石。也不是白要，打算拿十五座城作交换。"

赵惠文王一听，感到非常为难，就和大臣们商量，该怎么办？

一块玉石，就是一块玉石，说什么也抵不上十五座城。秦昭襄王主动提出这样的条件，是什么意思呢？

如果答应他的要求，他会真正让出十五座城，兑现诺言吗？

如果拒绝了他，秦国那样强大，又惹不起。

到底答应还是不答应，真是一个难题。

大臣们讨论过来、又讨论过去，谁也拿不出主意。一个宦官站出来说："我有一个门客，叫蔺相如，是一个智勇双全的人。派他去，准会圆满完成任务。"

赵惠文王叫他把蔺相如找来，问他该怎么办？

蔺相如说："秦国那样强大，不能不答应。如果我们不答应，就理亏了。如果把这块玉石给了他，他不给十五座城，他就输理了。"

赵惠文王听了，还是有些不放心。

蔺相如说："请放心吧。如果他们想耍花招，不给十五座城，我就把这块玉石完整无损带回来。"

他这一说，赵惠文王彻底放心了，就拜他为大夫，把和氏璧交给他，带到秦国去。

蔺相如昂首走进秦王的宫殿，双手捧着和氏璧递给秦王。秦王接过来翻来覆去仔细看了一会儿，又传递给身边的大臣和美人看，一个个都不停口地赞美，祝贺他得到了这样珍贵的玉石，却把蔺相如晾在一边，不提半句用十五座城交换的事情。

你
应
该
具
备
的

　　蔺相如窝了一肚子的火气，又不好对着不讲信用的秦王发泄，脑筋一转，想出一个主意。他对秦王说："这块玉石虽然很好，却还有些小毛病，不容易看出来，让我指给大王看吧。"

　　秦王不知道是计策，随手把和氏璧还给他。他立刻捧着这块玉石，快步走到一根柱子面前，怒气冲冲说："大王说过，情愿用十五座城来换这块玉石，赵王才诚心诚意派我把它送来。现在大王并没有交换的诚意，我才把它要回来。如果大王要逼我，我宁可把脑袋和这块玉石一起碰碎。"

　　说着，他就做出要撞柱子的样子。

　　秦王急了，连忙对他说："先生不要误会呀。我叫人立刻打开地图，把交换的十五座城指给你看吧。"

　　蔺相如不慌不忙说："大王有这样的诚意就好。不过咱们的大王为了恭恭敬敬送这块玉石来，专门吃素，斋戒了五天，还举行了一个盛大的仪式。如果大王真有诚心，也同样斋戒五天吧。"

　　秦王没有办法，只好勉强答应了他，叫他先回宾馆去休息。蔺相如才不休息呢，立刻派随从化了装，带着和氏璧连夜赶回赵国，自己等着和秦王打交道。

　　五天过去了，秦王派人把他找来，瞧见他两手空空，没有玉石，一下子生气了，咬牙切齿要把他抓起来。

　　蔺相如十分从容地说："和氏璧已经送回去了，您杀了我也没有用处。反而会让天下人知道，秦国随便杀别国的使者。秦国这样强大，赵国怎么敢和您对抗呢？如果大王真有诚意，派人先把十五座城交给我们，咱们赵国还敢不交出这块小小的玉石吗？"

　　秦王眼看目的不能达到，杀了他也没有好处，只好放了他，对这件事不了了之，再也不提交换和氏璧的事情了。

　　蔺相如办好了这件事，赵王非常看重他，提拔他做了上大夫，和老将廉颇一起帮助治理国家。

　　再说，秦王窝了一肚子气，总想找机会出一下气。过了几年，就邀请赵王到渑池聚会。赵王不知道该怎么办才好，找蔺相如和廉颇商量。蔺相如说："您不去，秦国就会找茬治赵国。这个会议不能不去，我跟着保驾吧。"

　　廉颇说："大王这一去，是不是能够回来，谁也说不清。我先给大王约好，如果您三十天还没有回来，我就扶保太子登基，接替您的位置。好叫秦国知道，扣住您也没有什么用处，您就可以安全回来了。"

　　商量好了，蔺相如就陪赵王一起去开会。

　　开会的时候，秦王有意侮辱赵王说："听说你很喜欢音乐，请你鼓瑟给我听吧。"

赵王没有办法，只好低头鼓瑟，奏了一支曲子。秦王非常满意，回头叫手下的臣子记录道："秦王命令赵王鼓瑟。"

蔺相如生气了，拿了一个瓦盆走到秦王跟前说："听说大王的音乐水平也不差，请您敲瓦盆给赵王听吧。"

秦王一听，气坏了。手下的武士都拔出刀来，做出要杀蔺相如的样子。

蔺相如大吼一声，吓退了那些武士，转身对秦王说："大王别以为秦国强大，就可以随便欺侮人。现在我离您只有五步，如果您不敲瓦盆，我就和您拼命。"

秦王没有办法，不愿吃眼前亏，只好非常勉强敲了一下瓦盆。蔺相如立刻对跟随在旁边的赵国史官说："某年某月某日，赵王命令秦王敲瓦盆，喝酒助兴。"两边各自记了一笔，算是扯平了。秦王本来准备趁机进攻赵国，打听到廉颇带兵驻扎在边界线上，做好了迎战的准备，只好算了，让赵王带着蔺相如回去。

蔺相如非常完满地完成了这两件使命，赵王对他更加信任了。蔺相如的地位越来越高，老将廉颇不服气说："我辛辛苦苦带兵打仗，出生入死立了多少功劳。蔺相如出身低微，只不过凭着两张嘴皮，就爬得那样高，怎么能叫人想得通？下次遇见他，非给他一点颜色看看不可。"

话传到蔺相如的耳朵里，相如就处处留神不要和他碰着，免得惹起不必要的冲突。有一次乘车出门，远远瞧见廉颇也迎面驾车来了，连忙叫车夫拐进旁边的小巷子里躲开，等到廉颇过去了才钻出来。

他手下的人愤愤不平地说："您为什么这样怕他？再这个样子，我们都不跟随您了。"

蔺相如口心平气和地解释说："这不是谁怕谁。现在秦国不敢攻打咱们赵国，是因为有我和廉老将军在。如果我们伤了和气，岂不给敌人进攻造成了机会吗？"

噢，原来是这么一回事，大家不得不敬佩他的胸怀宽广，能够顾全大局。廉颇听说了，觉得非常羞愧，就光着膀子，背着荆条，亲自登门跪在地上向他赔罪说："我是一个粗人，见识少，气量太小，处处和你过不去。想不到你对我这样忍让，实在太没有脸见你了，请你狠狠打我一顿吧。"

蔺相如连忙扶起他说："老将军千万别这样。我们都是国家的大臣，只要我们同心协力，共同保卫国家，谁还敢轻易侵犯赵国呢？"

这段故事流传下来，成为千古美谈，称为"将相和"。

荆轲刺秦王

这是战国时期最悲壮的故事，这是最感动人的谋杀事件。

要说这件事，得从抵押在秦国的燕国太子丹说起。

堂堂的太子不是货物，怎么会抵押在别的国家？

唉，说起来都是由于秦国的拳头太大，秦王嬴政太霸道了，谁也不敢得罪他。弱小的燕国为了表示顺从，才不得不把太子丹送去做人质的。太子丹在秦国实在忍受不了，就化装成穷人偷偷逃回了祖国。他在秦国住了许多年，太了解秦王嬴政这个大灰狼，眼看他吞并了附近的韩国和赵国，下一步就是自己的国家。怎么办才好？ 他心里急得要命。

他问自己的老师鞠武。鞠武说："只有联合别的国家，一起抵抗秦国。"

他摇头说："现在咱们危在旦夕，这样慢吞吞地解决不了问题。只有干脆利落，刺杀了他才来得及。"

是啊，燕国要想反抗强大的秦国，好像鸡蛋碰石头。只有这样孤注一掷，或许还有一丁点儿成功的希望。

要完成这件事，得要找一个勇士才行。

他找来找去，找到了荆轲。荆轲原本是卫国人，国家灭亡后，不肯留下来做亡国奴，一口气逃到了燕国，常常和好朋友高渐离一起敲打着一种叫筑的乐器，放声高歌抒发自己的悲伤心情。他恨死了秦王嬴政，是一个忠诚勇敢的血性男儿。太子丹找着他，一五一十说了自己的想法。荆轲一听，一口就答应了。他做梦都想给祖国报仇雪恨，这岂不是一个好机会吗？

现在的问题是秦王嬴政防卫十分严密，怎么才能挨近他，找一个机会刺死他呢？

荆轲想了一下说："如果我带着两样东西去，他就一定会接见我，就可以接近到他的身边了。"

太子丹觉得有门了，连忙问他，到底要什么东西？

荆轲说："秦王最恨的是叛逃到这里来的樊於期将军，还想要燕国的土地。如果我带着樊将军的脑袋，再献给他一份地图就行了。"

太子丹仔细听了，觉得很为难。一份地图算不了什么。可是樊於期是为了反对残暴的秦王嬴政，才千里迢迢逃亡到燕国来的，也是一个抗秦的热血志士。他这样信任燕国，怎么能够忍心杀害他呢？

荆轲说："这件事交给我，让我去和他好好谈谈吧。"

荆轲见着樊於期，直截了当对他说了这个计划。樊於期咬牙切齿说："我恨透了那个暴君，想不出办法亲手宰了他。既然是这样，你就带着我的脑袋去吧。"说完了，拔出佩剑一下子就自杀了。

荆轲流着眼泪，割下他的脑袋，小心包装好，再带上太子丹早就给他准备好的地图，一把浸泡过毒药、见血就死的匕首，带着一个叫秦舞阳的孩子给他做伴，就动身前往秦国去了。

这正是秋风飒飒的时候，一片片落叶随着飒飒的秋风飘落，似乎象征着他的生命也是这样的。这一去，肯定和秋风吹落的叶子一样，永远也回不来了。太子丹和朋友们送了他很远很远，一个个泪珠滚滚，举起酒杯给他送行。高渐离忍着悲痛的心情，最后一次敲打着筑，和荆轲一起合唱道：

风萧萧兮易水寒，

壮士一去兮不复返。

是啊，荆轲冒着生命危险，孤身大胆进入虎狼窝。不管成功还是失败，还有活着回来的机会吗？

这一去只能成功，不能失败。要不，他怎么对得起对他满怀期望的樊於期，怎么对得起对他满怀期望的太子丹和朋友们，以及普天下千千万万痛恨那个暴君的六国百姓。

他没有猜错，秦王嬴政听说他带来了叛将樊於期的脑袋，加上一份准备献给自己的燕国地图，心里高兴极了，吩咐手下人放他进来，对他一点儿也不防备。

这是他成功的第一步，往下就好办多了。荆轲十分沉着，大踏步走进秦王的宫殿，跟在后面的秦舞阳却有些害怕了，吓得脸色发白，使秦王起了疑心。

荆轲连忙解释说："这是一个没有见过世面的毛孩子，见了大王怎么能不紧张呢。"秦王听了他的解释，又仔细看了樊於期的脑袋，一点儿也不假，这才消除了疑心。

荆轲松了一口气，成功了第二步。他沉住气，转身接过了秦舞阳手中的地图，迈步跨上台阶，笔直走到秦王的跟前，一点点展开地图，指给秦王嬴政看。

秦王沉浸在喜悦里，只顾埋着脑袋看地图，压根儿就不知道危险已经迫在眉睫。当他展到最后一点时，地图里忽然露出一把雪亮的匕首，让他大吃一惊。

往下的事情仅仅发生在一刹那,荆轲早就做好了准备,一把揪住他,抓起匕首就朝他狠狠刺去。

这一刻也惊呆了殿下的文武百官,谁也想不到会发生这样的事情。能有人冲上来抓住他,救秦王嬴政一把吗?

噢,那可不成。秦国有严格的规定,进宫的所有官员都不准随身携带武器。没有特许的命令,谁都不准走到殿上,只能规规矩矩站在殿下不动。此时此刻这个命令照样管用,谁敢拿自己的脑袋开玩笑,大胆往前走一步呢?

现在的舞台上,只剩下荆轲和秦王两个人。优势在手持匕首的荆轲一边,他觉得胜利已经在望,已经成功了第三步。只差最后一击,就可大功告成,完成自己的使命了。

秦王在生死关头,用尽气力一挣扎,衣袖哗的一下被撕开,挣脱了荆轲的手,不要命地围绕着殿前一根大柱子飞跑。在极度紧张中,他忘记了呼唤殿下的臣子赶快上来救驾。他想拔出腰间的宝剑抵抗,可是宝剑太长了,慌里慌张一下子也拔不出来。复仇心切的荆轲像狮子一样愤怒吼叫着,紧紧跟在后面,演出生死追逐。

处于绝对劣势的秦王,哪里是荆轲的对手。荆轲从后面大步流星赶上去,高高举起匕首,正要猛的一下刺下去,殿下一个医生连忙扔过来一个装药的口袋,不偏不倚正好打中他的手臂。荆轲没有防备,匕首一下子刺偏了,秦王才捡了一条性命。这时候,殿下有人大声呼喊,提醒秦王把剑推到背后,他才用力一下拔出了宝剑,转身砍中了荆轲的一条腿。荆轲一个跟斗跌倒在地上,面对手握宝剑的秦王,他已经完全没有优势了,只有使尽最后的气力,把匕首像飞镖一样扔了过去。

唉,这一下没有瞄准,匕首从秦王的身边飞过,却没有刺着秦王。带着无限深仇大恨的匕首,当的一下打在铜柱上,无力地落了下来。秦王这才完全喘过了气,一剑刺死了荆轲。

可惜呀!实在太可惜了。如果荆轲的动作快一点,刺死这个残暴的大独裁者,往后的历史就要重新书写了。

向他敬礼,勇敢的荆轲。虽然他没有完成任务,却留下了这个悲壮无比的故事,永远留在人们的心间。

司马昭之心，路人皆知

俗话说，一报还一报。这句话放在曹魏政权身上，再恰当也没有了。当年曹操作威作福，欺压汉献帝，自己要一个好名声不篡位，让儿子曹丕篡位当了皇帝。后来他们也是一样的，遇着一个"曹操第二"的司马懿，演出了一台同样的好戏。

这个司马懿很有本领，得到曹操父子的信任，一步步爬到高高的地位。曹丕临死的时候，专门把他推荐给儿子曹睿，封为太尉，掌握了军事大权。他一面进行对南方吴、蜀的战争，一面消灭了盘踞在辽东的公孙渊，解除了后顾之忧。同时还兴修水利，大力发展农业生产，经济一天天繁荣起来，得到老百姓的好评。

他这样做为了什么？为的是扩大自己的影响，作好篡夺政权的准备呀！只是时机还不成熟，没有马上动手罢了。

曹睿是一个只知道吃喝玩乐的昏君，很快就翘了辫子。临死的时候，又托司马懿和自己家族里的曹爽，共同辅佐八岁的儿子曹芳。

曹爽可不是好对付的，千方百计排挤开司马懿，要恢复曹家的权势。只安排司马懿做太傅，给小皇帝上课当老师，别的职务统统免掉。

自己掌握了朝廷的大权，又派几个弟弟把住军队，提拔一大帮人安排在各个要害部门。以为这样一来，司马懿就彻底完蛋了。可惜他依靠的都是一些不中用的贵族子弟。其中一个驸马爷何宴，就是一个例子。他像女人一样喜欢涂脂抹粉，走路都要回头欣赏自己的影子，活脱脱一个变性人。这样的公子哥儿，能够干什么大事？

老奸巨猾的司马懿不是好对付的。眼看曹家人气势汹汹反攻过来,干脆装病告老还乡,狡猾地麻痹曹爽。

可是曹爽还是有些不放心,专门派一个密探来看司马懿。他故意披头散发躺在床上,装聋作哑胡言乱语。婢女喂他喝汤,又故意不用手去接碗,伸出嘴巴去喝,把汤弄得满床都是。这个密探回去一五一十报告曹爽,曹爽以为他病得不行了,对他完全放了心。

哼,司马懿才不是傻瓜呢。他和诸葛亮斗智也打了个平手,难道还斗不过曹爽吗?其实他早就悄悄做好了准备,命令大儿子司马师掌握了一部分亲信部队,正在暗中摩拳擦掌,等待反攻倒算的机会呢。

机会终于来了。有一天,曹爽陪皇帝带领群臣出城祭祀陵墓。他突然发动政变,调兵占领了京城,控制了兵营和武器库。自己进宫拜见皇太后,以她的名义宣布曹爽专权乱国,逼着曹爽交出兵权。然后随口宣布一个罪状,杀光了他的全家和所有的党羽,搞掉了曹氏王朝最后一个"大保镖"。

没有多久司马懿死了,大儿子司马师接替他掌握了权力,更加作威作福。小皇帝曹芳懂事了,找了几个人悄悄商量,准备除掉这个野心家。谁知道司马师发现了,立刻先动手,废掉不安好心眼的小皇帝,处死给他出主意的帮手们。另外立了一个13岁的曹髦登基,当然什么都得听他的。

司马师这样横行霸道,难道没有人反抗他吗?

有的,镇守扬州前线的两个大将就曾经起兵讨伐他。司马师刚刚割掉眼睛上一个大瘤子,不敢轻视这场叛乱,忍着疼痛亲自带领大军前往迎敌。虽然打赢了,自己却在回来的半路上死了。

他死后,弟弟司马昭接过了接力棒,气焰更加嚣张,一步步朝向皇帝宝座逼近了,再也不掩饰要想篡位的心情。他对外征服了蜀汉,对内又镇压了一次胆敢针对他的反叛,完全不把皇帝放在眼里。

像小雀子一样关在宫中的小皇帝曹髦非常悲伤,用困在井底的黄龙作譬喻,写了一首诗表达自己的心情。想不到传到司马昭的耳朵里,他怒火冲天带着宝剑走上金殿,吓得曹髦连忙站起来迎接。旁边的文武百官赶忙圆场说:"司马大将军功德无量,应该封为晋公。"曹髦低着头,一句话也不敢说。司马昭大声说:"我们父子三人立下不朽功勋,难道封一个晋公还不行吗?"紧接着又指着他的鼻子质问:"你写的那首诗是什么意思?"曹髦耷拉着脑袋,脸色发白,大气也不敢吭一下。司马昭瞅着他,不怀好意冷笑几声就走。

曹髦回到宫里,连忙找了几个人来商量,气愤地说:"司马昭之心,路人皆知。我与其等死,不如和他拼了。"

他有什么本钱和司马昭拼命?说来非常可怜,只纠集了宫里几百个仆人和卫兵,拿起武器闹嚷嚷杀出来。唉,这不是鸡蛋碰石头吗? 司马昭接到情报,只派一些人去,轻轻吹一口气,就灭了他们。小皇帝曹髦本人,也被当场杀死了。

他杀一个皇帝,像捏死一只小鸡似的。接着再换一个 14 岁的曹奂做傀儡,看他敢不敢不听话。现在他再也不用皇帝封自己做晋公,干脆自称晋王,封儿子司马炎当王太子,篡位的一切准备全都安排好了。只可惜他还来不及办成这件事就死了。最后由司马炎出面,扮演了当年曹丕的角色,硬逼着曹奂把皇位乖乖地"禅让"给自己,建立了晋朝,风风光光登台称帝,即晋武帝。

给司马炎说一句公平话。他登基后,的确还有几刷子。头件大事就是进攻东吴,收拾三国里的最后一个对手。

这时候的东吴国君孙皓非常残暴,动不动就杀人,甚至使用剥脸皮、刺瞎眼睛这样的酷刑。手下的臣子早就有了二心。老百姓也恨他,到处起义反抗,闹腾得乱哄哄的。整个国家就像一个熟透了的烂柿子,只要轻轻一碰就会掉下来。

司马炎派老将王濬率领一支船队,从蜀中穿过三峡顺流而下。先用许多大木排,卷走吴军安放在水里的铁锥,冲破敌人设置的一条条拦江铁索,一直打到东吴首都建业(今天的南京),消灭了最后一个对手东吴政权。

孙皓被带到洛阳,司马炎封他做归命侯,赏他一把椅子坐下来,对他说:"我早就准备好这个椅子等候你了。"孙皓回答道:"我在南方,也给您准备了同样的椅子呢。"好一个孙皓,虽然是俘虏,还敢当面说出这种话,可比刘备那个宝贝儿子阿斗有骨气多了。

司马懿祖孙的确不是好东西。可是也应该平心静气看到,他们最后统一了天下,结束了乱哄哄的局面,再也不打仗也是一件好事情。事物总是具有两面性,不能一棍子都打死。司马炎上台后,开始也比较注意搞好国家,采取许多措施安顿流民,恢复生产。在他登基后的太康年间,老百姓总算过了几天好日子,历史上叫做"太康之治"。

"孝文改制"前前后后

北魏是淝水之战后冒出来的一个鲜卑族拓跋氏建立的新国家。

鲜卑族原本是剽悍的游牧民族，打仗非常凶狠。可是他们在战马上得到了天下，却不懂马背上不能治天下，还用原来一套办法。掳掠来的人口统统都是奴隶，在新占领的大片耕地上放马。专门设立了管理畜牧和打猎的官员，却不怎么管种庄稼。自以为皮鞭加马刀，就是治国的法宝。谁胆敢反抗，轻的抽一鞭子，重的挨一刀。怎么算轻，怎么算重？全看心情好不好。

鲜卑族是少数民族里的少数民族，人数很少很少，有什么力量打平天下？不仅依靠自身的武力，还靠被征服的其他民族当炮灰。

有一件事情最能说明问题。有一次，一个拓跋氏贵族驱赶着一大群奴隶兵，围攻今天江苏的盱眙地方，十分露骨地给守将写信说："告诉你，攻城的士兵都不是咱们鲜卑人。东北面的是丁零人和胡人，南面是氐人和羌人。你们想杀就杀吧，杀死这些人一点也不可惜。免得他们以后造反，对我是好事呀！"

鲜卑族打仗的时候，前面是其他民族的步兵，后面是督阵的鲜卑族骑兵。督阵的人只要瞧着谁不顺眼，就从背后一刀砍杀其他民族的士兵。死在敌人手里的，还不如死在鲜卑族主子手里的多，完全是一套野蛮透顶的奴隶主的做法。

这样残酷的压迫，其他民族怎么受得了？各民族的反抗斗争一直没有停过，使刚刚建立的北魏政权没有一天好日子过。

这样野蛮落后的民族有什么文化？甚至连自己祖先的历史也说不清。有一个大老粗皇帝就下命令，叫一个汉族老师崔浩编写一本鲜卑族历史。还让他参加讨论国家大事，对他非常信任。别的鲜卑族不服，这个皇帝说："你们别瞧他不会跑马射箭，可是他的肚子里的计谋，胜过千军万马。"由此可见，这位皇帝对他还是很信任的。

崔浩问他："这部历史怎么个写法？"

他大咧咧说："是怎么样，就怎么样照实写吧。"

崔浩老老实实按照他的指示写出来。鲜卑贵族们一看，差些儿气破了肚皮。怎么能够把他们的祖宗描写成这个样子，简直野蛮丑恶得不像话。反倒对南方东晋的汉族世家大加赞美，认为只有他们才有文化。

这时候，那个叫崔浩写书的皇帝死了，再也没有人保护他。怒火冲天的鲜卑贵族们立刻动手，把白发苍苍的崔浩绑上刑场。不顾他大喊冤枉，叫几

十个如狼似虎的卫士,对他又踢又打一顿,再轮流在他的身上撒完了尿,把他狠狠侮辱够了,一刀砍下他的脑袋,看往后谁还敢说鲜卑族半个不字。

说到这里,看这本书的小朋友就会说了,这个野蛮落后的王朝不完蛋才怪呢。

啊,不,想不到后来出一个有头脑的皇太后,加上一个开明的皇帝,居然把北魏整顿得像模像样,一天天兴旺起来了。

这位皇太后是冯太后,原本也是一个汉族人,出生于一个官员家庭。由于她的出身,被抓进宫里做低贱的宫奴,后来成为一个皇帝的妈妈,还当上了皇太后。皇帝太小,她就临朝听政。这个小皇帝长大以后,冯太后把政权还给他。不料他觉得当皇帝没有意思,才到 18 岁就宣布退位,让一个五岁的孩子顶替上台,称为孝文帝。于是冯太后再次临朝,重新执掌朝政。

冯太后很有眼光,看出来再像从前一样胡闹下去非出乱子不可,于是大刀阔斧进行了一场改革。

她首先要改的是官员供给制度。打从北魏建国以来,就照搬老祖宗的办法,按照地位高低和功劳大小,分配打仗劫掠来的东西,压根儿就不发什么工资。和平时期不打仗,国家也不管官员的饭碗问题,叫他们自己想办法。当官的想什么办法呢? 还不是从老百姓身上拼命刮,贪赃枉法就是合法的"发工资"。有一个地方官刚去的时候什么也没有,卸任的时候却赶着上百辆大车搬运财物。这就是他的"工资"呀!

现在冯太后下命令,实行俸禄制。所有的官员统统领工资,不准再像从前那样干了。

为了保证彻底铲除贪污,她宣布了一个硬杠子,只要贪污一匹绢就判死刑。头一个开刀的,是皇帝的舅舅。他自以为自己的后台硬,照旧乱伸手。冯太后一点不讲面子,把他押上刑场,叫文武百官都来看。这就是一个坏榜样,看谁还敢跟着他学。

她的第二项改革是整顿基层组织,建立了五家为一邻,五邻为一里,五里为一党的基层管理制度,废除了从前奴隶主瞎胡乱搞的办法。

第三项改革是均田制。不管是不是鲜卑人,都有按人口分田的权利。

第四项改革是新的租调制,确定了缴税的办法,也不论胡汉民族,全都是一样的。

她的这些改革,使原来乱糟糟的北魏政权变了一个样子。也是一剂强心针,挽救了北魏的生命。要不,准会在全国一片反抗声中结束了统治。

更加值得高兴的是冯太后死后,还有接班人。这就是那个在她的胳肢窝里长大的孝文帝,从小就受了她的熏陶,接过了继续改革的大旗。

孝文帝的改革更加彻底。

首先把京城从北方的平城(现在山西大同)搬到洛阳。平城靠近蒙古高原,距离中原腹地太远,是北魏王朝顽固派的老窝。不撇开这伙人,就没有办法把改革进行下去。他心里明白,冒里冒失宣布迁都,肯定会受到这伙人的反对,就带领30万大军,假装要去征讨南朝。走到了洛阳,不再往前走了。不迁都,也得迁都。

　　为了认真学习先进的汉族文化,紧接着他又大胆做了几件叫人吃惊的事情。不准再穿胡人的衣服,男女老幼统统都换汉族服装;不准再说鲜卑话,把洛阳话定为标准话;不准再用鲜卑族姓氏,一律换成汉姓,孝文帝首先将自己的姓"拓跋"改为"元";不准住在洛阳的鲜卑族再提自己是北方人,户口就落在洛阳。死后也不准把棺材搬回平城,统统都埋在洛阳的北邙山。真是生是洛阳人,死是洛阳鬼了。

　　同时他还主张鲜卑贵族和汉族大族通婚,他自己带头娶了几位有地位的汉族小姐做妃子,命令他的五个弟弟跟着来,把原来的鲜卑族正妃降为侧室,另外娶汉族姑娘做妻子。重用汉族官员尊敬孔夫子,提倡学习四书五经。不仅是形式,还从思想深处来一个全盘改革,认真学习汉族的先进文化。

　　啊呀!这可真是翻天覆地的大变化。不消说,他遇着来自鲜卑族保守派很大的阻力,可是却受到全国各族人民热烈欢迎。冯太后和他的改革成功了,把原来一团混乱的北魏,带进了欣欣向荣的新阶段,是历史上有名的"孝文改制"。

宋代的科学奇葩

宋朝对外打仗不行，窝囊得要命，可是在科学技术方面的发展却了不起，传到了外国，不管高鼻子、矮鼻子，全都佩服得要命。

请问，宋朝有什么了不起的科学技术？

中国最值得骄傲的造纸、火药、罗盘、印刷术四大发明，其中有一个加两个一半就是这时候发明的。

"一个加两个一半"，这是什么意思？一个就是一个嘛。哪还有什么"一半"的发明？

哦，这是说在从前发明的基础上大大发展了，就算"一半"啦。

宋朝最了不起的发明是活字版印刷技术。

请问，古时候的书是怎么来的？

最早只能一个字一个字地抄写，又费时间，又费力气。如果你要两本书，就得老老实实抄写两遍，偷不了一丁点儿懒。到了唐朝，人们发明了雕版印刷的方法，只消在木板上刻好字，涂上墨汁就能够印刷了，想印多少本都成。这种方法虽然进步了些，其实也很笨。请你想一想，印一页书，刻一块木版；印一本厚厚的书，得要刻多少木版呀？哼哼哧哧刻了一大堆木版，如果以后不印这本书了，那才气死人呢。

1045 年，宋仁宗在位的时候，有一个叫毕昇的人想出一个新方法，用容易刻字的黏土代替不容易刻字的木版。黏土可以烧砖，也可以用来做字模呀。先做一个个小小的黏土块，在每个黏土块上刻一个字，然后像烧砖似的用火烧硬，排在一起就能印书了。印完一本书，这些黏土字模还有用，保存下来重新编排，又可以再印下一本书了，既省力，又方便。

这个活字版印刷技术，后来传播到全世界。用铅字代替黏土字块，印刷质量更好，字模的寿命也更长。想一想，我们现在看的每一本书，都有毕昇的功劳，他对世界文明做的贡献多大呀！

宋朝另一个了不起的技术革新是火药。火药本来是唐朝发明的，可是刚开始应用还不广，到了宋朝才大大发扬，还派上了许多新用场。

首先是开矿。只消用火药"砰"地一下就能炸开矿山，顺顺当当捡矿石，要比扛着铁镐和锄头,汗流浃背使劲挖省力得多。

最早的火药枪和大炮,也是这时候出现的。

世界上最早的火药枪叫做突火枪,在竹筒里装进拌了火药的小石头和铁块,点燃了火药就"砰"的一响发出火光,射出石子和铁块,远远胜过传统的弓箭,可厉害啦。竹筒很容易炸裂,后来就用铁管和铜管代替,做成了最早的步枪,叫做火铳,这是当时世界上最先进的武器。

不消说,大炮比火铳更厉害。宋朝的大炮威力无穷,剽悍的蒙古铁骑也吃过它的苦头。

宋朝还有许多古里古怪的火药武器。在一位兵器专家曾公亮写的《武经总要》里,就记录了许多种类。这里有带毒气的毒药烟球火药,放出一股股毒气和烟雾,敌人不中毒,也会在烟雾里迷路。还有一种子母弹似的蒺藜火球火药,一次就能射出许多带尖刺的铁球,是现代一种同类武器的老祖宗,能刺疼敌人的脚,刺瘸敌人的马,让它想跑也跑不动。

再说罗盘吧,虽然早在战国时期就出现了,是世界上第一个"司南"。可是把它用在航海上,却是宋朝发生的事情。这时候依靠罗盘的指引,一艘艘中国的远洋帆船乘风破浪,驶进了汪洋大海,完全不用担心会迷航。比那些不敢开进大海中心,只能畏畏缩缩挨靠着岸边航行的外国船,不知要高明多少倍。

想不到的是,过了七八个世纪,一些外国强盗竟得意洋洋开着洋船,扛着洋枪洋炮,跑来欺侮咱们中国了。徒弟学会了手艺,反过来欺负老师,真是反了!反了!

宋朝还有一位木工师傅名叫喻皓,写了一本《木经》,讲了许多巧妙的木工技术。他曾经在汴京修建了一座奇怪的木塔,塔身微微朝着西北方向倾斜,和意大利有名的比萨斜塔一样。可是比萨斜塔是由于设计错误,后来渐渐变斜的,汴京木塔却是喻皓有意这样设计的,所以要比比萨斜塔高明得多。

好好一座塔,为什么修成斜的?喻皓说,汴京这个地方老是刮西北风,他经过周密计算,先设计成这个样子,再过一两百年,风就会把它慢慢吹正了。可惜后来一场大火吞没了它,没有把它留下来验证他的理论。后来,人们在原来的地方另外修造了一座塔,就是一直保存到今天的开封铁塔。

瞧,这个宋朝的木匠不是比传说的鲁班师傅还高明吗?

这时候的天文学家黄裳画了一幅星座图,记录了 1440 颗星星。另外两位天文学家使用近代钟表才有的齿轮结构,创造了世界上第一座天文钟,叫做水运仪象台。著名科学家沈括担任司天监的时候,主持编制的《奉元历》,算出一年是 365.24358 日,只比今天计算出的多一丁点儿,真了不起啊。

沈括是一位顶呱呱的百科大博士,天文、地理、气象、生物、数学、医药、

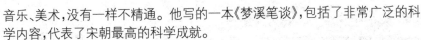

音乐、美术，没有一样不精通。他写的一本《梦溪笔谈》，包括了非常广泛的科学内容，代表了宋朝最高的科学成就。

沈括不仅是理论家，还是实践家，他的目光非常敏锐，常常通过自身的观察，发现许多有意义的科学问题。有一次，他路过太行山，瞧见许多螺壳、蚌壳化石，就提出了海陆变化、地壳升降的理论。

还有一次，他在陕北山沟里发现了石油，预言"此物后必大行于世"，认为中国"石油甚多，生于地中无穷"。他发现指南针并不是指着正南方，最早发现了磁偏角。他还负责过武器制造，说他是一位优秀的军工专家也没有错。

你应该具备的

忽必烈开创元朝

蒙哥大汗之死，是一个"原子弹"，不仅中止了第三次西征大军的脚步，拯救了西亚和北非，还在蒙古帝国内部引起一次强烈"地震"。

俗话说，国不可一日无君。蒙哥大汗归了天，该轮着谁接替他戴这顶大可汗的王冠，管理眼下的蒙古帝国？

按理说，兄死弟继。蒙哥大汗的几个弟弟里面，他最信任的是旭烈兀，所以才把西征的任务交给他。可是旭烈兀贪恋波斯不想回来了，剩下几个弟弟，就该轮着带兵征讨南宋的四弟忽必烈了。忽必烈自己心里盘算，也必定是这样。可是他说什么也想不到，留在蒙古看家的六弟阿里不哥，竟在手下一帮大臣的阴谋计划下，打算抢先登上宝座。

这时候忽必烈正在长江中游前线，指挥围攻鄂州的一场决战，一时分不开身子，急得双脚直跳，不知道该怎么处理这件事情。

他的运气来了。更加想不到的是，这个好运竟是敌人双手恭恭敬敬奉送给他的。

手下的探马向他报告，敌人的援军赶到了。

这可不是好消息。敌人力量加强了，会越打越厉害，使蒙古军队深深陷入泥潭中，想抽身也没有办法。忽必烈正烦恼着，不料手下抓住一个敌人派来的使者，趴在地上战战兢兢送上一封信。拆开一看，是带着这支援兵前来的南宋宰相贾似道亲笔写的。

他刚刚开上战场，给忽必烈写什么信？是不是约好日期决战的挑战书？不是的。哈哈！想不到竟是一封求和的秘密信。这个家伙是怕死鬼，硬着头皮上了战场，好像上刑场似的，害怕得要命，悄悄请求讲和，答应把两国界线挪到长江，江岸以北的地方统统割让给蒙古，每年再送 20 万两白银、20 万匹丝绢，承认南宋是蒙古的属国，只求这一仗别打了，他才好留一条活命。

呸，好一个无耻汉奸贾似道，竟敢为了保住自己的狗命，私自代表国家订立卖国条约，真该千刀万剐。

忽必烈一看，忍不住呵呵笑了起来。这岂不正解除了他的心病吗？立刻装模作样搭起架子点头答应了，领兵赶回去，抢在阿里不哥的前面，走在半路上就宣布自己登基，采用汉人的办法，定为中统元年（1260 年）。

阿里不哥和他的手下人都慌了，连忙也发布消息，说自己才是真资格的大汗，指责忽必烈违背蒙古老规矩，用汉人一样的年号就是背叛。兄弟俩翻了脸,谁也不让谁,实际上这是一场守旧和革新的斗争,意义远远超过了争夺王位。

说不好,就打吧。忽必烈手下有一帮久经考验的精兵强将,阿里不哥身边只有几个老顽固白胡子大臣,哪里是他的对手。实在无路可逃,只好钻进西伯利亚大森林,一直逃到叶尼塞河边。眼看没有戏了,才给忽必烈写信说:"咱们都是弟兄,别打啦。我把马养肥了,就来朝拜你。"

他真的心甘情愿归顺忽必烈吗?不,即使他有这个心,手下那些想往上爬的大臣也不干。等到马肥了,就悄悄又从背后杀来。最后被忽必烈狠狠揍了一顿,才老老实实认输了。

到了至元八年(1271年),忽必烈才算真正坐稳了宝座。为了今后的发展,他把京城从蒙古高原上,搬到长城里的燕京(今北京),改国名叫大元,正式开创了元朝,自己当上了皇帝。

故事讲到这里,你还记得那个"治天下匠"耶律楚材吗?忽必烈从小就接近他,是他的小学生,十分注意学习先进的汉族文化。不消说,他也十分注意听取身边有学问的汉人的建议,总结出一条非常重要的意见:"可以在马上取天下,不可以在马背上治理天下。"这话说的是治理国家不能再凭拳头,得要有一套章法才行。在汉人智囊团的帮助下,他大胆改革,革除了从前许多落后的风俗习惯,建立了有条有理的制度,国家渐渐像个样子,不再是从前乱哄哄的模样了。

忽必烈统一全国以后,把京城大都附近一大片地方,由中央政府直接管辖,叫做腹里。全国四方又划了岭北、辽阳、河南、陕西、甘肃、四川、云南、湖广、江西、江浙10个行中书省,简称行省。现在我们用的"省"这个名称,就是从这个时候来的。

岭北行省是蒙古人的老家,不仅有蒙古高原,还包括了今天的内蒙、新疆一部分和西伯利亚,一直延伸进北极圈。这是中国中央政府对广大西伯利亚行使管辖权力最早的时代。辽阳行省除了今天的辽宁、吉林、黑龙江,还包括朝鲜、库页岛、鄂霍茨克海、日本海大陆沿岸等许多地方,面积排在第二。台澎地区划归江浙省管理。吐蕃直属中央政府,建立一个特别行政区。后来忽必烈又征服了越南,设立了交趾和占城行省。接着再攻打缅甸等地,还在东南亚占领了一大片地方。这时候中国本土的版图之大,达到了空前的地步。

忽必烈满足了吗?

不,他东看西看,瞧见东边还有一个日本,就派人通知他,赶快前来进贡称臣。想不到小小的日本一点也不懂礼貌,连回信也不写一封。忽必烈发火了,立刻派了一支舰队去教训它。第一次海上出征取得了胜利,日本还是不归顺,还杀了送信的使者。

　　忽必烈发脾气了,立刻再派一支四千多艘战船组成的庞大舰队,运载十几万大军,跨海东征这个无法无天的岛国。

　　日本这才明白惹了大祸,一下子被吓呆了。周围都是汪洋大海,想逃也没有可以钻的窟窿,只有伸长了脖子,等待挨刀了。他们没法抵抗这支大军,只有祈祷老天爷救救他们。

　　想不到的是,老天爷居然救了日本的命。

　　元朝舰队渡过海峡的时候,突然遇着一股凶猛的台风,吹翻了一艘艘战船,蒙古远征军几乎全军覆没。忽必烈气得哇哇叫,还想派兵报仇,被别人劝住,才打消了主意。日本人非常感谢这股台风,把它叫做"神风"。十分幸运,日本成了唯一一条漏网之鱼。

天下农民★暴动

你看过《水浒传》吗？那些英雄好汉，为什么一个个被逼上梁山？

这是无路可走，官逼民反啊。不仅北宋时期的梁山好汉是这样，历朝历代被逼得没有办法的老百姓，最后也只有这条路，拿起刀枪来造反。

明朝末年就是这样的。大大小小的官员几乎没有一个不贪赃枉法的，社会黑暗腐败，天灾人祸不断，老百姓简直活不下去了，只好硬着头皮起来反抗。

闹得最厉害的地方是陕北。

为什么这儿是造反的窝子？

因为这儿太穷了，官吏特别凶狠，连守卫的军队也受不了层层盘剥和虐待，一次次发生兵变，被踩踏在社会最底层的老百姓还活得下去吗？

1627年4月1日，陕西澄城县受天灾影响，赤地千里，饿死的人不计其数，甚至出现了吃死人尸体的惨状。就这样，知县张斗耀还凶神恶煞地逼着交粮。老百姓实在忍受不了了，在一个叫王二的农民带领下，愤怒地喊叫着，冲进衙门乱刀砍死了他，痛痛快快出了一口气。

明末农民大起义的序幕揭开了。

有一个带头干，就会有第二、第三个跟着来。

第二年，各地的老百姓纷纷响应，造反的火焰一下子就燃遍了整个陕北。起来造反的有饥饿的农民，有失去工作的驿卒，还有哗变的士兵，全都是被逼得无路可走的人们。刚开始他们没有严密的组织，也没有长远的计划，各自分散行动，哪儿有粮食，就一窝蜂往哪儿赶去，遇着官兵，打得过就打，打不过拔起腿就跑。负责处理这个乱子的当地总督，想用招安的办法来解决，可是放下武器回到家乡的农民还是没有活路，很快又干了起来，闹得越来越厉害，最后突破了黄河防线，把起义的火焰燃烧到了附近广大地区，形成了全国性的大起义。明朝政府这才慌了手脚，连忙派兵进行血腥镇压。

1635年，以"闯王"高迎祥为首的各路起义军首领，聚集在河南荥阳举行大会。他手下的"闯将"李自成提出来联合作战的策略，兵分五路杀向四面八方。其中的"西营八大王"张献忠打到凤阳，把明朝皇帝的祖坟也挖了。后来首领高迎祥牺牲了，李自成当了新"闯王"，和张献忠并肩战斗，干脆不要后方，只是不顾一切东冲西闯。官兵堵不住、追不上,被弄得焦头烂额。

想不到后来起义农民军都打了败仗。李自成只带了18个骑兵冲出包围圈,躲进陕西南部的商洛山中。张献忠也被围得无路可走,只好装得老老实实的假投降。朝廷这才松了一口气,以为从此就天下太平了。

不,李自成和张献忠都是凶猛的老虎,才不会乖乖地被关在笼子里面呢!

没有多久,张献忠养足气力又造反了,接连宰了明朝的两个亲王,从湖北杀进四川,在成都建立了大西王国,自己封自己当皇帝,要和明朝争天下。

李自成也趁机杀出来。趁着河南闹灾荒,一下子就招了几十万人,声势更加浩大,在西安宣布建立大顺王朝,最后打进北京,逼得崇祯皇帝上吊自杀,终于推翻了明朝。

明朝完蛋了,这两支起义军后来怎么样了?

说起来真可惜,由于他们没有处理好一些关键问题,很快都被趁机进关的清军先后消灭了。

张献忠的脑瓜里,几乎完全没有政策观念,复仇心理太重,特别在四川地方搞了报复扩大化,渐渐失去了群众基础。面对如狼似虎的清军,便一败涂地。

李自成不一样。他开始听了一些读书人的意见,提出响亮的"均田免粮"的口号。民间也流传着"吃他娘,穿他娘,吃穿不尽有闯王,不当差,不纳粮",以及"开了城门迎闯王,闯王来了不纳粮"的歌谣,一句句都说到贫苦农民的心坎儿里去了。他还特别注意整顿纪律,不准乱杀乱抢,当然得到老百姓的欢迎,取得了辉煌的胜利。可惜他进入北京后,被胜利冲昏了头脑,纵容手下人酷刑拷打,到处追逼钱财,败坏了原本好好的纪律,最后在清军的攻击下终于失败了。这个沉痛的历史教训,真值得认真总结一下呀。

努尔哈赤起家记

人们常常说：大鱼吃小鱼，小鱼吃小虾。

啊，小虾真可怜呀！只有被别人吃掉的命运。

不，事情并不完全是这样，有时候小虾也要咬大鱼一口呢。

这是真的吗？当然是真的，历史上就发生过这样离奇古怪的事情。

我们要讲的"小虾"是谁？

是东北非常偏僻的角落里，一个小小的女真部落。它的头领姓爱新觉罗，名叫努尔哈赤，刚刚25岁，还是一个毛头小伙子，只有爸爸留下来的13副铠甲，身边只有几十个人，是不是和"小虾"一样？

"大鱼"是谁？

它就是堂堂大明帝国呀。建国将近300年，有强大的国家机器，有一支声势浩大的军队。女真族那只"小虾"，填它的牙齿缝也不够，怎么能够和它做对手？

哈哈！信不信由你，这只"小虾"真的狠狠咬了"大鱼"一口。咬得大明帝国直叫疼，拿它没有一丁点儿办法。

努尔哈赤凭着13副铠甲起家，怎么打败了大明帝国？这是一个使人想不通的谜。

其实也没有什么奥秘，努尔哈赤靠的是一个复仇的决心，一股初生牛犊不怕虎的豪气。不消说，还有他的计谋、勇敢和好武艺，加上女真部落团结一致的精神，才能达到目的。

努尔哈赤拜过名师吗？读过军校吗？他的一肚子计谋是从哪儿来的呢？

说来很有趣，他的文化水平不高，他的兵书就是人人都看过的《三国演义》和《水浒传》。里面有的是学问，只要好好动脑筋，准能学到许多东西。

努尔哈赤从小就是没爹的孤儿，独自在草原上流浪。他问别人："我的爸爸是怎么死的？"

别人告诉他："实在对不起，你的爷爷和爸爸都是被明朝官兵错杀了的。"

他左打听，右打听，打听出这件事和另一个女真部落的头领勾结官兵有关系。

哼,人不是牲口。说一句"杀错了",就算了吗?努尔哈赤不是好欺侮的,这个冤仇不报,还算男子汉吗?可是现在力量这样小,还不是报仇的时候。

他翻开《三国演义》仔细看,发现后来鼎足三分,各霸一方的曹操和刘备,从前也是两只"小虾"。低头假装归顺别人,等到翅膀长硬了,才挽起袖子大干一场。

努尔哈赤学会了这个办法,半句复仇的话也不说。在明朝官府面前规规矩矩的,装作一个乖孩子,随时去进贡。明朝皇帝放了心,封他一个小官让他带兵,赏他吃了一块糖。

他这就规规矩矩了吗?才不呢!杀父之仇不能不报,称霸之心不能没有。得到了官府的信任,他舒了一口气,转过身子就对周围的部落下手了。他先狠狠揍了勾结官府、害死爸爸的那个死对头一顿,接着又踏平别的部落,统一了广大的黑水白山地区,做起了山海关外的"东北王"。

这就够了吗?不,最大的仇敌大明王朝还没有清算呢。堂堂大明王朝不是纸老虎,不能像对付山林草原里的那些游牧部落一样。为了达到这个目的,得有一支精兵才行。《三国演义》又给他启示,曹操就是依靠一支"青州兵",打平天下的。

根据女真民族游牧生活的特点,他把手下的各个部落编成正黄、正白、正红、正蓝和镶黄、镶白、镶红、镶蓝八旗队伍。平时放牲口、打猎,一旦战争来临,呼啦啦集合起来,就是一支战无不胜的精兵了。

做好了准备,他就立刻宣布建立后金国,自己封自己做大汗,再也不像龟孙子一样老老实实服从明朝官府管教了。

现在,努尔哈赤的翅膀长硬了,报仇雪恨的时候到啦!开战以前,他集合了部落里的人,诉说了对明朝官府的"七大恨",进行思想动员。大家气得牙痒痒,摩拳擦掌要干一场,就有三分打胜仗的把握了。

头一仗,攻打抚顺城。这儿有明朝大军驻守,是一块硬骨头。凭着努尔哈赤的性格,就是要先啃硬骨头,才能打出气势来,显出自己的威风。不消说,这也是他检验八旗队伍的好机会。

努尔哈赤不是张飞一样的莽夫,他有诸葛孔明一样的计谋。不是大白天摆开队伍,迎着明军的大炮,哇呀呀一阵猛冲猛打,而是趁着夜色朦胧,悄悄开到城下,打明军一个冷不防。同时又预先派了探子混进城,放起一把火,打得明军晕头转向,一下子就攻破了这座防守坚固的要塞,来了一个开门红。

消息传到北京,明朝立刻派兵镇压,号称40多万大军,浩浩荡荡分四路杀来,想把努尔哈赤吓倒。

出征那一天,在辽阳演武场举行宰牛祭天的誓师大会。想不到杀牛的刀不快,连砍三刀也没有砍掉牛脑袋,反倒把刀折断了。

你应该具备的

一员大将威风凛凛骑马舞弄长矛，想摆弄一下武艺来提高士气。不料矛杆早就腐朽了，一使劲也断成两截，真不吉利啊。

看吧，大将手里的长矛也是这样，小兵的武器就更不用说了。这样糟糕的武器怎么上战场？加上一个个鼻孔朝天，不把对手放在眼里，面对着憋足了一股气，训练精良的八旗兵，不打败仗才是怪事呢。

努尔哈赤一点也不慌张，心里拿定了主意。不管你分几路来，我只集中兵力先打翻一个再说。

两军在抚顺东南面的萨尔浒山相遇了。努尔哈赤指挥八旗骑兵把明军团团围住，一阵凶猛的冲杀，把明军杀得片甲不留。接着回过头来再对付从不同方向扑来的一支支明军，使用各个击破的战术，取得一个又一个胜利。

萨尔浒山成为日薄西山的大明帝国的伤心岭。从此以后明军就只有招架之功，从进攻转为防御，再也不敢惹女真人一下了。

萨尔浒山一战，打出了女真人的威风。许多年后，清朝乾隆皇帝亲自在这里立了一块碑，题写一篇碑文说，这里是大清王朝开国奠基的圣地。

大明王朝自坏长城，吴三桂引进清兵

清兵入关前前后后

山海关是长城东头的一把锁，打不开这把锁，就休想跨过长城攻打大明天子居住的北京紫禁城，更不要想进入中原内地争夺天下。努尔哈赤手下的八旗骑兵再厉害，不攻破山海关，也别想迈进内地一步，实现他更大的野心。

大明王朝依靠的只是这一座雄关吗？

不，只有牢固的关城，没有智勇双全的良将镇守也不行。为了紧紧把守山海关，还必须保住关外的辽东。明朝首先派大将熊廷弼坐镇关外，对付后金的侵犯。

熊廷弼审察了眼前的形势，决定采取守势。起初修了一条辽河防线，把后金挡得远远的，够不着山海关。想不到由于他的脾气大，得罪了一些人，在朝廷里有人说他的坏话。掌权的奸贼魏忠贤撤了他的职，努尔哈赤趁机进攻，攻破了这条防线，占领了沈阳和一大片地方。

情况紧急了。朝廷没有办法，只好请他重新出山。这一次，熊廷弼又修筑了一道以锦州和宁远为核心的防线，依旧牢牢把守住，不和后金军队硬拼硬

147

打。

　　唉，防线坚固算什么？背后的压力才是要命的。他的顶头上司辽东巡抚不这样想，硬要他发动进攻。更加糟糕的是，魏忠贤又派一个亲信太监，带着尚方宝剑监督他的行动。

　　熊廷弼有这样多的"婆婆"管着，实在拗不过，不得不带兵出战。在开阔的平原上和后金八旗骑兵遭遇，打了一个大败仗。

　　这个败仗不打也打了，该打谁的屁股呢？

　　魏忠贤当然向着自己的手下人，不问青红皂白就把熊廷弼抓起来，判了他的死刑。

　　熊廷弼不明不白被害死了，他的防卫观念却留了下来。接替他的孙承宗也是一员良将，接受了部下袁崇焕的建议，重新在山海关外的锦州、宁远一带，构筑起一道巩固的防线，阻挡后金的侵犯。可惜好景不长，没有多久，他也受到魏忠贤的排挤，被其亲信高第所替代。

　　高第这个家伙是一个怕死鬼，不敢停留在关外，主张放弃关外所有的地方，完全退进山海关。

　　啊，这怎么行呢？好不容易血战收复的土地，怎么能拱手让给敌人？袁崇焕坚决反对这个错误意见，不顾他的命令，独自死守宁远不后退。

　　敌人眼看明军后退了，立刻像一群恶狼似的，进攻这座孤城。袁崇焕决心用自己的热血，保卫这个山海关外的前沿阵地。

　　敌人心想关外只有这一支孤军，一口就可以吃掉了。他们打错了主意。傲慢的八旗骑兵在努尔哈赤指挥下，居然打了一个大败仗。努尔哈赤本人也被打死了，明军获得空前大捷。

　　魏忠贤和高第原本都对袁崇焕没有安好心眼。这一来，他们一个喷嚏也打不出，不好再对他下手了。

　　努尔哈赤死后，他的儿子皇太极上台，咬牙切齿要给父亲报仇，亲自带兵猛攻宁远。不料又被打得鼻青脸肿。他越想越恨，不敢再从正面进攻，就从内蒙古绕一个圈子，抄后路杀到北京城下，想把明朝朝廷一锅端。正在危急的时候，袁崇焕领兵回来救驾，又一次把他打败。

　　袁崇焕成了后金的克星，皇太极把他当做眼中钉。无论为父亲，还是为自己报仇，都非拔掉这颗钉子不可。

　　皇太极和他的父亲一样，也是一个《三国演义》迷，把这部小说看得滚瓜烂熟。眉头一皱，计上心头，何不用周瑜骗蒋干的办法，除掉这个心腹大患呢？于是他也像周瑜一样，在两个被俘的明朝太监面前，随口说了一个惊人的"机密"：袁崇焕背着朝廷已经和后金勾结好，准备悄悄投降。接着又故意出一个"漏子"，让这两个笨蛋逃跑回去，一五一十报告给明朝的崇祯皇帝听。

崇祯皇帝本来就是一个神经质的人,经常疑神疑鬼。听了他们的报告,想也没有多想一下,就逮捕了袁崇焕,用最残酷的分尸刑罚,把他活生生撕裂成好几块。消息传到前线,全军哭声震天。北京市民也想不通,皇帝怎么这样狠心,屠杀了这位爱国的英雄将领,这岂不是自坏长城。

山海关外的皇太极躲在暗地里发笑。想不到居然能够借用崇祯皇帝的手,除去了自己最大的一个心病。现在皇太极什么也不怕了。立刻把国号改为清,把女真族改名叫满族,要对明朝发动最后进攻了。

袁崇焕死后,代替他镇守前线的是洪承畴。平心静气讲,他也精通兵法。如果他像几位前任长官一样忠心耿耿,也可以保住明朝江山。

可惜他空有一身本事,却没有骨气。在关外松山的一场激烈战斗中,被清兵活捉了。起初他还假惺惺不投降,抵不住美人计的诱惑,终于乖乖屈膝归顺了。崇祯皇帝远在北京不知情,以为他"忠勇殉国"了,还带领文武百官给他开了一个隆重的追悼会呢。

洪承畴没有成为"烈士",却成了卑鄙的叛徒,死心塌地给新主子卖力。后来居然带领清兵攻打中原内地。当他得意洋洋拖着辫子,穿着清朝官服,回到福建老家卖弄风光的时候,据说有人写了一副对联送给他。上联是"一二三四五六七",下联是"孝悌忠信礼义廉"。他稀里糊涂挂出来,人们看见都笑掉了大牙。原来在这副对联里,暗暗藏着"忘八无耻"四个字,骂得真痛快呀!

明朝最后一任山海关军事长官吴三桂,也是同样的货色。

他身负镇守山海关要塞,防御清兵侵犯的重要任务,应该兢兢业业守住自己的岗位才对。李自成攻破北京,推翻了明朝后,曾经招降他。他本来有些心动,可是当他听说自己宠爱的小老婆陈圆圆被李自成手下的一个部将抢走后,立刻发了火,竟打开山海关城门,迎接清兵入关,一切只为了夺回陈圆圆。最后成为敌人的打手,帮助清朝打天下,主子扔了一根骨头,赏他做了大官。

呸!无耻的汉奸。和洪承畴一样,永远被钉在历史的耻辱柱上,遗臭万年。

清兵入关后,把首都搬到北京。中国历史上又出现了一个新王朝,翻开了新的一页。

149

雄才大略的康熙大帝

　　康熙皇帝，是中国历史上在位时间最长的皇帝，在位 61 年。

　　康熙皇帝，是清朝最有本领的皇帝。人们尊称他为"康熙大帝"。

　　他究竟有什么功劳，值得人们这样尊敬？

　　他上台的时候，只是一个八岁的小娃娃，什么事情也不懂，朝廷里的大权掌握在四个辅政大臣手里。这几个大臣互相钩心斗角，其中一个叫鳌拜的最霸道，连他这个小皇帝也不放在眼里。在别人眼里，他就是"影子皇帝"。

　　康熙皇帝一天天长大了，想自己管理天下了，不想再当傀儡小皇帝。要达到这个目的，首先就得搬掉鳌拜这块绊脚石。可是鳌拜的权力很大，又有一身好武艺。康熙皇帝只不过是一个小小少年，怎么斗得过他呢？

　　他想了一想，想出一条妙计。他有一伙同龄的皇家侍卫，全都是鳌拜看着长大的贵族孩子。平时打打闹闹的，鳌拜早就见惯了，压根儿就没有放在眼里。小小的康熙皇帝想，就用这伙顽皮孩子治他吧。

　　有一天，鳌拜刚刚走进宫，这伙孩子就嘻嘻哈哈把他掀翻在地上，骑着他的身子，把他捆得结结实实。鳌拜以为是闹着玩的，一点也没有反抗。等到康熙皇帝走过来，一五一十宣布了他的罪状，鳌拜后悔也来不及了。

　　康熙皇帝除掉了这个野心勃勃的家伙，才自己当家做主，成为真正的皇帝。他决心把国家整顿好。

　　怎么整顿国家秩序，使社会安定，经济发展，老百姓都过上好日子？他仔细观察后，决定除掉南方的三个独霸一方的藩王。一个是镇守云南的平西王吴三桂，一个是镇守广东的平南王尚可喜，另一个是镇守福建的靖南王耿精忠。这三个家伙都是投降过来的明朝大将，死心塌地地给清朝卖命。当时考虑到南方还不平静,还有潜伏的复明反抗势力,就让他们镇守在那里。这是清朝统治者使用的一种"以汉治汉"的手法。随着时间一天天过去,他们已经没有使用价值了。加上他们变得骄傲自大起来,各自盘踞一大片土地,擅自任命官员,收税征粮,形成了独立王国,不扫除这些"国中之国"可不成。

正在这个节骨眼儿上,尚可喜请求告老还乡,让儿子尚之信顶替他镇守广东。康熙皇帝立刻批准了他的回乡请求,却不准他的儿子接班。

吴三桂、耿精忠一听,摸不准皇帝的意思。两个叽里咕噜商量一下,也假惺惺打报告想回老家。康熙皇帝御笔一批,统统照准。

这一来,吴三桂不干了。好不容易占了一块地盘,怎么舍得丢了,回去做老农民?看来这个皇帝要动真格的了,干脆反了吧!造反的理由很好找,"反清复明"就是一个现成的。

他一不做,二不休,立刻自称"天下都招讨兵马大元帅",联合耿精忠、尚之信一起举起了造反的大旗。老百姓听说有人要恢复明朝,纷纷响应,战火很快就燃遍了南方各省。

康熙皇帝捞着一个烫手的山芋了,怎么办才好?他没有采纳一些怕事的大臣的建议,不是封他们做王爷,或者分一块地方给他们,用爵位和土地换取和平,而是想到打蛇要打七寸,平叛得抓闹事的头子。他瞅准了吴三桂,立刻调动部队朝他狠狠打。暂时放过耿精忠、尚之信,照样保持他们的封号。这两个人打了一个小算盘,觉得和自己没有关系,就乐得站在旁边看热闹,不管谁打赢了,自己都有糖吃,何必搅和在一起闹呢。

吴三桂傻了,这两个哥们儿说得好好的,怎么一点也不仗义,说变就变呢?他自己反正已经破罐子破摔了,担心手下人动摇,干脆一横心自己做皇帝算了。1678年3月,在湖南衡阳扯起旗号,立国号叫"周",大封手下的将军们,给大家一点甜头。以为让他们过一下"开国元勋"的瘾,他们就会帮自己拼命打仗了。

吴三桂这个如意算盘打错了。实力还是那一点点,只靠换一个旗号,能够吓唬住敌人吗?打来打去,实在打不过,只当了五个月的"草头天子"就一命呜呼了。他的孙子吴世藩不顶用,一溜烟逃回云南老窝,上吊死了。紧接着,康熙皇帝回过头来又收拾了耿精忠、尚之信,他们一个也没有逃掉。这场叛乱闹了八年,波及了南方十几个省,终于在康熙皇帝的铁腕下平定了。

这一年,他刚刚27岁。两年后,他又派施琅收复台湾,完成了两岸统一的大业,彻底消除了南方的后患之后,就开始一心一意对付北方噶尔丹的叛乱了。

在明末清初时期,我国北方蒙古族分为漠南(内蒙古)、漠北(外蒙古)和漠西(新疆和内蒙的一部分)三大部分。这时候,漠西阿尔泰山区的噶尔丹受到俄国挑拨,趁着清朝中央政府正在进行平定三藩的战争,突然在背后发动叛乱。从新疆北部打到南部,还蔓延到内外蒙古和青海,一直打到离北京只有700里的乌兰布通地区。妄想依靠俄国后台大老板,霸占整个大西北和蒙古,进入中原腹地争天下,口出狂言要"夺取黄河为马槽"。

不狠狠打击他的嚣张气焰可不行。顺便也教训一下他背后的俄国人,别通过代理人,把熊爪子伸进中国来。

年轻的康熙皇帝决定御驾亲征,派他的哥哥福全做先锋,立刻兵发乌兰布通,和噶尔丹展开一场决战。

茫茫大草原上,没有山,也没有城堡。噶尔丹手下有两万骑兵,就摆了一个"骆驼阵",准备以逸待劳,迎接清军的进攻。

什么是"骆驼阵"?这是他精心设计的一个特殊防御工事。开阔的大草原上无险可守,就把上万匹骆驼捆住四脚,让其卧在地上,背上搭起木箱和毛毡围成一圈。士兵们躲在后面射击,就能够阻挡敌人的进攻了。

清军不会犯傻,朝他们的枪口上硬撞。清军先用大炮远远一阵轰击,打死打伤一大片跑不动的骆驼和躲在后面的士兵,再哇呀呀喊叫着一阵猛冲猛打,就把这个"骆驼阵"冲得七零八落,打了一个大胜仗,狠狠煞了噶尔丹的威风。噶尔丹输了,只好低头求和,起誓发愿再也不敢造反了。可惜福全太老实了,没有乘胜追击,痛打这只落水狗,没有把他完全消灭干净,留下了后患。

康熙皇帝却看出这个家伙很狡猾,一点也没有放松警惕。第二年春天,在多伦地方召集蒙古各个部落的王公开会,同时举行盛大的阅兵仪式。他亲自身披金甲,骑着骏马,接受蒙古王公朝拜,检阅骑兵队伍,还弯弓搭箭接连射中靶心。全场激动起来,高呼万岁的声音响彻了云霄。

在这次多伦会盟上,他耐心解决了各个王公之间的矛盾,一一给予赏赐,使所有的蒙古部落都牢牢团结在中央政府周围,噶尔丹就显得更加孤立了。

可是噶尔丹却没有死心,经过几年休整,重新恢复了力量后,又起来反叛了。这一次,他得意洋洋宣布说,有好几万俄国兵做后盾,天王老子也不怕。

这个家伙实在太没有头脑了。不提背后的俄国人还好些,提起了俄国,更加引起康熙皇帝的警惕。康熙皇帝太了解这个不安好心眼的邻居了。如果不快刀斩乱麻彻底消灭噶尔丹匪帮,后果将不堪设想。

他决定第二次御驾亲征,兵分三路直捣噶尔丹的老窝。

这是一次遥远的西征,要越过无人的大沙漠,路途十分艰险。手下的臣子劝阻他,不要亲自冒险。他生气地说:"这一仗非同寻常。我已经禀告过天地祖宗,怎么能够自食其言?我如顾惜自己不去,何以激励军心,消灭叛逆?何以面对祖宗和天下老百姓?"

兵贵神速。他率领中路军穿过茫茫沙漠,日夜不停地强行军,终于在噶尔丹活动的地方,突然出现。

噶尔丹大吃一惊,想不到康熙皇帝真的自己来了,吓得回头就跑。这一次,他再也逃不了啦。刚刚跑了不远,又遇见另一支包抄过来的清军,不得不硬着头皮打一仗,结果大败,好不容易才突围冲出来。清点身边的人,只剩下几十个残兵败将了。

为了抓住他,康熙皇帝又第三次带兵亲征。听见这个消息,他的手下人一个个悄悄溜掉了,撇下他孤零零的,像兔子一样东躲西藏,最后实在无处可逃,绝望地自杀了。

平定了噶尔丹的叛乱,康熙皇帝在狼居胥山上立了一块纪功碑,宣告这场平叛战争的胜利。俄国彻底失望了,妄想借噶尔丹的手,侵占中国大西北的美梦成了一场空。

"乾隆盛世"无限好,旖旎风光说不完

乾隆皇帝下江南

你听说过乾隆皇帝下江南的故事吗? 他是一个旅游迷,喜欢到处游山玩水。在位 60 年间,别的地方不说,只是顺着运河下江南,就有六次之多。

哈哈! 你会说,我们每年都出去旅游,有时候一年也有好几次。他平均十年才有一次,算得了什么?

话不能这样说。咱们出去旅游非常容易,背一个背包,跟着旅游团就出发了。乾隆皇帝和普通游客不一样,下江南得要讲究皇家的排场。

那时候没有飞机、汽车和火车,每次都要专门打造一艘华丽无比的龙舟,好像是一个水上行宫,给他乘坐,还要准备数不清的大大小小的随行船只,装载陪他一起玩的后妃、宫女和官员,加上卫队和拉纤的民工,浩浩荡荡一支大队伍,只是吃的喝的,每天就要耗费大量银子。沿途接送的地方官为了讨好他,在两岸搭起戏台,排开彩船,组织了成千上万的群众,一起磕头欢呼万岁,敲锣打鼓表演节目,处处都像是过狂欢节。他下一次江南,不花几十万两银子可不行,真够奢华呀! 这是咱们旅游比得上的吗?

乾隆皇帝这样做,的确太铺张浪费了。不过从另外一个角度来看,这也反映了当时国家有雄厚的经济实力。如果穷得叮当响,连想也不敢想一下。

说对啦,乾隆皇帝下江南这件事,反映了清朝从康熙、雍正直到乾隆三个皇帝在位期间,社会稳定,经济迅速发展的太平盛世风光。这是清朝最兴旺的阶段,也是中国历史上有数的几个闪光时期之一。特别是乾隆和他的爷爷康熙皇帝的时代最兴旺,是历史上有名的"康乾盛世。"

　　他们祖孙三个到底做了些什么,建成了这样难得的盛世风光?

　　撇开政治改革不说,单看经济方面吧。

　　清朝刚刚建立的时候,还保留着从前一些野蛮落后的制度。满洲贵族以胜利者和主子自居,可以随便圈占土地,把被征服者当做农奴,社会生产力非常低下,社会矛盾也很深。康熙皇帝上台后,颁布了废除圈地和追捕逃亡奴隶的法令,打破了农奴制度。同时改革税务,兴修水利,开垦荒地,大力发展生产,鼓励手工业和商业活动。社会一天天变样了。由于国库充实,乾隆皇帝还曾经四次减免全国税收,总共达到一亿二千多万两银子。请问,别的皇帝敢这样给老百姓一次次免单吗?

　　经过了这三代皇帝的努力,清朝中叶的社会经济已经相当发达了。在越来越兴旺的商业活动中,大量商业资本得以积累,形成了一些特大的商业集团。两淮盐商、山西票号、广东行商,都是突出的代表。社会一天天繁荣,老百姓的日子越过越好,这才有了乾隆皇帝下江南的本钱。

　　社会稳定了,经济发达了,人口也增加了。乾隆皇帝刚刚上台的时候,全国人口还不到两亿。到他坐朝 55 年后,已经达到了三亿一百多万,形成一个空前的飞跃。现在我们都明白,人口太多固然不好,可是太少了,也不利于发展生产呀。

　　噢,原来他六下江南的故事背后,还隐藏了这样不简单的背景呀!

　　乾隆皇帝不仅在改革规章、发展经济方面作出了许多贡献,还是一位十分注意维护领土完整,开辟边疆,宣扬国威的英明君主。

　　让我们扳着手指算算,他曾经亲自指挥,平定了新疆、西藏、台湾和四川西北部的大、小金川等许多地方的叛乱,接受了周边的缅甸、安南(今越南)、廓尔喀(今尼泊尔)等许多国家归降,总共建立了十大赫赫武功,所以他非常得意地说自己是"十全老人"。

　　再翻开地图看看吧,那时候中国的疆土多么辽阔呀!西边包括整个帕米尔高原和巴尔喀什湖一带的中亚原野,东边直到台湾和钓鱼岛、赤尾屿等一连串海岛。北边包括外兴安岭、库页岛,南边到达南沙群岛。在整个中国历史上,除了元朝,就数这个时候的国土面积最大了。如果再加上周围许多归顺进贡的国家,势力范围就更大了。乾隆皇帝在文治武功方面的重大成就,不愧是一位杰出的封建帝王。

恐怖的文字狱

这是一个疯狂的时代，这是一个恐怖的时代。

这是一个专制黑暗的时代，这是一个禁锢思想，没有民主的时代。

唉，历史真是开了一个玩笑。说起来也许不会使人相信，这个恐怖无比的时代，恰恰也正是清朝康熙、雍正、乾隆三个皇帝坐朝当政，所谓"康乾盛世"的时候。经济发展了，思想却没有自由，形成一个畸形的社会，这也是历来专制独裁时代的一个共同特点吧。

这个时代的一个特点，就是给思想加上一把大铁锁，不允许发出一丁点儿和统治者不一样的声音。

孩子们，你们读到这里，也许会感到非常奇怪。装在人们脑袋里的思想，怎么可能加上一把锁呢？

让我们仔细看一看，这时候发生了一些什么可怕的事情吧。

其实，这种见不得阳光的事情，早在康熙皇帝的父亲顺治皇帝的时候就有了。那时候，清朝刚刚建立不久，特别是强迫剃头留辫子的事情，伤害了广大汉族老百姓的感情，许多人心里还不服。皇帝疑神疑鬼，千方百计想办法消灭汉族的民族意识和反清思明的情结，就实行严格思想管制的办法，拿一些人开刀。

顺治皇帝刚上台不久，就发现一篇文章只用干支纪年，没有用清朝皇帝的年号，认为这是"目无本朝，阳奉阴违"，犯了大逆不道的罪行，就把有关的人统统抓起来处以极刑。

康熙年间，有人编写了一部《明史》，里面对清太祖努尔哈赤直呼其名，还不写清朝的年号，把当时南明几个皇帝当成是正统，记述了一些反抗清兵的事情。编书的人早已死了，也要打开棺材砍尸体几刀，把他的家族和有关人员统统杀光。一个刻字匠临死的时候，在刑场上流着眼泪说："我上有80岁老母，我死了，谁来养她呀！"刚刚说完这句话，冷酷无情的刽子手就一刀砍下了他的脑袋。

雍正年间，有一个叫吕留良的读书人，很有民族气节，说什么也不愿意出来考试做官，也不肯留辫子，干脆把脑袋剃得精光当和尚，著书立说宣传他的理想，要大家分清"华夷之别"，反对满族建立的清朝。

另外一个叫曾静的人看了他的书，深受感染。打听到大将岳钟琪是岳飞的后代，就叫自己的学生张熙去说服他，起来造反，推翻清朝。想不到岳钟琪不是岳飞，转过身子就向皇帝告了密，出卖了这两个天真的读书人。

这可是反叛的真凭实据呀。吕留良死后被开棺砍尸。他的家族和朋友不是被判处死刑，就是被流放充军当奴隶，没有一个幸免。曾静师生俩也被关进了大牢，受到严刑拷打，眼看就保不住脑袋了。不料雍正皇帝却在最后一刻赦免了他们，放他们出去执行一个比死还难受的任务：写悔过书，加上其他被歪曲事实的材料，编成一本《大义觉迷录》，并带着这本书到处去出丑，搞现身说法，解释"华夷"是一回事，不要反对大清帝国；说自己是鬼迷心窍，说了错话，做了错事，犯下弥天大罪，多承仁义的皇上开恩不杀，皇上真是圣人呀！

他们这样出尽了丑，虽然逃脱了死罪，活罪也够受的了。满以为这样就算了，不料乾隆皇帝上台后，又把他们抓回来，活活凌迟处死了。

如果这些人还多少有些"思想问题"和"现行活动"的话，往后一些案件就完全是捕风捉影，无事生非了。

有一个叫查嗣庭的人到江西去做主考官，用《诗经》里的"维民所止"一句做考试题目。他做梦也没有想到，这竟气得雍正皇帝跳了起来，硬说"维""止"两个字，就是砍了"雍正"的头，惹了一场杀身灭门的大祸。

人人都说乾隆皇帝是英明的君主，可是这个"明君"具有两面性，比他的祖父和父亲更凶狠毒辣。仅仅在乾隆三十九年和四十年短短两年内，官府就曾经焚书 24 次，总共焚书 13800 部。凡是看不顺眼的书籍一律烧掉，写书、印书，甚至看了这些书的人统统被杀掉。

他的疑心病大得简直像是发了精神病，抓住一句诗、一篇文章、一本书横看竖看，再倒着看三遍，硬从里面挑毛病，抓反叛分子的"罪证"，真可怕呀！

一个大臣在广西主考，考试题目是"有乾三爻不像龙说"，他硬说其中的"乾"字影射"乾隆"，污蔑他不配做"真龙天子"。

这个大臣还在一个诗句里写道："一把心肠论浊清。"指的是专心一意分辨是非的意思，却被硬说成别有用心，恶毒攻击大清帝国是"混浊"的。

结果还消多说吗？不容他辩解一句，就被抓起来判处了死刑。

当时还有一些诗句，例如"大明天子重相见，且把壶儿搁半边"，被认为"壶儿"咒骂满族是"胡儿"；"明朝期振翮，一举去清都"，被认为表示"明天早晨"的"明朝"，是推翻了的"明朝"；"到北京去"的"去清都"，包含了推翻清朝的意思。这样的例子还有很多呢，例如"明月有情还顾我，清风无意不留人""问谁壮志足澄清""长明宁易得""翘首待重明"等许多诗句里，所有的"明"和"清"，都被硬说是有政治色彩，全都是企图反清复明的反动黑诗。

补记 中国历史

有一首描写黑牡丹的诗中,有"夺朱非正色,异种也称王"的句子,官府认为它污蔑大清帝国是异族,夺了朱家的天下。另一首描写风的诗,有"清风不识字,何故乱翻书"的句子,本来是非常生动的描写,却被认为是影射攻击大清皇帝陛下没有文化。这些诗人连同全家,全都不明不白丢了性命。

疑神疑鬼的乾隆皇帝,甚至连别人到了 70 岁,说自己是"古稀老人"四个字也不放过。因为他也自称"古稀老人",那人岂不是想和他并驾齐驱吗?还有一个倒霉的人,给别人的父亲的墓志铭里,用了"皇考"两个字,本来这是自古以来常用的称呼,他却硬说别人想当皇帝,毫不客气地把此人杀了。

最好笑的是一些马屁精,在拍马屁的文章里用错了字,也落得砍头的下场。

那时候哪儿出了问题,地方官也要被判罪,所以官吏们全都战战兢兢的,采取宁多勿少,宁严不宽的做法,不知编织了多少恐怖的文字狱,冤死了多少人。一些坏蛋看准了这条路子,就把诬陷告密当做升官发财的手段,踏着别人流血的头颅往上爬,弄得人人自危。

这样悲惨的故事说不完。这不是荒唐的笑话,而是浸透了鲜血的真实历史。但愿这样疯狂的时代,不要重新降临人间才好!

你应该具备的

保卫台湾的血泪史

1895 年 6 月 1 日，一艘外国商船鬼鬼祟祟驶进了台湾岛的基隆港。船上空空荡荡的，没有货物，也没有乘客，只有一群拖辫子的清朝官员，面色阴沉地不知在窃窃议论什么事情。这是以李鸿章的儿子李经方为首的清朝代表团。他们不敢登上港岸，却爬上一艘早就等候在那里的日本军舰，和日本新任的台湾总督桦山资纪见面，办理移交台湾的手续。签了字，灰溜溜就像丧家犬似的，夹着尾巴转身就走了。

啊，腐败的清朝政府的一张纸，就这样出卖了宝岛台湾。

台湾岛上沸腾了，掀起了轰轰烈烈的反割台运动。早在听说朝廷签订了《马关条约》，准备割让台湾的时候，全岛就闹开了，纷纷罢市请愿，向远在北京的光绪皇帝请求，不要抛开岛上的子民不管。大街上贴出了标语："与其生为降虏，不如死为义民"，"愿人人战死而失台，决不拱手而让台"。全岛城镇乡村也张贴出一份义正词严的《台湾人民抗战檄文》，开头就说："痛哉！吾台民，从此不得为大清国之民也！"把矛头指向"贼臣李鸿章"，恨死了以他为首的出卖台湾的投降派。义民首领丘逢甲，一位书院的教师，悲愤地在一首诗里写道："四百万人同一哭。"沉痛万分地表现出台湾人民不愿意离开祖国母亲的心愿。

眼泪不能改变命运。眼看大局已经无法扭转了，岛上各族人民干脆举起一面和祖国母土黄龙旗相似的黄虎旗，拥护暂时还没有跑的台湾巡抚唐景崧做首领，发动全岛起义，抗击日本侵略者。一时间，到处都布满了抗日义军，较大的就有七八支。各路义军公推当年在越南抗法，后来被清朝政府收编，驻防在台南的黑旗军统帅刘永福为首领，一致抗击敌人。此外，由丘逢甲带领的义民武装，徐骧、吴汤兴、姜绍祖 3 个秀才领导的民团，也斗志昂扬。只有一些软骨头官员，被吓得卷起铺盖就跑，丢下老百姓，一溜烟逃回大陆。要不，就当了汉奸。唐景崧本来就是两面派，犹豫了一下也脚板底下抹油逃跑了。

1895 年 5 月 27 日，农历端午节的第二天，李经方还没有签订出卖台湾的《交接台湾文据》，日本鬼子就等不及了，由当时明治天皇的皇叔担任指挥官，带领最精锐的近卫师团，趾高气扬地首先在台湾东北海岸的三貂角登陆，满以为可以长驱直入，一下子就开进台湾首府台北，占领整个台湾了。

他们打错了算盘,肮脏的脚刚刚踏上岸,就遭遇了当地守军和民团的激烈抵抗。日本侵略者这才发现,台湾岛并不是那样容易一口吞进肚里的。面对四面八方的义军,敌人不得不一再增加兵力,沿着大路向一座座义军守卫的大小城镇扑来。沿途烧杀奸淫,无恶不作。

台北县宝石庄就是一个例子。野兽一样的日本兵杀光了全村的青壮年,烧毁了整个村子,把所有的老弱妇孺统统赶到海边,命令他们站成一排,骑着马、挥起战刀,把这些手无寸铁的人当做靶子一样练习砍桩。一个妇女眼看鬼子纵马冲来,吓得昏倒在地,敌人的马蹄就踏在她的张大的嘴巴里,一股鲜血顿时喷射出来。在这场惨绝人寰的屠杀中,只有一个半大的孩子,躲在一个被削掉了半个脑袋的老人尸体下面,才侥幸拣了一条命。

敌人占领台北后,下一个目标是通往台湾中南部的咽喉新竹。在那里先后和丘逢甲、徐骧的队伍打过两仗。

丘逢甲原本支持唐景崧抗日,听说唐景崧也溜了,感到非常气愤,便带领着一帮临时组织起来的老百姓,开到新竹附近阻击日军主力部队。别说他们没有经过军事训练,有的连枪也不会放,却整整和武装到牙齿的敌人激战了20多天。直到打得只剩下丘逢甲一个人,才冒险突围冲出来。这个教书先生绝望了,只好大哭一场,漂过海峡回到福建泉州老家。

接着上阵的是徐骧和吴汤兴。他们打听到日军兵分两路杀来,就各自带领民团把住两条路口,打了一个埋伏,打死了许多敌人。一股日军被紧紧包围住,眼看就要被全部歼灭,想不到附近的清军将领余清盛竟无耻地给他们送来粮食和饮水,又网开一面,放他们逃回台北。这些日军回去后,就"知恩图报"呈请上级批准,"礼送"解除了武装的余清盛部队乘船回国作为报答。

新竹保卫战打了一个多月,黑旗军赶来了,和义军一起,在大甲溪打了一个大胜仗。接下来是彰化保卫战、嘉义保卫战,一次次战斗给予敌人沉重的打击。可惜吴汤兴和许多黑旗军将领也不幸牺牲了。

战斗需要补给,但是弹药越来越少,几乎没有办法维持下去了。刘永福只好派人冒险渡过海峡,向国内各方求援。想不到朝廷早就下了封锁海峡、不准接济台湾抗日义军的命令,谁也不敢派出一兵一卒、送来一枪一弹,反而说风凉话,说什么让刘永福自己想办法恢复台湾,做郑成功第二。要不就做田横第二,不成功就成仁。还有人说,没有子弹就学"草船借箭",从敌人那儿取吧。

使者流着眼泪回来。刘永福明白,现在再也不能指望谁,一切只有靠自己了。

战斗还在一刀一枪厮杀,土地还在一尺一寸丢失,战士一个接一个倒下去。义军打得只剩徐骧手下的20多个人了,后来就地招募了几百高山族战士,才勉强恢复了一丁点儿元气。刘永福从大陆带来的两个黑旗老营,也只剩下一小半,保卫宝岛台湾全靠他们了。

这时候,日军又从国内调来一个生力旅团,组织了 4 万多人,发动了对台南的猛烈进攻,双方在曾文溪展开最后的决战。

义军一颗子弹也没有了,手里的空枪筒还有什么用? 徐骧叹息说:"如果还有一千发子弹,我们也能支持下去呀!"现在什么都没有了,他只好悲愤呼喊:"大丈夫为国捐躯,死而无憾!"最后,手握一把战刀迎着敌人冲上去,在奋力肉搏中光荣殉国。

好一个凛凛正气的爱国书生,我们永远不会忘记他!

刘永福被敌人团团包围住,再也没有办法守住台南了,仰望苍天高呼:"内地诸公误我,我误台民!"深深叹了一口气,不得不带领最后 300 多英雄将士,挥泪渡海回到厦门。

好一个忠义无双的将军,我们敬佩他。他被迫撤退回来,我们理解他。

保卫台湾的战斗坚持了 4 个多月,歼灭了包括一个日本亲王师团长、一个旅团长,共计 4600 多敌人,打伤 32000 多人。在中国近代史中,可以算是战果辉煌。这场战争就这样无比悲壮地结束了,可爱的宝岛就这样沦陷了,空留下许多可歌可泣的的故事。可是台湾人民的心,却始终向往着祖国母亲。

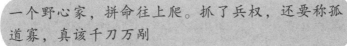
袁世凯的皇帝梦

武昌起义成功了，清王朝怎么办？

刚上台不久的宣统皇帝是一个毛孩子，什么事情都由摄政王载沣代办。载沣慌了，连忙派一个满洲贵族，带领新式训练的北洋兵去镇压。

谁知，这些北洋兵是军阀头子袁世凯一手操练出来的。袁世凯靠出卖戊戌维新和镇压义和团爬了上来，又练了这支军队，权力越来越大。载沣对他不放心，找一个借口把他赶回了老家。

帝国主义担心革命对他们没有好处，就鼓吹只有袁世凯才能挽救眼前的形势。载沣没有办法，只好再请袁世凯出山，当湖广总督，到前线去打仗。

袁世凯才不是吃素的呢！

他逼着载沣解散了由清一色的贵族组成的皇家卫队，由自己当内阁总理大臣。再一脚把载沣也踢开，自己掌握了所有的大权，这才开始行动。

他一面命令手下的北洋兵攻占了汉口、汉阳，隔着江炮轰武昌城内的都督府，吓得黎元洪慌里慌张逃走，一面又请英国公使出面，提出南北议和的建议。

双方在上海开始了谈判。谈判的时候，英、美、法、德、俄、日六国驻上海的领事一起出面，威胁南方革命党必须接受和平建议。要不，他们就要出兵干涉了。

有的革命党人动摇了，把希望寄托在袁世凯身上，混在革命党内的投机分子趁机大叫大嚷，要拥护袁世凯当总统，赶走孙中山。孙中山没有办法，只好说："如果清朝皇帝退了位，袁世凯真心赞成共和，我就辞职，请大家选他当大总统。"

袁世凯要听的就是这句话。

他立刻掉转身子，板着面孔逼宣统皇帝退位，并答应这个末代皇帝保留皇帝的称号，还住在皇宫，每年领 400 万银元过日子。照管小皇帝的太后眼看大势已去，只好低头答应了。

1912 年 2 月 12 日,末代小皇帝宣布退位了。

这一天,统治中国 268 年的清朝被推翻了,两千多年的封建帝王统治的制度也跟着结束了。大家都很高兴,以为从此就可以过没有专制皇帝管着的自由自在的日子了。

天真的人们高兴得太早了,做梦也没有想到,这个满口念着"共和"、逼着清朝末代皇帝退位的袁世凯,自己心里就想做皇帝呢!只不过时机还不成熟,眼前还不能说出真心话。

袁世凯伸手要当大总统,孙中山只好辞职,把总统的宝座让给他。可是,孙中山对这个野心家很不放心,提出三个条件要袁世凯答应:

临时政府必须设在南京;

新总统必须到南京宣誓上任;

新总统必须遵守临时政府定的约法。

南京是革命党人的大本营,袁世凯的老家在北方,他怎么会愿意呢?这只狡猾的老狐狸假装答应了,悄悄叫自己的部下在北京闹事,皱着眉头说:"北京闹得很厉害,我不能离开啊!"逼着革命党人再让步,把临时政府搬到北京去。孙中山辛辛苦苦领导的辛亥革命得到的胜利果实,就这样被这个可恶的野心家抢走了。

孙中山再也不能忍受了,于是联合一些革命党人,在南方各省宣布独立,发动打倒袁世凯的二次革命。可惜他们准备得不够,打不过袁世凯,不到两个月就失败了。孙中山只好又逃亡到国外,袁世凯把手一直伸到了南方,更加得意了。

这时候,第一次世界大战爆发了。日本借口对德宣战,派兵强占了德国租借的青岛和胶济铁路沿途的地方,抢占了中国的山东省。

日本帝国主义觉得还不满足,干脆提出"二十一条",要袁世凯签字答应。

二十一条包括:

第一条,承认日本继承德国在山东的特殊权利。

第二条,承认日本在东北南部、蒙古东部有特殊权利。可以租借土地,修铁路,挖矿山。

第三条,长江中游最重要的冶炼钢铁的汉冶萍公司改为中日合办,附近的矿山不准让给别的国家。

第四条,中国沿海的港湾、海岛,除了日本,不准让给别的国家。

第五条,中国必须请日本人当政治、经济、军事顾问,警察和兵工厂必须和日本合办。

够了,把二十一条都写完,看着会把肚皮气破。这明明是亡国条约,怎么能答应呢？

　　日本气势汹汹，一面威吓他，一面许诺只要他签字，就支持他当皇帝，限他48小时内必须答复。

　　袁世凯慌了，除了第五条还要商量，其他统统答应下来，甘心情愿做日本帝国主义的走狗。消息传出来，全国老百姓都气坏了，到处游行示威，打砸日本商店。和日本谈判的驻日公使陆宗舆和外交次长曹汝霖，变成过街老鼠，人人喊打，愤怒的老百姓要求处死这两个卖国贼。由于全国老百姓激烈反对，日本的二十一条才没有兑现。

　　可是，袁世凯并没有消除想当皇帝的野心。他瞧见有外国支持，就放开胆子大干起来。他一面让几个从美国、日本来的洋人吹鼓手，写文章胡说什么"中国人的智能低劣"，不能搞民主，应该恢复君主制，一面又让手下人和一些无耻政客组织"筹安会"和"请愿团"，要求他出来当皇帝。这个野心家扭扭捏捏装了一下推让的样子，最后终于接受"推戴"，披了黄袍，当起皇帝了。

　　他宣布，取消民国年号，把1916年改为"中华帝国洪宪元年"，大封文武百官，想建立一个袁记新王朝。

　　袁世凯这样干，激起了全国的公愤。

　　流亡在日本的孙中山立刻发表了《讨袁宣言》，号召发动革命，打倒这个野心家。原来拥护他的梁启超，也看清了他的真面目，写文章反对他。

　　住在北京的云南爱国将领蔡锷，躲过了袁世凯的监视，悄悄逃回昆明，和云南都督唐继尧联合起来，宣布云南独立，组织护国军，起兵讨伐袁世凯。

　　护国军从云南北伐，接连打了几场胜仗。许多地方也纷纷响应，宣布独立，参加反对袁世凯的斗争。他手下的一些北洋将领眼看大势不好，也不愿再跟他一道走了。袁世凯这才明白想当皇帝是不行的，只好宣布下台。他只当了83天皇帝，结果在万民的唾骂声中，恼羞成病，结束了生命。

星星之火

蒋介石得了势，想独霸全国。别的军阀可不依他，又发生了一场新军阀大战。

这伙军阀和旧军阀有些不一样。尽管干的都是同样的勾当，嘴里却喊着"国民革命"的词句，互相钩心斗角，争夺霸主的地位。打过来，打过去。别的军阀经不住蒋介石又打又拉，花钱收买他们部下的办法，一个个被他打败了，让他在南京坐稳了江山。

他上了台，怎么干？

蛮不讲理的军阀们接连不断打了许多年的仗，帝国主义照样骑在中国人的脖子上，老百姓非常痛苦，希望能够过上好日子。

老百姓的要求很简单，还是要求"民主"和"科学"，盼着"德先生"和"赛先生"早一天到来。

蒋介石要当独裁者，才不喜欢"德先生"呢！他正忙着给自己捞好处，也没有心思发展科学迎接"赛先生"，和老百姓想的根本不一样。

他皱着眉头说，要民主，没有那么简单。现在刚和别的军阀打完仗，结束了"军政"时期。老百姓没有知识，需要由他好好"训练"一下，再过一个"训政"时期再说。这个"训政"时期到底有多长，他没有说清楚，却按照他自己的主意，板着面孔训起别人来了。

他宣布，由他控制的国民党代表大会代替国民大会，实行国民党一党专政。

他宣布，全国实行保甲法。不管老百姓做什么事情，都被狗腿子保长、甲长监视得紧紧的，别想乱说乱动。

他成立了"军统"和"中统"两个特务机关，瞧谁不顺眼就抓起来。下命令大抓共产党，再也不提实行孙中山的"联俄、联共、扶助农工"三大政策了。

黑暗笼罩了大地，无数革命者被关进监牢，甚至被推上刑场。

在恐怖的黑暗里，坚强的革命者没有低头后退。一个名叫夏明翰的共产党员，在走上刑场快要牺牲的时候，写了一首诗，表示他坚决斗争，对胜利充满了信心。

砍头不要紧，

只要主义真。

杀了夏明翰，

还有后来人。

在这茫茫黑夜里，革命者该怎么办？

1927 年 8 月 7 日，中共中央在武汉召开了紧急会议，批判了陈独秀处处对国民党退让的错误，明确了要用革命的武装来对付反革命的武装。只有走这条正确的道路，才能掀起新的革命高潮。

召开这个会议的前几天，一些革命者已经动起手来。

这时候，反革命的气焰非常嚣张，只有驻守在江西北部的第四军里还有一些部队在革命者的手里。敌人非常注意，已经调兵围了上来。第四军军长张发奎也提出来，共产党员要么退出他的军队，要么就退出共产党。

情况非常紧急，再不当机立断，革命者就要吃大亏。中共中央看清形势，决定成立以周恩来为首的前敌委员会，立刻在当地起义。

8 月 1 日，周恩来、贺龙、叶挺、朱德、刘伯承，带领 2 万多战士，在南昌举起起义大旗。只用了 4 个多小时，就占领了这座赣江边的古城。从这一天起，中国无产阶级有了自己的革命军队，可以用革命的武装对付反革命武装，推翻蒋介石的独裁统治，争取建立自己的人民政权了。这一天很有意义，所以后来就把 8 月 1 日定为建军节。

八一南昌起义胜利了，下一步该怎么办？

南昌的枪声，把敌人吓了一跳。他们恨得咬牙切齿，连忙从四面八方扑了上来，想一下子扑灭这股火焰。起义部队继续留在南昌，已没有太大的意义，于是按原计划迅速向南撤退到广东去。那里的老百姓曾受到革命的熏陶，懂得革命的道理，又紧靠着大海，可以通往广阔的世界。在那里建立革命根据地，依靠共产国际从海上运来军火，重新开始北伐战争，没准儿会取得胜利。

这个想法很不错，可惜一路上都在打仗，加上天气太热了，伤亡和生病的战士很多。到了广东，遇着一支人数很多的国民党军队，狠狠打了一仗，队伍被打散了。一些人冲出去和当地的农民武装会合在一起。另一些在朱德、陈毅带领下，开到湖南南部去打游击，继续打击敌人。

这时候，湖南也爆发了一场轰轰烈烈的起义。

开了八七会议以后，毛泽东回到湖南去，组织了秋收起义。当时，提出两项非常重要的主张。

枪杆子里面出政权！

没收大地主的土地，分给农民！

这两个主张多好啊！

对敌人讲和让步不是办法。只有有了自己的革命军队，成立人民自己的政权，老百姓才能当家做主人。

只靠革命者自己干，也不是办法。只有发动群众，让农民分到土地，他们才能积极支持革命，取得最后的胜利。

秋收起义的声势非常浩大，把敌人一下子打懵了。扛着刀枪棍棒的农民们尝到胜利的甜头，兴高采烈地朝长沙开去，想占领这座全省最大的城市，可惜他们没有经验，一心一意只想攻打大城市，城里的敌人军队很多，农民们最后吃了亏败退下来。

毛泽东立刻叫大家退到浏阳县的一个小镇集合，开到敌人力量薄弱的山里去，建立农村革命根据地。先在农村牢牢站住脚，以后再打进城去，夺取最后的胜利。

毛泽东提出了一个非常重要的主张，给革命指明了方向。

农村包围城市！

有了这个办法，就不用忙着拼命攻打大城市，白白牺牲许多人了。广阔的农村是汪洋大海，城市是散布在这个大海里的一座座孤岛。把农民发动起来，在农村里掀起了革命风暴，有什么城市堡垒可以抵挡得住呢？

毛泽东看清楚了，这是一条正确的革命道路，于是带领队伍大踏步地走向高高耸立在千山万岭中的井冈山。

队伍先在一个叫三湾的地方改编，把有觉悟的共产党员分到每一个连队和班里，这样就可以带领战士坚决战斗了。

这是革命的队伍，人人都平等，谁也别想再像军阀一样打骂士兵，还成立了士兵委员会，士兵可以监督干部，队伍更加团结了。大家跟着毛泽东，高高兴兴上了井冈山。

不久，朱德和陈毅带领另一支队伍来了，两支队伍胜利会师，成立了中国工农红军第四军。后来彭德怀也带了一支队伍上山，力量更大了。敌人来了，被山上的红军战士打得头破血流，井冈山成为真正的攻不破的革命堡垒。

毛泽东高兴地说："星星之火，可以燎原。"

他亲手在井冈山上点燃的小火星，照亮了漫漫黑夜，很快就要成为熊熊烈火，燃遍中国大地了。

二万五千里长征

井冈山的革命烈火越来越旺，周围的穷苦老百姓都盼望着红军，也想打地主、分田地，象井冈山那样干起来。

这是发展革命的好机会，在党的领导下，到 1930 年底，全国已建立了十余块革命根据地，红军发展到 10 万人。

蒋介石再也坐不住了，立刻调了 10 万大兵，急急忙忙赶来"围剿"。这伙蠢头蠢脑的敌人，没有把红军放在心上，耀武扬威开过来，只顾往里硬闯，中了毛泽东和朱德"撒开两手，诱敌深入"的计策，被红军团团包围，打了一个大败仗，前线总指挥张辉瓒也被活捉了。

蒋介石气坏了，又接连派兵来打红军。

第二次"围剿"，派兵 20 万。

第三次"围剿"，派兵 30 万。

第四次"围剿"，派兵 50 万。

他做梦也没有想到，派了这样多的兵，加上他亲自出马也不管用，还是打不过红军，一次又一次败下阵来。

最后，他横了心，调了 100 万大军，200 架飞机，请了德国法西斯军事顾问出主意，修了坚固的防线，把中央苏区团团围住，稳住阵脚一步步向前推进，想把红军挤在最后一小片地方上，一下子全部消灭光。真是毒辣极了！

凶狠的敌人比红军多得多，该怎么办？

依毛泽东的办法，应该跳出敌人的包围圈子，转到背后去，瞅准了敌人的软肚皮狠狠打，不能让敌人牵着鼻子转。从第一次反"围剿"到第四次反"围剿"，就是用这种办法打赢的。

可是，现在却不行了。这时候的负责人博古，不听毛泽东的正确意见，他不懂打仗，只听共产国际派来的李德的话。

李德虽然参加过第一次世界大战，有一些打仗的经验，可是他刚到中国不久，不懂得中国的革命战争和他见过的欧洲战场有很大的不同，什么都按自己的老经验办事。

敌人人多武器强，应该用毛泽东的办法，和敌人绕着圈子打运动战才对。他却提出一条条响当当的错误口号：

"把敌人挡在大门外面！"

"不放弃根据地一寸土地！"

这些口号听起来似乎很有道理，用起来就出毛病了。

敌人从四面八方打来，不想办法冲出去，反而分兵把守，挖了战壕死守硬拼。原来不想打烂家里的坛坛罐罐，拼到最后却打烂了更多的坛坛罐罐，还牺牲了许多人，真不上算。

更加危险的是，如果再这样被敌人牵着鼻子打下去，剩下的红军真的会被打光，让敌人扑灭革命的火种，那就糟糕啦！

这场仗打得很凶，打得很久，中央苏区剩下的地方越来越少，再不冲出去，不行了。

1934 年 10 月，当时的中共中央领导人终于下了决心，应该暂时离开这里突围出去。

突围计划是这样的：

红军主力部队保护着后方机关，一共有 86000 多人，向西边冲出去，到湖南省西部去，和贺龙领导的红军第二军团、任弼时领导的第六军团会合，开辟新的革命根据地。只留下项英和陈毅，带领一些人留在根据地打游击。

长征，就这样开始了。

往前走，很困难啊！队伍带的东西太多，还搬着一些笨重的印刷机和军工机器，8 万多人挤在一起，走得很慢。前面横着滚滚的湘江，敌人在那里布好了阵，等待着红军到来。

如果按毛泽东的办法，早把这些坛坛罐罐扔掉，趁敌人还没有布好阵，从缝隙里钻出去，就可以自由自在往前走啦。可是当时的领导人不这样办，错过了时机，被敌人堵在湘江边。红军战士非常勇敢，一点儿也不害怕敌人的飞机、大炮，更没有把湘江放在眼里。往前冲啊，冲啊，一口气冲破了敌人的四道防线，终于冲过了湘江。可是红军牺牲也很多，过了江，只剩下 3 万多人了。蒋介石眼见红军冲出重围，又派了几十万大军前堵后追，红军的形势非常危急，博古和李德不肯改变主张，还想带着队伍朝原来计划的目的地冲去。

毛泽东一看，再这样下去不行呀！突了围，怎么能向敌人多的地方冲？应该赶快转一个弯，开到敌人少的贵州省去。大家赞成这个意见，周恩来立刻在一个叫黎平的地方召开一个会议，肯定毛泽东的主张，红军立刻改变了前进的方向，躲过了一场危险。

红军打到贵州去，使那里的敌人吃了一惊。这些一只手拿烟枪，一只手拿步枪的大烟兵，怎能抵挡得住英勇的红军？红军很快就跨过了比湘江更险要的乌江,打到遵义,甩开了背后的敌人,在这儿好好休整了 12 天。

有了这宝贵的 12 天,可以坐下来,认真总结一下经验和教训了。中共中央政治局在遵义的一幢小楼里,开了一个非常重要的扩大会议。

大家批评了博古和李德的错误,增选毛泽东为政治局常委,由张闻天代替博古全面负责。

大家都赞成毛泽东打仗的方法,选举他和周恩来、王稼祥 3 个人管军事。在这个危险关头,有毛泽东带兵,胜利就有希望了。

毛泽东带兵,和博古、李德不一样,一点也不死板。一会儿朝东、一会儿朝西,四次渡过赤水河,转身又渡过乌江,像神通广大的齐天大圣孙悟空一样,在敌人中间穿插,把他们弄得晕头转向,不知道红军到底要开到哪儿去。毛泽东这才瞅着一个空子,带领红军渡过金沙江开向北方。

前面是高高的大、小凉山,住着彝族同胞。他们非常惊奇地瞧着这支打着红旗的军队,和从前见过的汉族军阀部队大不相同,不欺侮老百姓,非常尊重少数民族的风俗习惯。部落头领小叶丹,高高兴兴和红军将领刘伯承一起喝了血酒,结拜为兄弟,帮助红军顺顺利利过了这道险恶的大山。

再往前走,队伍被湍急的大渡河挡住了去路。

大渡河翻滚着、咆哮着,从山里流出来。两边是又高又陡的悬崖绝壁,想翻也翻不过去。红军只能沿着河边的小路往前走,寻找过河的地方。从前,太平天国翼王石达开的队伍就是在这里过不了河,被清军全部消灭。蒋介石高兴了,认为这是一个好兆头,也想在这里消灭红军。办法很简单,只消牢牢把守住各个渡口,不让红军过河就得啦。

他的算盘打错了。做梦也没有想到,红军不是石达开,大渡河天险也挡不住他们前进的脚步。

奔腾在高山峡谷里的大渡河,有两个重要的渡口。一个是安顺场,一个是泸定。安顺场是从前石达开部队全军覆没的地方,泸定只有一道摇摇晃晃的铁索桥连接着两岸,全都易守难攻。国民党的防守军队认为,这是两个老虎口,红军插翅也别想飞过来。

谁知,17 位红军勇士竟在敌人的眼皮下面强渡过河,撑着小船,渡过来一支部队。大队人马赶到泸定桥头,敌人收了桥上的木板,只剩下几根在风里摇晃的光溜溜的铁索。22 名红军勇士冒着对岸敌人的炮火,紧紧抓住铁索,一步步爬了过来,占领了这座铁索桥,把敌人打得大败,全体红军都过了河。

红军接着往前走,翻过空气稀薄的大雪山,走过到处都是泥潭的草地。肚子饿了没有吃的,就拔野草、煮皮带吃,口渴了,没有水喝,就抓一把雪吞下去,终于走出了危险的无人区,在四川省西北部,和从大巴山开来的红四方面军会师了。

红四方面军在野心家张国焘的带领下,想掉转头往南边走回头路,结果没有成功,只好再转身朝北走,在路上和贺龙带领的红二方面军会师,最后终于又和毛泽东带领的红一方面军在陕北根据地会合,结束了伟大的长征。

　　算一下他们走过的路,总共有二万五千里,真了不起啊!

　　红军经过长征,走上了北方的抗日前线,中国历史又要翻开新的一页了。

抬着迫击炮，拿起红缨枪，游击战争打一场

在敌人后方

中国共产党是抗日的先锋队。面对凶恶的日本强盗，中国共产党提出停止内战、枪口对外的主张，积极推动，建立抗日民族统一战线，国民党和共产党又重新联合起来了。

为了团结抗日，共产党领导的工农红军改编成国民革命军第八路军。后来，南方的游击队也改编成新编第四军，在敌人后方狠狠打击日本鬼子。

八路军刚成立，就渡过黄河，开上前线。正当日本鬼子占领上海不久，就在山西省北部的平型关，和敌人遇上了。

平型关是内长城的一道重要关口。北有北岳恒山，南靠五台山，形势非常险要，是兵家必争的地方。敌人瞄准了这儿，派最精锐的板垣师团来进攻。

哇啦、哇啦，鬼子来啦！来的有一个旅团，坐着100多辆汽车，带着200多辆载有辎重的大车，拖着大炮，神气活现进山了。占领东北，放第一枪，有他们，进攻华北，攻打万里长城，也有他们。这是一支罪恶滔天的强盗兵，中国人民就要和他们算总账了。

俗话说："不是不报，时候不到。"他们到处为非作歹，逍遥很久了。1937年9月25日，宣判他们死刑的日子到了。

他们做梦也没有想到，早就有一双双锐利的眼睛，藏在山石后面，严密监视他们的行动了。开上前线的八路军第一一五师，早就在平型关外的一道狭窄的山沟，布好了口袋阵。

指挥部一声令下，埋伏在山上的战士一下子开了火。迫击炮、机枪和手榴弹，把敌人打得晕头转向。一长串着了火的汽车和大车，再也爬不动了，像死蛇似的躺在沟里。车上的鬼子乱窜乱跑，乱成了一团。

敌人慌了，缩成好几堆，想冒着八路军的刺刀和子弹，冲上山头去，被打得连滚带爬败退下来。想扭转屁股拼命突围逃回去，也被死死堵住，走不了一步。

躲在后方的司令官板垣征四郎气得七窍冒烟，连忙派援兵去解救，派飞机去轰炸。

6架日本飞机飞到打仗的地方，飞行员伸长了脖子往下一看，只见八路军和鬼子打成一团，想丢炸弹，也没有地方丢，只好转悠了几个圈子，灰溜溜地飞回去了。

171

敌人的援兵赶上来,被埋伏在外面的八路军挡住,也没有办法帮助被包围的强盗伙伴,只好眼睁睁看着他们被八路军全部消灭掉。

这一仗,打死了1000多个鬼子,缴获了许多汽车和军火,是抗日战争的第一个大胜仗。

平型关大捷的消息传遍全国,所有的中国人都高兴得跳了起来。日本鬼子没啥了不起,只要挺起胸膛和他们干,一定可以打败他们。

敌人大吹大擂的"皇军不可战胜"的神话破灭了。往后,还有他们的苦头吃呢!

汉奸、卖国贼宣传的"中国武器不如日本,抗战必亡"的谬论也破产了。

不久,毛泽东发表了《论持久战》一文,非常有远见地指出了抗日战争有三个阶段。

第一阶段,敌人进攻,我们防守。

第二阶段,敌我双方相持。

第三阶段,我们反攻,敌人失败。

仗刚打起来,怕什么!最后胜利必定是中国人民的。

为了打击敌人,准备反攻,八路军和新四军勇敢地开到敌人后方,建立了许多抗日根据地。在高高的山冈上,在密密的森林中,在茫茫的芦花荡里,神出鬼没地打日本鬼子。打得他们鬼哭狼嚎,这才知道八路军和新四军的厉害。

敌人仗着他们有飞机,八路军又不能上天打仗。

别急,飞机也有下地"睡觉休息"的时候。八路军趁着夜色,偷袭阳明堡飞机场,一下子炸掉了22架欠下累累血债的敌机,看这伙飞贼还敢不敢神气。

敌人仗着他的武器好,要开进山来找八路军算账。让他们来吧!八路军设下埋伏,不费吹灰之力,就打死了号称"名将之花"的阿部规秀中将,叫他们去痛哭流涕吧!

敌人在山里吃了苦头,心里想,换个地方再打吧!仗着坦克、大炮在大平原上怎么也会占便宜。放枪放炮猛轰一阵,冲进村子想抓八路军。

谁知,八路军和老百姓很会动脑筋。在村口、村里,到处埋了地雷。家家户户都挖了地道,躲在敌人看不见、摸不着的地方,到处放冷枪。一枪撂倒一个,一个地雷炸死一大片。打得鬼子嗷嗷叫,只好夹着尾巴逃跑了。

敌人气急败坏,调了许多兵,实行毒辣的"三光政策",要用"铁壁合围"和制造"无人区"的办法,把八路军的一个个抗日根据地全部消灭掉。

成千上万无辜的老百姓,被毒气、刺刀和罪恶的子弹夺去了生命,无数和平的村庄被烧成了一片废墟,许多根据地浸泡在血泊里。可是,这吓不倒八路军和老百姓,他们依旧咬紧牙关坚持斗争,敌人还是不能达到消灭抗日根据地的目的。

　　1940 年，日本眼看"速战速决"的计划破产了，陷在战争的泥淖里没法脱身，就改变了一个办法。对国民党边打边拉，想引诱蒋介石投降，而对共产党领导的敌后抗日根据地紧紧封锁、不停进攻，想彻底扼杀这支最叫他们头疼的抗日力量。

　　为了打破敌人的"囚笼"，砰、砰、砰，叭、叭、叭，四面八方响起了枪炮声。日本鬼子做梦也没有想到，有这么多"八路"，从他们的眼皮底下钻出来，朝着他们的肚皮猛攻猛打。

　　自古道，水来土掩，兵来将挡。八路军杀来了，应该派兵去抵挡。可是，桥被炸断了，铁路被拆了钢轨，公路被挖得乱七八糟，怎么运兵去援救呢？再说，八路军来得这么多，到处都在冒烟。救得了北边，救不了南边，鬼子司令部里，哪有这样多的兵可以派出去呀！

　　这一仗，叫做"百团大战"，打了三个半月，把敌人打得心惊胆战，鬼子司令急得团团转。敌人精心布置的"囚笼"被彻底打碎了，还被歼灭 1.5 万多人，疼得嗷嗷叫。

　　"百团大战"的胜利，证明了毛泽东《论等久战》的英明预见。做好准备的中国军队一反攻，鬼子就招架不住了。全国老百姓都相信，这场战争中国一定会打赢。

日本投降啦

抗日战争打到 1944 年,胜利的曙光已经出现了。

毛泽东在《论持久战》里早就说过,这场战争的第三阶段,是中国反攻,日本后退,中国取得最后胜利的时候。

现在回头看这段话,多么英明正确啊!

其实,早在日本强盗得意洋洋的时候,就种下了它失败的种子。

国民党军队不停地后退,日本鬼子不停前进。八路军和新四军不停在后面打,收复了许多地方,敌后根据地越来越多、越来越大了。中国军队捏紧了拳头,做好了大反攻的准备。

猖狂的日本强盗在中国占了便宜,又伸出拳头到处东打西打。1941 年 12 月,日本偷袭珍珠港,和美国打了起来,又占了东南亚的大片地方,和更多的国家开仗,还勾结它的德国、意大利法西斯伙伴,妄想瓜分全世界。

这一来,就不仅是中国和日本两个国家打仗了,变成声势浩大的第二次世界大战。中国有一句老话说:"得道多助,失道寡助。"德、意、日 3 个法西斯强盗干尽了坏事,引起全世界的公愤。大家都起来干,法西斯强盗就没有好日子过了。

不久,德国法西斯在斯大林格勒吃了一个大败仗,从此走了下坡路。

日本法西斯也在太平洋吃了大败仗,再也威风不起来了。

现在它的想法是,赶快结束在中国的战争,从泥淖里抽出腿,专心到太平洋上抵挡美国的进攻。

为了达到目的,它拼凑出最后的老本,朝蒋介石的军队狠狠打。从 1944 年 6 月开始,仅仅几个月,就一口气攻破了长沙、衡阳、桂林、柳州和南宁,打得国民党军队丢盔弃甲,一股劲儿往后跑。

打通了这条陆上走廊,就可以连接印度支那战场,再也不怕美国海军和空军掐断它的海上运输线了,真是一举两得。

当它打到广西,忽然转了一个弯,直朝贵州冲来,只用很少的兵,就占领了贵州省东南部重镇独山,想用武力威胁蒋介石投降。

日本从后门打进来,贵阳震动了,重庆也乱成一团。蒋介石开始考虑,是不是要马上再搬一次家,免得被日本鬼子抓住做俘虏。

可是,日本表面样子虽然很厉害,却再也没有力量接着打下去了。

太阳快落坡了,这只是它临死前的回光返照,马上就要完蛋啦!

大反攻开始了。

向日本强盗算总账的时候到了。

正当日本在正面战场朝国民党军队狠打的时候,八路军和新四军在敌人后方发动了声势浩大的反攻,收复了8万多平方千米的国土,打死、打伤20多万敌人,自己也壮大了起来。

这时候,美国已经打到了日本的家门口,把它炸得稀巴烂,又在广岛、长崎扔了两颗威力强大的原子弹,警告日本,如果再不投降,就会遭到毁灭性的打击。

苏联红军攻克了柏林,和盟军一起打垮了德国法西斯,也掉过头来打日本,一下子就解放了中国的东北。

日本已经没有路走了,只好低下头,乖乖地无条件投降。

人们啊,请记住这几个有历史意义的日子。

1945年8月15日,日本天皇哭丧着脸,宣布无条件投降。

9月2日,日本政府重光葵外相、梅津美治郎总参谋长,爬上停泊在东京湾的美国军舰密苏里号上,签了投降协定,正式向中国和其他盟国投降。

接着,日本强盗又在中国境内举手投降,交出了杀人武器,滚出了中国的土地。被日本强盗霸占了半个世纪的台湾,也回到了祖国的怀抱。

谁说中国打不过日本?

谁说3个月日本就会灭亡中国?

正义总会战胜强权! 这就是抗日战争得出的结论。

毛泽东飞到重庆谋求和平, 蒋介石却挑起了战争

战争与和平

流尽了鲜血和眼泪的八年抗战过去了,人们多么高兴啊!

全国老百姓都有一个共同的愿望:

和平!

人们忍受着痛苦,盼啊! 盼啊! 眼巴巴盼的就是这一天。和平女神,会永远留在人间吗?

真可惜啊! 她翩翩来了,又悄悄走了。留下的,依旧是挥之不去的战争的

阴影。

谁把大家盼望的和平女神赶走了？

是他，蒋介石。

日本刚无条件投降，躲在峨眉山上的蒋介石就下山了。一天之内，就一口气下了好几道命令。

叫投降的日本兵和汉奸伪军把守好占领的地方，等他派人去接收。

催他手下的兵将，赶快赶到敌人占领区，把所有的地方统统接收下来。

命令八路军、新四军留在原地，不准随便行动。

这几道命令的意思很明白，就是要独自吞掉胜利果实，没有共产党的份。不管你从前打日本有多大的功劳，也不成！

古怪的世道，古怪的事情简直说不清。

因为要他们帮忙抢占地方，许多本该坐牢的大汉奸，不但没有受惩罚，反而说他们"维持治安"有"功劳"，要不就说是"地下工作者"，一个个受到嘉奖，摇身一变，照旧做大官。

一些双手染满中国人民鲜血的日本强盗，也没有受惩罚。有的换了一身军装，当上国民党军队的"顾问"。有的干脆改编成"反共志愿军"，帮着国民党站岗放哨，甚至攻打解放区，还是那样猖狂。

危险啊！人们从空气里，又嗅出了恐怖的战争气味。

如果这一次要打，就不是打日本鬼子，是中国人打中国人了。谁先放第一枪，谁就是民族的罪人。

不消说，谁也不愿意顶这个天大的罪名。为了装扮自己，蒋介石想出一个主意，请毛泽东到重庆来商量国家大事。他想，毛泽东一定不敢来。如果毛泽东不来，破坏和平的责任就可以顺顺当当推到共产党的头上了。

为了争取团结，争取和平，为了揭露蒋介石"假和平、真内战"的阴谋，毛泽东决定亲自和周恩来、王若飞一起去。不管蒋介石多么阴险毒辣，哪怕是龙潭虎穴，也要闯一下。

这一来，蒋介石慌了。他把球踢过去，只是装一个样子，

没有想到毛泽东真来了。弄假成了真，慌得手忙脚乱。现在，球踢回到他的面前了，看他怎么办？他只好硬着头皮表示欢迎。

重庆谈判开始了。

毛泽东到了重庆，受到社会各界的热烈欢迎。他给人们带来了和平的新希望，老百姓多么盼望这次谈判能够成功啊！

这场谈判谈得很艰苦。蒋介石在谈判桌上，一声声离不了"统一军令""统一政令"。说来说去，就是要取消共产党的边区政府，把枪也交出来，什么都听他的。

这岂不是他继续搞独裁么,这样谈下去会有什么好结果? 共产党当然不答应。

蒋介石眼见在会上谈不下去,就悄悄动起拳头了。

会议开了一半,他就动手了,秘密给手下的军队下命令,攻打张家口和太行山的解放区。想不到接连打了三仗,每一仗都打输了,损兵折将吃了大亏。

战场上碰了钉子,老百姓都看清他的假和平、真内战的面目了。蒋介石没有办法,只好老老实实坐下来,不得不再说几句漂亮话,在 1945 年 10 月 10 日,和共产党的谈判代表签订了《双十协定》。宣布要"避免内战"、"政治民主"和别的主张。不管怎么说,白纸黑字写得明明白白,往下就看他怎么表演了。

老百姓的希望落空了,他改不了独裁者的本性。后来,美国假惺惺出面来调停,又签订了停战协定,召开了各党派参加的政治协商会议,传出一连串要和平的呼声。其实,他依旧要打内战。

1946 年 6 月 26 日,蒋介石做好了准备,下令对解放区进攻,打响了内战的第一枪。

战斗首先在中原解放区打响,很快就蔓延到其他地方,国民党摆出一副全面进攻的架势。

中国人民解放战争开始了。

蒋介石拿出了全部老本,宣布要用 3 个月到 6 个月消灭所有的解放区。

这个牛皮吹得很大,使人不禁回想起,当年日本强盗要 3 个月消灭中国的口号。请问他真的有这样大的本领吗?

不,吹牛皮的人总要倒霉。

这场仗,一开始就分得清清楚楚,一边是违背老百姓的愿望发动内战,一边是为了人民的利益反对独裁者的武力压迫。老百姓的心向着哪一边,不是很清楚吗?

因为没有老百姓支持,蒋介石的全面进攻失败了,一路路人马都败下阵来。

全面进攻不行,他就集中力量,改成重点进攻。挥起两个拳头,一拳猛打山东,一拳狠砸陕北。想靠这两个拳头,先把解放军的主力消灭了再说。3 个月、6 个月不行,就改口说一年消灭共产党吧!

山东这一拳,碰着了硬石头。不但没有消灭解放军的主力,反而在孟良崮赔了"王牌"部队第七十四师,真是偷鸡不成反蚀了一把米。

陕北这一拳,扑了一个空。气势汹汹杀来的胡宗南,本想消灭共产党中央机关。谁知毛泽东机智地带领中央机关撤出延安,只让他得到一座空城,没有捞到半根毫毛。重点进攻的计划,又泡了汤。

战火烧起来,就由不得蒋介石了。

一年后,解放军开始了反攻。

　　在中共中央的命令下,刘伯承、邓小平指挥的第二野战军打过黄河,一直往前冲,一直打到大别山,打进了国民党统治区。

　　谁胜、谁败,已经摆得很清楚了。

你应该具备的

刻在石头柱子上的法律

世界上没有法律可不成。如果没有法律，社会岂不会乱了套吗？那么古时候也有法律吗？有呀！有名的《汉谟拉比法典》就是最好的例子。

这件事得要从1901年底说起。那一年12月，眼看一年就要过去了，一支由法国人和伊朗人组成的一支考古队，在伊朗西南部一个名叫苏萨的古城遗址上进行发掘，挖出一根黑色玄武岩石头柱子。由于时间久远，这根椭圆形的柱子有2.25米高，底部圆周1.9米，顶部圆周1.65米，已经断成三截，可是拼起来还很完整。仔细一看，柱顶雕刻着两个人像。一个坐着，手里拿着一根短棍子。另一个人站着，双手作揖，好像在朝拜他。

这是古代波斯帝国遗留的文物吗？不是的。上面刻写的不是波斯文，而是一排排奇怪的文字。啊呀！这是远古苏美尔人的楔形文字呀。

有经验的考古学家还认出了，柱子上面坐着的人是太阳神沙马什，站着的是公元前18世纪，古巴比伦国王汉谟拉比。这根巴比伦地方的石头柱子，怎么会跑到这里来了？显然是古代波斯人征服巴比伦后，带回来的一个战利品。

瞧着这根神秘的石头柱子，人们还有些不明白，威名赫赫的汉谟拉比怎么会恭恭敬敬地站在太阳神面前？考古学家说："看了柱子上的文字就明白啦。"

这一排排整整齐齐的楔形文字，原来是一部法典。太阳神手里拿着的不是打人的棍子，而是象征权力的权杖。汉谟拉比站在他的面前，是在接受在人间司法的权力呀。仔细看完了柱子上面的文字，考古学家们才知道这是一部非常完整的法律，就把它叫做《汉谟拉比法典》。

古巴比伦王国从公元前1894年，到公元前1595年，统治着幼发拉底河和底格里斯河流域的中下游地方，大约相当于今天的伊拉克，是当时西亚最强盛的国家。它的首都巴比伦城，在今天的巴格达以南大约90千米，幼发拉底河的右岸。城内面积有1万公顷，周围有三道城墙围绕，非常雄伟壮丽。被认为是天堂下面人间最华丽的都市。号称古代七大奇观之一的巴比伦"空中花园"，就在这个城市里。可惜后来一次次被外来的敌人侵占，逐渐衰落了，终于变成了废墟。

汉谟拉比是古巴比伦王国最有名的国王，大约公元前1792年到公元前1750年期间在位。他亲自带领军队，统一了整个两河流域平原，实行中央集权统治，是这个王国最强盛的阶段。他坐朝的时候，常常要亲自审判断案，为了做得公平准确，觉得应该有一个标准才行。他就叫臣子收集资料，编出这个法典，刻在神殿面前的一根石头柱子上给大家看，作为人人都应该遵守的标准。这个刻在石头柱子上的法律，就是有名的《汉谟拉比法典》。

这部法典除了序言和结尾，总共有282条。包括诉讼手续、损害赔偿、租佃关系、债权债务、财产继承以及对奴隶的处罚等各种各样的内容。所有这一切都为了维护私有制和奴隶主阶级的利益，展现出一幅活生生的古代奴隶社会的画面，是非常珍贵的文物和研究资料。这个法典的内容真全面呀，一条条法律说得清清楚楚，表现出严密的法治精神。这在遥远的古代，很难能可贵呀。

当时除了奴隶主和奴隶，还有许多自由民。所以这部法典的很多条文，就是用来处理自由民之间的关系。说起来也许很难使人相信。处理的原则非常荒唐可笑，用的是所谓"以牙抵牙，以眼还眼"的原则。如果两个自由民打架，其中一个被打瞎了一只眼睛，怎么赔偿呢？法官大人就会判决，照样打瞎对方一只眼睛，就谁也不吃亏地扯平了。照此推理，被别人打掉牙齿，也要敲掉对方一颗牙齿才算了结。

面对这个冷冰冰的石头柱子，瞧着上面刻写的一些条文。奴隶只要损害奴隶主一丁点儿利益，就会判处残酷的死刑。奴隶主打死奴隶，却没有半点责任。现在的人们不禁会想，这实在太不公平了。这个法典反动透顶，有什么意义？

是的，这个法典对奴隶很不公平，因为它本来就是奴隶制度下面的法律呀。但是我们应该认识到，在当时的情况下，有这样一部规定严密的法典，是能够在一定程度上约束奴隶主和王公贵族们的行为。要不，他们一发脾气，由着自己的性子乱来，会给社会造成更大的危害呢。这也用法律的手段保障了社会秩序，使整个社会生活井井有条，有助于发展经济文化，使国家一天天走上正轨，一天天强盛起来，是一件好事呀。

钉在十字架上的耶稣

每年12月25日，世界上许多地方都喜气洋洋过圣诞节。孩子们也高高兴兴地竖起圣诞树，等待着白胡子圣诞老人悄悄送礼物。

你知道圣诞节是怎么一回事吗？那是耶稣诞生的日子。

在西方，每年春分月圆后第一个星期日，还要欢欢喜喜过复活节。这又是怎么一回事？这是耶稣死后第三天，出现奇迹复活的日子。

翻开日历看，上面写着公元多少年。古老的历史，还用公元前的纪年。你知道，公元纪年的办法是怎么来的吗？这也和耶稣有关系。把耶稣诞生那一年，定为公元元年，往前往后就都容易推算了。

啊，这一切都和耶稣有关联，得要把他的故事好好讲清楚。

耶稣出生在一个苦难的时代。那时候，犹太人居住的地方，被罗马帝国占领着。在罗马皇帝恺撒的残暴独裁统治下，犹太人过着牛马不如的生活，随意受人欺侮践踏。民族矛盾和阶级矛盾双重压迫，造成说不完的痛苦。多灾多难的犹太人，多么盼望有一个救世主，把他们从苦难中引带出来啊。

救世主降生了。那就是耶稣。

传说他的母亲玛利亚在耶路撒冷附近伯利恒城的一家小旅舍里生下他。他降生的夜晚，天空中飞落下一颗亮晶晶的星星，照亮了整个夜空，一直落在他降生的地方。

人们跟随着这颗星星跑，高声欢呼着："救世主降临人间了！"

眼见人群骚动，罗马统治者感到不安了，连忙派兵前往追杀，要把刚刚出生的耶稣和他的母亲一起杀死。慌乱中，圣母玛丽亚带着幼小的耶稣不得不逃亡他乡，一直逃到了埃及。

耶稣一天天长大了，后来跟随母亲回到耶路撒冷，做了一个木匠，生活在社会的底层。他在这儿和人们一起经受苦难，接触了灾难深重的人生。他开始苦苦思索，怎么才能拯救生灵，求得身心解放？

大约在30岁后，他终于悟得了道理，到处宣讲传教。他对人们说："天国将要降临了，人们应当悔改。信奉者将会得救，不信者将被定罪。"他教导人们要怀着一颗爱心，爱能宽恕一切。要爱人，也要爱仇敌。

他的宣讲好像一盏明灯，照亮了人们的心，传播出去，吸引来越来越多的信徒。大家把他奉为基督，认为他是上帝的儿子，就是上帝派遣来的救世主的意思。

他这样做，受到了罗马统治者和犹太教上层分子的嫉恨，立誓要抓住他。可是他却一点也不害怕，对大家说："他们即使杀死我，也不能阻止人们跟随上帝的愿望。那些剥削者死后不能进天堂。他们进天堂，比骆驼穿过针眼还难。"

不幸的事情发生了。他的十二个门徒中，有一个叫犹大的家伙，被三十个银币的赏金引诱，悄悄向犹太教大祭师报告。准备在逾越节的晚上，指点出谁是耶稣，彻底出卖他。

那个不幸的夜晚到了。耶稣已经知道了一切，对围坐在身边的门徒们说："你们中间有一个人要出卖我。"

大家听见后，不由大吃一惊，互相看着不知谁是那个卑鄙的叛徒。犹大吓得脸色发白，不敢吱一声。当最后的晚餐结束后，耶稣带领大家唱着圣歌，走上橄榄山，迎面遇见前来逮捕他的士兵。犹大走到耶稣面前，轻轻吻了一下他的脸颊。

耶稣平静地说："我的朋友，你在干什么？想用亲吻的暗号，出卖上帝的儿子吗？"犹大低下脑袋，不敢说一句话。

耶稣被捕了，以"谋叛罗马罪"判处死刑，钉在十字架上，眼望着世界，痛苦地死去。三天后，人们发现他的尸体奇怪地失踪了，认为他重新复活，就把这一天定为复活节。

耶稣真的就这样消亡了吗？

不，他的影响远远超出了犹太人的世界。人们把他创造的宗教叫做基督教，渐渐普及四方，成为世界三大宗教之一。

爱吧，把慈爱普及到人间。这就是他留给人类的珍贵思想。

十字军东征始末记

公元11世纪，地中海沿岸形成了两大政治和中心。一个是老牌罗马教廷和欧洲各国，另一个是新兴的伊斯兰教和西亚、北非各国。中间还夹着一个信奉东正教的拜占庭帝国，形势非常复杂。

西方和东方，大家井水不犯河水，和和气气过日子不是很好吗？

噢，不，有人却不这样想，偏要挑起矛盾，打了一场整整两个世纪的战争。

谁不这样想？挑起了一场什么战争？

想不到挑起战争的，竟是满口仁义道德的罗马教皇本人。

要发动战争总得要有理由才对。

要找理由还不容易么？由于伊斯兰教国家阻挡了陆上朝圣的道路，来自欧洲的朝圣者，只能冒着海上的风浪乘船前往耶路撒冷。正好拜占庭帝国受到东方的突厥人进攻，向罗马求救。罗马教皇就抓住这个机会，煽动基督教徒的宗教情绪，要想发动一场战争了。

1095年的秋天，罗马教皇乌尔班二世在法国的一个宗教大会上，发表了蛊惑人心的演说，号召教徒们："上帝的孩子们，东方圣地耶路撒冷被异教徒占领了，这是多么大的耻辱啊。我以上帝的名义，号召你们去收复圣地，赶快行动吧！"

他还用诱惑的口气许愿说："东方是人间的天堂，遍地流着牛奶和蜂蜜，数不清的财富，全都等待着你们从异教徒手里去索取。凡是参加这场圣战的，奴隶可以恢复自由，欠债的可以免除债务，战死者的灵魂可以直接上天堂。"

这不是街头巷尾骗子的话，而是人人尊敬的教皇大人亲口说出来的，有谁会不相信呢？

教皇为什么要鼓动这场战争？当然有自己不可告人的目的。他想的是趁机把势力直接伸进东方，强迫那里的人们放弃伊斯兰教，改信基督教。一些跟随他摇旗呐喊的各国国君、封建贵族也有自己的小算盘，他们都想在东方捞一把，获得丰厚的利益。

在教皇的鼓动下，很快就集合了一支队伍，全都是杂七杂八的老百姓和各色人等，兴高采烈踏上了东征的路。为了识别方便和表达出征的目的，每个人的衣服上，都缝了一个大十字，所以叫做十字军。

第一次十字军东征在1096年的春天出发，主要是法国、德国的一些贫苦农民，是一支不折不扣的"穷人十字军"。他们听了教皇的花言巧语，怀着为宗教献身和发家致富的复杂心理，一个个踏上了征途。为了在神话般美好的东方安家，有的甚至还拖家带口，带着锅瓢衣物，简直就是一次大搬家。这帮毫无组织和军事训练的乌合之众，当然打不过剽悍的伊斯兰骑士。一交火就被打得稀里哗啦，不是被活活打死，就是被俘虏当了奴隶，活着逃回去的没有几个人。

第一个回合，以十字军的惨败而告终。当年秋天，第二批由西欧各国的骑士组成的队伍跟着出发了。他们装备精良，战斗经验丰富，一出马就旗开得胜，一路顺风，几乎没有受到阻挡。1099年打到了耶路撒冷，结束了这次东征行动。他们进城后大抢大杀，仅仅在一个清真寺里，就屠杀了上万名避难的无辜平民。在征服的地方，建立了许多十字军小国，总算站稳了脚跟。

他们尝到甜头后，更加放肆了。1147年干脆由法国国王路易七世和所谓"神圣罗马帝国"皇帝、德意志国王康拉德三世出面，发动了第二次十字军东征。他们加大了赌注，想大捞一把。可是德军在小亚细亚被土耳其军队打垮，法军登陆西亚也触了霉头，只好匆匆忙忙收兵，在1149年结束了军事行动。

第三次十字军东征开始于1189年，整整打了三年。这一次的阵容最强大，参加的有"神圣罗马帝国"皇帝、德意志国王巴巴罗萨·腓特烈一世、英国国王"狮心王"理查一世、法国国王奥古斯都·腓力二世。三大国王亲自统率，拿出了全部家当准备赌一把。德军沿第二次东征路线，从陆路穿过拜占庭。英、法联军由海路直取巴勒斯坦。可是由于各国十字军之间相互钩心斗角，德国皇帝又在半路上淹死了，法军也退出了，只剩下英军独立战斗。英国打来打去占不了便宜，只好提前撤退，在1192年，和埃及苏丹萨拉丁签订和约。这次东征虽然在西亚保留了一些立足点，却没有达到收复耶路撒冷的目的。返回途中还被"自己人"奥地利打了一个伏击，"狮心王"理查一世被抓住当了俘虏。

第四次十字军东征是教皇英诺森三世一手策划的，时间是从1202到1204年。起初原定进攻埃及，和阿拉伯世界的领军人物萨拉丁决一死战。后来改变计划从北路进军，攻打同是基督教兄弟的拜占庭帝国，并攻陷了君士坦丁堡。这证明他们并不是完全出于宗教目的，纯粹是为了自己的政治和经济利益而战。这次战争后，意大利最强大的城邦获得最大的利益，不仅垄断了地中海上的贸易，还趁火打劫占领了原来属于拜占庭帝国的地方。

这次东征后不久，教皇还煽动了五六万来自偏僻农村的毛孩子参加十字军，他们最大也没超过12岁，用他们组成一支"儿童十字军"，1212年出发到东方。有的乘船到埃及，有的翻过积雪的阿尔卑斯山，十分天真地要去完成"上帝的任务"。还没有踏上战场，半路上就饿死、淹死了许多。剩下的不是被拐卖了，就被抓住做小奴隶，下场悲惨极了。

第五次十字军东征的领导人物和攻击方向又变了。奥地利大公利奥波德六世和匈牙利国王安德拉什二世，瞧见欧洲别的国家占了便宜，不禁有些眼红，1217年率领奥匈十字军联军远征埃及，企图在这里捞一把。打了4年，什么便宜也没有占到，不得不撤退回来。

第六次十字军东征是从1228年到1229年，由德国腓特烈二世带领，曾一度攻占耶路撒冷。可是不久又被穆斯林收复，算是打了个平手。

第七次十字军东征从1248年到1254年，第八次十字军东征在1270年，都是法国国王"圣者"路易九世带领的。他在1234年吞掉西班牙的纳瓦拉王国后，自以为天下无敌，就野心勃勃地跨过地中海，领兵朝埃及和突尼斯杀来，想不到全都吃了败仗。从此以后，挂着宗教的招牌，以侵略为目的的长达两个世纪的十字军东征也可耻地收了场。

你应该具备的

从遗忘世界苏醒的吴哥古迹

1860年的一天，一个名叫亨利·穆奥的法国博物学家在向导带领下，闯进柬埔寨腹地深处的热带丛林。

这个林子幽深极了，刚刚迈步走进去，就仿佛陷入了一个硕大无比的绿色笼子。四面八方都是浓密的大树、小树和密不透风的灌木丛。层层叠叠的树木枝丫和树叶遮盖住头顶的天空，压根儿就看不见外面的蓝天。好不容易透射进来的几缕太阳光线经过密密的树木枝叶"天花板"筛漏下来，变得异常黯淡。空气似乎也被过滤了，散发着一些儿奇异的绿色。他们手握砍刀，踩着铺满地面厚厚的腐叶，边走边砍挡路的大树枝丫和杂乱灌木，在丛林中越走越远。脚下的小路越来越难辨认，不知道走到了什么地方。只是不停地挥舞着砍刀，朝周围乱砍一气，开辟一条前进的道路。

他挥刀用力一砍，忽然"当"的一声砍在一个坚硬的东西上面。抬头一看，原来是一块被树根和藤蔓紧紧包裹住的一块大石头，拂开石头上纠结的藤蔓和乱叶，简直不相信自己的眼睛了。天啦！石面上竟刻着一行行古怪的文字。

向导忍不住欢呼一声说："我们到了！"

那个法国探险家轻轻分开挡住视线的藤萝和茂密树枝，屏住呼吸往前一看，惊奇得瞪大了眼睛。

瞧呀，那是什么？面前的林间空地上耸立着一座庞大无比的石头建筑，静悄悄没有一丁点儿声息，好像神话中的一幅图景。

他慢慢移动着脚步，小心翼翼走过去仔细一看。只见刻凿着精美图案的石面上，布满斑斑点点的青苔，石缝里长着一丛丛茁壮的灌木。甚至还有一棵棵大树和小树夹杂在其中，浓密的绿色树伞下遮盖着许多佛像和浮雕。不知道是这些石头建筑孕生出草木，还是树木包裹着建筑物。有生命的树木和无生命的石头相互紧密共生，形成了奇特的景观。所有这一切都表明它的时代非常古老，必定是一处被遗忘的古代文明遗址。

他猜对了，这是高棉时期有名的吴哥古迹。

吴哥古迹位于柬埔寨暹粒省境内，在首都金边的西北面，距离金边大约240千米。公元9世纪至15世纪时期，这里曾是柬埔寨的王都吴哥城，最盛的时候人口达到好几十万。

噢，原来这是一座古城的遗址呀！古城旁边大约4千米的地方，还有一个大寺院，叫做吴哥寺。

补 记　世界历史

　　柬埔寨从公元1世纪立国，建立了最早的扶南王国，后来经过真腊王国和外来的爪哇侵略者的短暂统治。公元802年，真腊王国太阳王朝末代国王摩希提婆跋摩之子，□耶跋摩二世赶走了爪哇侵略者，建立了真腊吴哥王朝，就开始修造吴哥城，直到1201年，□耶跋摩七世在位的时候，前后经历了400多年才最终完成，俗称"大吴哥"。

　　这座隐藏在丛林中的古城，四四方方的，周围环绕着一圈石头城墙。里面有许多寺庙、官署建筑，还有著名的空中宫殿，以及阅兵广场、皇家浴场等许多建筑。

　　吴哥城曾经三次改变中心。最早的王都中心在巴肯寺，后来迁移到巴戎寺，最后搬到巴芳寺。虽然搬来搬去，却都在同一个地区，距离不算太远，后来干脆围在一个城圈里。由此可见这座古城的规模多么庞大、多么壮观了。古城位于印支半岛最大的洞里萨湖北面，这里紧挨着柬埔寨内地最大的城市暹粒，是出产丰富的鱼米之乡，历来都是柬埔寨的粮仓。古时候在这里建立都城，是最好的选择。

　　吴哥寺修建于12世纪，是苏利耶跋摩二世建造的当朝纪念碑，俗称"小吴哥"。

　　吴哥寺又叫吴哥窟，是柬埔寨三大圣庙之一，吴哥地方最主要的古迹，也是它的创建者之一苏利耶跋摩二世的陵墓。

　　它的主殿有一座截顶金字塔式的台基，上面高高耸立着五座莲花蓓蕾形状的尖塔，中间一座圣塔特别高，老远就能望见，是柬埔寨人民的骄傲，国家的象征。把它放在国旗上，作为国家和民族的标志，自豪地向世界展示。

　　在下面的台阶上，有一个浮雕回廊，刻绘着印度著名史诗《摩诃婆罗多》和《罗摩衍那》里的神话故事。形象栩栩如生，是珍贵的艺术品。

　　"大吴哥"加上"小吴哥"，合起来就是规模庞大的吴哥古迹了。

　　吴哥城和吴哥寺曾经先后两次遭受外来敌人破坏。1177年占婆人入侵，被疯狂劫掠；1431年暹罗军队入侵，攻陷了吴哥城，又遭受了一场灾难性的破坏，王朝被迫迁都金边。从此以后，吴哥城就被遗弃了，逐渐淹没在丛林莽野里，直到1860年，我们在前面讲的那个法国博物学家冒险进入丛林，吴哥城才被重新发现，出露在人间。

　　人们把它和中国万里长城、埃及金字塔和印度尼西亚的婆罗浮屠相提并论，称为东方四大奇迹。1992年，联合国教科文组织世界遗产委员会把整个吴哥古迹列为世界文化遗产。

日本大化改新前前后后

日本的远古历史有些说不清，一半是神话，另一半是无实证的历史，笼罩在云里雾里，弄不清真面目。

其实，在遥远的传说时期，缺乏文字记载，编造一些神话故事，也是世界上许多民族常有的事情。可是别的民族编造的神话，总有一丁点儿古气候环境、考古发掘作证的真实影子。而日本的古史却过于离谱，使人难以相信，不得不说是糊涂账了。

为什么这样说？因为还有许多根本问题没有弄清楚。日本民族是怎么形成的，有没有外来的成分？距今二千三、四百年前，所谓的"绳文土器时代"，日本列岛上究竟住的是什么人？真的懂得了种庄稼，创造了农业文明吗？那时候，有没有这样的文明水平？紧接着的"弥生土器时代"，为什么突然出现了以水稻为主的农业新经济方式，这真正的文明曙光，是谁带来的？

所谓日本的开山鼻祖神武天皇，传说出生在一个黄道吉日，公元前711年1月1日。他是乘着"天盘"从海外的"高天原"飞来的，并不是日本本土的人。公元前607年，他以104岁的高龄发动东征，统一了日本，在大和立国，形成了大和民族。究竟有没有这个人、这件事，就是一个大问号。有人说，他就是最早给日本带来文明种子，秦始皇派出海的徐福。真实情况不得而知，但直到今天日本许多地方还恭恭敬敬祭祀他，十分隆重进行"徐福祭"，倒似乎真有一些事实的影子呢。

经过了长期大辩论，最后在20世纪30年代，军国主义思想盛行的时代，强行统一了认识。认为日本民族从来都生活在列岛上，是一个"纯种"，没有任何外来成分。否认了来自朝鲜半岛、中国的大批"渡来人"的事实和文明影响。无视在日本各地发现了许多中国战国时期和后来历代的文物的证据，无视任何外来移民的作用，认为一切都是他们自己创造的，认为自己是世界上"最优秀"的民族，为发动侵略战争，征服周边"劣等民族"作思想准备。

为什么日本古史那样迷迷糊糊？因为它的最早的史书《古事记》和《日本书纪》，6世纪才开始准备，8世纪才完成的。前面差了一大段，当然只好用神话和伪史来凑数了。

得啦，不提这些稀里糊涂的日本古代历史了，还是选择一个可靠的重大事件来讲吧。

日本，这个海上岛国，从前锁闭在几个孤岛上，很少和外面接触，比不上邻近的朝鲜，更加没法和中国相比，是东亚最落后的国家。几个岛上散布着大大小小的地方政权，也没有统一起来，简直是一盘散沙。

3世纪末，在本州中部的大和地区，也就是今天的奈良一带，冒出来一个大和国家，渐渐发展扩张，侵吞了附近的地方，才统一了现在日本的大部分地区，稍微像一点样子了。后来日本人自称大和民族，就是这样兴起的。看起来，他们这个大和民族的历史并不长，是文明世界里的一个迟到者呀。

那时候，日本国内是什么样子？

它的土地属于皇室和大贵族。老百姓分成两种，除了普通平民，还有奴隶和特殊的部民。

什么是部民？就是被征服的部落人民，附属于贵族地主，在田间干活，相当于半奴隶，生活也很悲惨。普通的平民老百姓，日子很不好过，弄不好也会沦落到部民的地位。

唉，那时候日本老百姓的日子真苦呀！

贵族们呢？他们高高在上，不下地劳动，成天争权夺利，只想自己多捞一些利益。一些大贵族还想把持朝廷，控制整个政权。其中，老的物部家族和新兴的苏我家族，斗争得最厉害。

噢，那时候的日本社会已经完全不像样子了。如果再这样发展下去，准没有好结果。

面对这一切，该怎么办才好？

一些有头脑的人开始想，不改革就不行了。其中一个叫苏我稻目的贵族，提出了改革的办法。

说起来，他的办法很简单，就是认真向先进的中国学习，才能有出路。一海之隔是两个天地，为什么不向中国学习呢？

苏我稻目曾经担任过两个天皇时代的大臣，掌管过财政大权，很有政治和经济头脑。由于工作关系，又和来访的中国人交往很多，对中国情况非常了解，是当时日本的"中国通"。不消说，他也是一个有名的"亲华派"。

针对当时日本社会最突出的部民不堪虐待，纷纷逃跑的问题。他主张学习中国，建立户籍制度。严格编好户籍，就能更好控制老百姓。原来以部族为单位的部民，现在变成了以户为单位的普通老百姓，身份改变后，就很少逃跑了。

这个办法很好，得到天皇的嘉奖，却受到顽固势力的激烈反对。因为这破坏了从前的部民体制，损伤了大贵族的利益。

不久，从朝鲜半岛送来了佛像和佛经。钦明天皇非常感兴趣，问手下的大臣们，可不可以在日本推广？

苏我稻目说："好呀！慈悲为怀的佛教，可以用来统一老百姓的思想。"

顽固派物部尾舆立刻站起来反对，认为外来的佛教不好，会带来思想混乱。还是应该崇拜原来的部落神灵。

这场是不是推广佛教的大辩论，实际上是接受外来先进观念进行革新，还是维护固有模式，拒绝改革的两种思潮的争论。一场大论战拖了整整半个多世纪，直到提出问题的钦明天皇死了，还没有解决。接着又展开了皇位继承和权力控制之争，闹腾得一团糟。

最后苏我稻目的儿子苏我马子战胜了物部尾舆的儿子物部守屋，完全控制了朝廷。593年新上台的圣德太子，正式下命令推行佛教，同时加强和中国来往，学习先进经验。看起来苏我家族真做了一件好事情呀！

唉，事情没有这样简单。苏我家族在推行改革的同时，也建立了以自己家族为核心的既得利益集团。慢慢发展下去，变成一个强硬的专制集团，就沦落为继续改革的绊脚石了。

公元645年6月的一天，新的改革派发动一次流血政变。改革派趁皇极天皇在宫中接见三韩使者时，突然发动政变，刺死了苏我家族的代表人物苏我入鹿，拥护同意继续改革的孝德天皇上台。仿照中国的办法，首次建立天皇年号，称为大化。这次改革就叫做"大化改新"。

"大化改新"有什么具体内容？

第一条，迁都到难波（今天的大阪），建立一个崭新的政治中心，避开守旧势力的影响。

第二条，废除原来的贵族世袭特权，加强皇权统治，建立中央集权国家。

第三条，彻底废除部民制，建立起封建土地国有制。

第四条，在废除部民制的基础上，实行征兵制，在京师设立了五卫府，建立一支中央军。在地方分设军团，所有军队一律归中央统一指挥。

为了巩固改革成果，天皇接连颁布了《改新诏书》和《大宝律令》，使改革以法律的形式固定下来，成为完善的系统化的法律，对后来的日本发展有不可估量的重大作用。

"大化改新"的结果，解放了社会生产力，完善了日本的统治制度，奠定了日本的国家发展方向。从此日本抛弃了落后的奴隶社会，开始走进封建社会了。

日本是一个模仿性很强的民族，善于运用"拿来主义"。从"大化改新"开始，到后来不断派出"遣唐使"，成批的留学生到中国恭恭敬敬地迎来许多中国老师。贪婪地吸取先进的中国文化，开辟了一个老老实实全面学习中国的时代。改革、改革、再改革，什么都模仿中国改革。从穿衣吃饭的生活习俗，到一个个方块字。甚至干脆模仿唐代长安，修造一座一模一样的奈良古城，当做自己的首都。不仅城市结构，用"坊"作街区划分基础，连一些大街的名字，例如朱雀大街等，都是照抄过来的。今天要看唐代的城市是什么样子，就到日本去看活标本吧。

日本虚心向中国学习，得到中国老师无私帮助，一天天更加成熟、一天天更加强大起来了。后来又疯狂向西方学习，才慢慢有了今天。

可是，后来呢……

侵略鼻祖丰臣秀吉

丰臣秀吉出身低贱，原本是日本军阀织田信长的手下奴仆。后来成为一员战将，跟着主子南征北战，权势越来越大。特别是1558年，打败另外一个军阀，取得那个战败军阀的领地，又镇压了农民起义，成为一方的诸侯。

1573年，织田信长进入京都，掌握了国家大权，着实威风了一阵子。想不到后来他的手下将领们造了他的反，悄悄放一把火，在一座寺庙里把他活活烧死了。织田信长死后，手下将领们互相攻打争夺领导权。经验丰富的丰臣秀吉压倒别人，打垮了好几个对手，终于代替已故的主子掌握了兵权。接着他又打着拥护天皇的旗号，征服了四国、九州一些地方的诸侯，成为挟天子以令诸侯的头号人物。天皇封他做一人在上、万人在下，代替自己摄政的关白，住在大阪号令全国，攀上了权力最高峰。

什么是关白？就是宰相的意思。按照规定，朝中不管什么大小事情，都必须先报告关白，再由他转禀天皇。他想怎么干，就怎么干，想怎么说，就怎么说。实际上就是一手遮天的独裁者，连天皇也得听他的。

啊哈，原来他是日本的粉脸"曹操"呀！

中国三国时期的曹操，虽然把皇帝紧紧捏在手里，天下群雄还是不服。丰臣秀吉也是一样的，四方诸侯心中很不服气，得要好好想一个法子，建立自己的权威才行。

丰臣秀吉眉头一皱，计上心来。针对天皇所在的京都久经战乱，残破不堪，便调动全国力量，修造一座富丽堂皇的皇城，专门给天皇居住，叫做聚乐城。竣工的时候，命令全国诸侯都来朝贺，宣誓效忠天皇，服从关白。用这样的办法抬高天皇的地位，也显示自己的威风。

只是这样还不够，他又派人制造了一个神秘兮兮的传说。说什么现任关白大人出生非常奇特，他的母亲梦见一轮红彤彤的太阳生下了他。所以凡是太阳照射的地方，都得归顺他才对。这样的传说，居然欺骗了一些无知的老百姓，使老百姓更加听他的话了。

　　说起他，得要特别讲一下他的名字的来历。小时候，他原本叫做日吉丸，后来投靠在织田信长的门下，改名叫做木下藤吉郎，以后又改名叫羽柴秀吉，最后当上了关白这个御前大官，天皇才赐姓丰臣，正式改名为丰臣秀吉。

　　丰臣秀吉手里掌握了大权，就开始推行他的内外政治、军事计划了。

　　他发动了一次次讨伐战争，打垮不肯降服的诸侯。1590年最后消灭了关东的北条氏，终于结束了乱哄哄的战国状态，统一了整个日本。

　　下一步怎么办？

　　他接着开始了大刀阔斧的改革。首先建立新的封建体制，严格划分武士、农民、手工业者和商人的阶级界限，各住各的地方，不得混居一处。特别规定武士集中居住在城市里，和广大农民群众分隔开，实行兵农分离制度。收缴民间武器，防止老百姓和武士勾结造反。同时在全国各地清丈土地，规定土地收获大部上缴国库，只留小部给农民的剥削制度。又奖励新兴工商业，扶植城市经济发展。保护佛教寺院，压制天主教在国内传播，定下了以后禁洋教锁国的基调。平心静气地讲，他使用这一整套办法加强集权统治，经过一番像模像样的改革后，把日本一天天引上正轨，生活渐渐稳定，不再发生内战，比从前好得多了。

　　安顿好了国内，他就把眼珠转向外面，制定长远发展的基本国策。

　　他有什么对外发展的蓝图？

　　原来是一套赤裸裸的侵略计划，提出了日本对外侵略发展，分三步走的扩张规划。

　　第一步，出兵占领朝鲜半岛，作为进军亚洲大陆的跳板。

　　第二步，占领中国，迁都北京。

　　第三步，消灭印度，统一亚洲，称霸世界。

　　瞧，这个家伙多么猖狂，毫不掩饰侵略朝鲜、中国和整个亚洲的野心。这也是日本侵略者不打自招的供述，以后日本历代政府，就是按照丰臣秀吉这个基本国策一步步进行的。

李舜臣和龟船舰队

丰臣秀吉制定了三步侵略发展的"基本国策"，立刻就动手干起来了。

他刚刚统一了国内四岛，颁布了这个该诅咒的侵略计划两年后，就迫不及待跳出来，摩拳擦掌开始动手了。

1592年4月，他经过精心准备，亲自率领近20万人的大军，渡过朝鲜海峡，在朝鲜半岛最南端釜山登陆。点燃了侵略朝鲜，进一步侵略中国和整个亚洲的罪恶战火。

这一年是壬辰年，朝鲜历史称为"壬辰倭乱"。朝鲜人民奋起抵抗，揭开了可歌可泣的壬辰卫国战争的序幕。

日本侵略军好像一头疯牛，仅仅3个月就接连攻陷了汉城、开城、平壤，占领了大半个朝鲜，到处烧杀奸淫,无恶不作。仅仅在晋州一个地方，就杀害了6万多平民。朝鲜国王被迫逃到鸭绿江边的义州，形势非常危急。

眼看大功就要告成，丰臣秀吉得意洋洋地对部下说："你们等着瞧吧，好戏还在后头呢。"

他说的"好戏"是什么？就是实现他的第二步计划，接着跨过鸭绿江，一口吞掉中国。

在这个祖国危难的时刻，朝鲜各地人民纷纷起来反抗。面对丰臣秀吉狂妄的叫嚣，日本侵略者的野蛮进攻，应朝鲜国王的邀请，明朝政府派兵援助。跨过鸭绿江，和朝鲜军民并肩战斗，这就开始了长达6年的抗日援朝战争。

在朝鲜各地的抗日队伍中，全罗道水军节度使李舜臣率领的一支特殊舰队立下的功劳最大。

李舜臣原本是一个小县城的狱吏，因为他的足智多谋，被破格提升为水军将领，负责保卫海上安全。

为什么说是特殊舰队？因为这是经过他改进的一种龟船，和平常的战舰大不相同。

这种龟船的样式非常特别，外面紧紧包裹着一个木板和铁皮制作的外壳，不怕敌人的炮火轰击，好像一只大海龟。

它的顶盖上面和船身两边，安装了许多尖尖的钉子和铁钩，敌人甭想挨近。船头船尾都安装了一根又硬又尖的铁杆，可以用来冲撞敌船。船身还有许多炮眼和枪眼，射手可以躲在里面瞄准射击，自己不会遭受伤害。船舷两侧各有10

只船桨，用力划动着行进如飞，是名副其实的水上快船。这种龟船的船身很大，可以装载足够的饮水和粮食，能够在海上长途行驶，不用担心没吃没喝。

李舜臣就是用这种龟船编组了一支特殊的舰队，他在海上狠狠打击敌人，建立了不朽功勋。

敌人入侵不到一个月，他打听到玉浦港里有50多艘日本兵船，立刻派了一队龟船前去偷袭。日本兵从来没有见过这种战船，远远一望还以为是一群大海龟游过来了。挨近一看，才发现是许多怪模怪样的战舰，连忙对准它们开火。想不到这些龟船结构特别，好像水上坦克似的，根本就不怕枪炮轰击，只顾快速往前冲，一直冲到敌人的鼻子跟前。

李舜臣趁日本兵慌神的时候，下令瞄准敌舰射击，一下子就击沉了40多艘，这些日本兵船连带无数士兵成为殉葬品，统统沉进海底，朝鲜水军只牺牲了一个人，这一次打了一个漂亮仗，获得空前的胜利。

20多天后，他又指挥水军击沉了好几十艘敌舰，大长了朝鲜的威风。日本鬼子吃了亏，不敢在开阔的海上和李舜臣较量，只好把一支由10多艘战舰组成的舰队停靠在地势险要的泗川岸边，打算依靠岩石嶙峋的海岸保护。李舜臣看穿了敌人诡计，刚刚一接火，就故意带领舰队后退。日本鬼子以为他逃跑了，就放开胆子追了上来。想不到他们刚刚离开岸边不远，李舜臣就指挥龟船转过身子一阵猛攻猛打。在炮火轰击中，敌人的舰队又被朝鲜龟船全歼，再打一个漂亮仗。

第三仗在唐浦海上，李舜臣率领龟船主动攻击敌人，闪电般的进攻，一下子就俘获了21艘敌舰。敌人气急败坏妄想报仇，气势汹汹想抓住朝鲜水军的漏洞，打一个胜仗挽回面子鼓舞士气。李舜臣利用他们的这个心理，巧妙地使用引蛇出洞的办法，派3艘龟船假装在岸边侦察地形，引诱敌人上钩。日本司令官果然上了当，带领所有的战舰追赶出来，想以多胜少，抓住这3艘龟船出气。想不到他们刚刚驶入开阔的外海，就遭遇了埋伏。李舜臣的舰队藏在一个岬角背后，一下子冲出来，打了敌人一个措手不及，再来一个干脆利落的歼灭仗，26艘敌舰没有一个逃回去。这次战斗中，李舜臣左臂受伤，鲜血染红了衣袖。但他仍旧屹立船头指挥作战，显示出大无畏的精神。

第四仗发生在两个月后的闲山岛海域。日本鬼子输红了眼睛，像急了的赌徒一样，拿出全部老本，企图一仗打败李舜臣。李舜臣一点也不慌张，就在海上摆开阵式和日本舰队来一场最后大决战，终于歼灭了敌人，完全控制了所有的海域，夺取了制海权。李舜臣威名赫赫受到人们尊敬，并被提升为三道水军统制使，总管所有的水军对敌作战。

这一连串胜利，打破了日本鬼子妄图依靠海上优势快速结束战斗，乘胜对中国发动进攻的罪恶计划。李舜臣斩断了敌人的海上后勤补给生命线，使猖狂进攻的陆军也受到影响，不得不延缓了攻势。中朝军队趁势发动了战略反攻，气焰嚣张的丰臣秀吉不得不老老实实地坐下来，和朝鲜进行停战谈判。

不幸的事情终于发生了，一个阴险恶毒的计划对准李舜臣过来。

丰臣秀吉在战场上失败了，就使出诡计，派间谍散布谣言，说什么李舜臣和日本勾结私自放走了日本高级将领。一些心怀嫉妒的奸臣趁机告状，昏庸的国王不分青红皂白就下令逮捕李舜臣，关进监狱治罪。

丰臣秀吉不费吹灰之力就拔掉了眼中钉，心里高兴极了，他撕毁了停战协定，立刻又派15万大军，发动了第二次进攻。战场上没有李舜臣，朝鲜水军几乎全军覆没，陆军也接连失败，好不容易收复的大片河山，又沦陷在了敌人的铁蹄下。

在这个生死攸关的时刻，人们想起了狱中的李舜臣。在全国军民的呼吁下，国王不得不放他出来重新领导水军作战。

可惜的是，现在留给他的烂摊子已经无法和过去相比了。他总共只有12艘龟船，100多个水兵，只能依靠这一丁点儿力量，和强大的日本舰队死拼。

在这个关键时刻，中国伸出了手。由陈、邓子龙率领的水军迅速开赴战场，和他并肩抗击敌人，接连打了几个胜仗，恢复了战斗必胜的信心。足智多谋的李舜臣就用这12艘龟船，在鸣梁海峡诱敌深入，击沉了30多艘日舰，打死打伤4000多敌人，重振了昔日威风。如果照样接连打下去，就又能夺回制海权了。

1597年冬天，朝中联军发动了强大攻势，兵分三路猛攻敌人的三个据点。日本陆军扛不住向海军紧急求援。李舜臣截获了这个情报，和邓子龙一起指挥朝中联合舰队，埋伏在敌人必经之路。等到晚上，敌人来了。这是日本主力舰队，总共有500多艘，比朝中联合舰队多得多。双方开始交火，发生了一场空前激烈的海战。猛烈的炮火下，海面上火焰冲天。一些战士奋不顾身跳上敌船，杀得敌人横七竖八倒在甲板上。敌人害怕了，想扭回头夺路逃跑，却被切断了退路，只好负隅顽抗，双方都有很大的伤亡。

正在这个时候，李舜臣忽然抬头看见邓子龙被几艘敌舰围困住，情况非常危急，连忙赶去援救。李舜臣焦急地站在船头催促前进，把整个身子暴露在外面，不幸左胸中弹，跌倒在甲板上。在这个关键时刻，他忍着剧痛，吩咐部下不要声张，千万不要影响士气。亲手把军旗交给副手，要他代施号令，安详地合上了眼睛。这场惨烈的战斗里，中国水军统帅邓子龙也身负重伤牺牲。他们的鲜血没有白流，在朝中全体水军将士的努力下，战斗从深夜一直打到天明，到第二天中午战斗结束，总共击沉、击毁敌舰450艘，歼灭了一万多可恶的日本鬼子。李舜臣和邓子龙，用自己的鲜血，换来了空前的海上大捷。至此，持续了6年之久的朝鲜卫国战争终于以辉煌的胜利结束了。

尼日尔河水传唱着一首歌，

他挽救了古老的曼丁哥——

西非史诗英雄松迪亚塔

古老的尼日尔河，卷起一阵阵浪花，像是低声吟唱着一支歌。歌唱古代马里帝国的创始人，伟大的松迪亚塔的故事。松迪亚塔，马里的国父，就是在这儿打败敌人，建立了自己的国家的。他把宫殿建造在这儿的河边，一个叫尼阿尼的地方，后来这里就改名叫做马里，也就是今天马里的首都巴马科。

巴马科在当地土语里，是"鳄鱼"的意思。古时候这里鳄鱼成群，常常出没伤人。多亏有一个勇敢的猎人杀死了鳄鱼，建立了一个小村子，才慢慢发展成为马里的国都巴马科。

要说松迪亚塔的故事，得要从最早的历史说起。

尼日尔河从距离大西洋不远的几内亚绿色山岭流出来，弯弯曲曲在北边的马里境内生成了一个巨大的河套，浇灌着大陆腹心的土地。感谢尼日尔河，把甘甜的水分和生命的种子撒播在这儿的土地上，哺育了这儿的文明。从很早很早以前，这里就有人居住。考古学家在巴马科附近的库龙科罗卡来遗址里，发掘出许多精致的细石器和磨光的石斧、陶器，就是最好的证明。

古时候，这里先后出现过强大的加纳帝国、索索王国、马里帝国和桑海帝国，创造了西非文明的灿烂历史。现在我们要讲的，就是最伟大的马里帝国的创始人松迪亚塔的故事。

松迪亚塔是曼丁哥国凯塔王朝的小王子。传说他的父王去世前，遵照先知的预言，准备挑选一个丑妃的孩子继承王位。7岁的松迪亚塔还在地上爬，就被选中了。可是王后莎苏玛心怀嫉妒，违背了国王的遗愿，改立自己的儿子为王。小小的松迪亚塔一天天长大，受不了王后的欺侮，就跟着妈妈逃往尼日尔河上游的东卡拉密林中安身。他慢慢成长起来，练就了一身本领，被选中担任东卡拉部落的军事首领。他的妈妈虽然长得很丑，却有一颗永远不变的爱国心，时时刻刻提醒他："你是曼丁哥王国的王子，不能忘记自己的祖国啊。"

没有多久，凶悍的索索人灭亡了加纳帝国后，又恶狠狠地朝曼丁哥王国杀来。王后母子没法抵抗，一下子就被占领了。

松迪亚塔告别了善良的东卡拉首领，集合了十几个部落的战士，赶回来讨伐入侵的敌人。在基里纳地方，迎头遇见索索国王子带领的军队。仇人相见，

196

分外眼红，松迪亚塔恨不得一下子就冲上去，把这些侵占祖国的敌人消灭干净。可是面对强大的敌人，他不得不强抑住怒气，耐心等待时机。

他一直等到傍晚，终于等到了机会。不会用兵的索索国王子，把部队布置在一个山谷里，两边都是茂密丛林覆盖的陡峭山坡。这时候正烧起篝火，准备美美地吃晚饭呢。松迪亚塔抓住时机，立刻领兵冲了上去，索索人毫不提防，被杀得东奔西逃。

这一仗打出了威风，许多不甘索索人压迫的部落也纷纷拿起武器，参加进松迪亚塔领导的复仇大军。索索国王不敢轻视，赶紧亲自带兵来和他决战，他们在巴马科附近的一片河边平原上相遇。这是一场生死决战，是不是能够驱逐敌人恢复祖国，就看这一仗了。

双方摆开阵式，正要开打的时候，对方的阵营里忽然乱了起来。原来是索索国王的外甥法戈里，在阵地上造反了。

咦，这可奇怪了。他们原本好好的，一起领兵来打仗，外甥怎么造舅舅的反？原来法戈里的国王舅舅是一个大色狼，霸占了他的妻子，他怎么不造反呢？

好呀！这可是天赐良机。松迪亚塔毫不迟疑，立刻领兵冲了上去，和法戈里一起杀死了那个色狼国王，他和法戈里都深深解了一口恶气。

松迪亚塔不放松，趁势消灭了索索国，完全光复了自己的国家。

现在他要重新整顿国家了，就把国家改名叫做马里，建立了新的马里帝国。在他的努力开拓下，马里帝国的疆域比从前的加纳帝国还大，西起塞内加尔河河口，东至尼日尔河大河湾，北接撒哈拉大沙漠，南到沃尔特河流域，成为西非有史以来最强大的国家。马里人们没有忘记他，编写了一首长长的史诗，歌颂他的伟大功绩，一直流传到今天。

印加帝国的丧钟

印加帝国，南美洲古代文明的中心。

大约在12世纪开始，秘鲁的库斯科谷地里的印第安部落就逐渐发展，扩大到附近一些地方。到了15世纪中叶，已经形成一个强大的奴隶制国家。16世纪最盛的时候，建立起一个庞大的帝国，这就是赫赫有名的印加帝国。它的疆域北起今天哥伦比亚边境、南到今天智利中部，东从亚马孙丛林到今天阿根廷北部、西至太平洋海岸，面积十分广阔，人口有六七百万。农业发达，矿产丰富，遍地都是金银，是南美洲独一无二的国家。

据说他们非常崇拜太阳神，因为黄金发出和太阳同样的灿烂光辉，所以特别喜爱黄金，使用了大量灿亮的黄金装饰所有的神庙和宫殿，所以说印加帝国是"黄金之国"，一点也不错。如果没有一场殖民主义刮起的"暴风雨"，留到今天该有多好！

可惜呀，实在太可惜。这个安详和平的国度，遭遇了一场接一场灾难，转眼就消失得干干净净了。

那是一只罪恶的黑手带来的。

哥伦布发现新大陆后，贪婪的西班牙殖民者到处乱钻。不知怎么一回事，把欧洲的天花带来了，造成印加帝国的第一场灾难。

美洲从来也没有这种疾病，不知道应该怎么防治，一下子散布开。夺去了印加帝国皇帝瓦伊纳·卡帕克的生命，接着又使皇位继承人和许多大臣致死。帝国失去了主心骨，几个贵族就你争我夺，发生了内战，使国势一下子衰落了。

这场内战的结果是一个叫阿塔雅尔的贵族 取得了胜利，他在卡哈马卡山城里，建立起新的帝国统治中心。

西班牙人早就知道这个强大的印第安帝国了，只是找不到机会对它下手。现在打听到这个消息，觉得是一口吞掉它的最好的机会，就趁着印加帝国还一片混乱，派兵下手了。

1531年，一个残暴贪婪的西班牙军官弗朗西斯科·皮萨罗，率领着169名士兵，从中美洲的巴拿马基地出发，开始向印加帝国进军。

另一场更加可怕的灾难，像乌云一样降临在这个印第安古国的头上了。

由于印加帝国铺设有良好的道路和索桥，到处四通八达，这支西班牙远征军进展非常顺利。阿塔雅尔国王并没有阻挡他们，相反还派了使者，带着礼物前来迎接，把他们像贵宾似的接到卡哈马卡城郊安顿下来。

第二天，阿塔雅尔国王乘着黄金装饰的轿子，带领许多贵族官员，两千多身穿五颜六色的棋盘花纹衣服的清道奴仆，加上数以万计的卫队，一路喜气洋洋吹吹打打，前往拜访远道前来的客人。满以为双方一定会高高兴兴地坐下来，好好寒暄一番，建立友好关系。

想不到的事情发生了。皮萨罗派一个神父手捧《圣经》，走到阿塔雅尔国王面前，哇里哇啦说了一大通话。

阿塔雅尔国王莫名其妙地问他："你说的是什么意思？"

那个神父傲慢地宣布："你必须把手放在《圣经》上宣誓，表示自愿归顺西班牙，承认西班牙国王的无上权威。"

因为印加人不会造纸，从来也没有见过一本书。阿塔雅尔国王感到好奇，接过《圣经》翻了几页，觉得并没有什么神奇的地方，就顺手一抛，摇头说："这本书不会说话，我为什么要听它的？"

皮萨罗等待的正是这个机会，立刻大声喊叫："抓住他！抓住这个异教徒！"

他举手一挥，旁边的号手吹起喇叭发出信号。埋伏在旁边的士兵一下子冲出来，紧紧抓住阿塔雅尔国王。同时放了一阵排枪，吓退了印加人，开始了早就准备好了的进攻。印加人愣了一下，一下子回过神来，奋不顾身往前冲，想救回自己的国王。可是他们手里的原始武器，敌不过西班牙人的火器，很快就被打退了。这场强弱分明的战斗里，总共有7000个印第安人被杀死，简直是一场血腥的大屠杀。

往下怎么办？

印加帝国的军队有好几万，比这一小撮西班牙远征军多得多。可是他们经过一番激烈争论，担心战争会影响被俘的国王的生命，只好放弃使用武力，改用和平方式和西班牙人谈判。

印加人要国王，西班牙人要黄金。要谈判，就开始谈判吧。

皮萨罗在监禁阿塔雅尔国王的小屋子里，伸直了手臂，在高高的墙上画一条线，傲慢地对印加人派来的谈判使者宣布，必须把黄金堆到这条线，才能赎回他们的国王，否则就等着收尸吧。

为了赎回国王，印加人立刻送来大量黄金，塞进西班牙人手里，可是还远远不能满足条件。他们实在没有办法，只好派出使者在全国各地继续收集，指望赶快办好这件事。

皮萨罗等不得了，不愿意再等下去，就草草宣布阿塔雅尔国王犯了阴谋反对西班牙，侮辱《圣经》，以及其他一连串莫须有的罪名，把他处以火刑，活活烧死了。

这时候，正有一支6万人的队伍，带着从各地收集来的黄金器物日夜兼程赶来。他们走在半路上，听见不幸的消息，立刻埋藏了宝物，拿起武器杀来，为死难的国王报仇。

西班牙和印加帝国的战争爆发了。印加帝国人虽然多得多，却由于武器落后，经过惨烈的战斗，终于在1533年被万恶的西班牙强盗灭亡了。

你应该具备的

面前集体枪杀。临死的公社社员毫不畏惧，高声呼喊着："公社万岁！"全部牺牲在墙前。后来巴黎人民在这里竖起一块纪念碑，纪念碑的浮雕上雕绘着这场大屠杀的场景，并给它取名叫做"公社社员墙"。

巴黎公社从1871年3月18日至5月28日，总共才存在了72天。虽然在内外反动派勾结下失败了，却是无产阶级推翻资本主义制度的第一次演习，是人类历史上第一个无产阶级专政的政权，为后来的无产阶级革命积累了宝贵的经验，受到后来无产阶级革命导师的高度评价。

巴黎公社的革命精神永不消失，光荣的巴黎公社战士永垂不朽！

巴黎公社万岁！

你应该具备的

203

三次瓜分波兰

一个西瓜可以用刀切开，让围在旁边的人尽情分享。

一个国家也像西瓜一样，可以让别人随意瓜分吗？

有啊，在往昔沉痛的历史里，波兰就是这样的。

波兰，东欧通向中欧的宽阔走廊。

波兰，北方波罗的海和南方喀尔巴阡山脉之间，维斯瓦河流淌过的美丽地方。

波兰，虽然不算十分古老，也曾经一度辉煌。

波兰，多么美丽、多么肥沃呀！引起了周围几个恶狼一样的邻居的觊觎，对它起了坏心眼。

公元960年，梅什科王朝在这儿建立。第二任的包莱斯拉夫一世，就在1025年自称波兰国王。从此以后，波兰的名字就在这里叫响了。人民为它而骄傲，它赢得了世界的尊敬。

请你别说它是一个小国、一个任人欺凌的弱国。想当年，在16世纪极盛时期的时候，也曾经风光一时，占有广阔面积，是东欧一个响当当的强国呢。

这是真的吗？

当然是真的！那时候，它北起波罗的海、南达黑海之滨，东及奥德河、西至第聂伯河，曾经君临东欧天下。强悍的俄罗斯，听见它的名字也不由惧怕三分。

可惜呀，可惜。这一切都是过眼云烟，好像划过长空的流星似的，很快就结束了。往后是流不完的辛酸眼泪，说不尽的悲伤故事。其中最叫人伤心的，就是俄、普、奥三家对波兰的三次瓜分。这几个恶霸邻居，真的把波兰当成西瓜了，想怎么切一刀就怎么切一刀。那时候的波兰，完全浸泡在眼泪里。

东边的沙皇俄国天生就富于侵略性，西边的普鲁士也是同样的角色，加上南边恶狠狠的奥地利，全都把眼睛盯住它，它就不会有好日子过了。

这些邻居是怎么下手的？最早和一位波兰国王去世有关系。

1763年，波兰萨克森王朝末代国王奥古斯都三世生病死了，波兰全国都沉浸在悲痛中。

补记　世界历史

请问，一家人的家长死了，邻居应该怎么办？当然该派人送花圈，表示哀悼呀。可是它的东边邻居就不是这样。俄国女沙皇叶卡捷琳娜二世的心眼坏透了，觉得这是一个打进去的好机会，就使用武力威胁，强迫波兰议会"自愿"选举，让一个俄国贵族波尼亚托夫斯基建立一个伪政权，当上了新国王。

1767年6月，俄军正式开进波兰，把这个主权国家当成了自己的殖民地。波兰人惊呆了。一些波兰爱国贵族立刻起来，领导抗俄武装斗争。

世界上哪有这种道理？简直是活生生的强盗伎俩。

俄国占了便宜，旁边的普鲁士和奥地利不干了。奥地利和土耳其结成联盟，支持土耳其在巴尔干对俄国发动进攻。普鲁士也酸酸的，露出不高兴的面孔。他们想说的都是同样一句话：俄国熊的胃口别太大了，把这块肥肉吐出来，咱们大家都得有一份。

贪心的俄国有些害怕了，担心他们纠集在一起，给自己找麻烦。不得不放弃独霸波兰的计划，同意了普鲁士国王腓特烈二世提出的瓜分波兰的主张。

1772年8月，俄、普、奥三个强盗坐下来，在圣彼得堡签订第一次瓜分波兰的条约。大家都有一份，不许独家霸占所有的好处。

三个强盗怎么切波兰这块"西瓜"呢？

普鲁士说："挨着波罗的海那一块肥肉是我的，维斯瓦河口也是我的。"

奥地利说："南边人口最多，矿产最丰富的那块地方是我的。"

俄国生气地说："我最先进来，得的应该最多。"

三个强盗吵吵嚷嚷，讨价还价，最后达成了协议。各自按照自己的想法，全都美滋滋地尝到了甜头。

只是他们这样私下分赃就成吗？

不，他们也要摆出"绅士"派头，让波兰自己同意才行。

1773年5月，三个强盗派兵紧紧围住波兰议会，强迫波兰议员举手通过这个"友好赠与"的条约。一些爱国议员当场抗议抵制。可是那个国王就是俄国派来的，他当然同意。在他一手包办下，波兰三分之一的领土和人民就被双手奉献给这三个强盗了。

可怜的波兰，只剩下不多的土地了。人民纷纷起来，要求进行改革，在1791年5月3日通过了一部新宪法。宪法的内容有限制国王的权力，不能随意制定法律，私自和外国签订条约的内容。其中还宣布全体人民都是"民族独立自由的捍卫者"，人人都有义务保卫祖国等。这就是波兰历史上有名的《五三宪法》。

时刻盯着波兰的三个强盗，觉得自己还没有吃够，正要再找借口，切波兰一刀。这个《五三宪法》一出台，正好是机会。俄国首先跳出来，认为《五三宪法》"不合法"，立刻派出10万大军进行武装干涉，普鲁士跟着也派兵。两个强盗东西夹击，各自霸占了一大片土地。

你应该具备的

　　这两个强盗也懂得一些"文明"规矩。他们说别人不合法，自己的行为必须通过正常的法律程序才对。怎么使自己刺刀占领的地方合法化呢？他们来了一个两部曲。1793年，双方自己先面对面坐下来，签订了第二次瓜分波兰的双边协议，然后再拿着这个条约，用武力威胁波兰议会通过。在亮晃晃的刺刀威逼下，全体波兰议员拒不举手，用沉默来抗议。而在《五三宪法》限制下，那个俄国派来的傀儡国王也没有办法。

　　面对这个情况怎么办？两个手持刀枪的强盗一合计，干脆宣布"沉默就是同意"。使用这不要脸的强盗逻辑，实现了他们第二次瓜分波兰的"合法性"。

　　经过这次瓜分，波兰剩下的土地更少了。只留下一丁点儿连手脚也放不下的地方，首都华沙也被强暴的敌人霸占了。

　　祖国危急了，民族面临被奴役的悲惨命运。爱国人民实在无法忍受了，在民族英雄科希秋什科的带领下，在南部古城克拉科夫举行规模宏大的起义。在华沙市民配合下，里应外合解放了俄国军队侵占的首都华沙。

　　这一来，俄国气得跳起来了，撕下了假面具，立刻出兵进行了一场疯狂屠杀，血染了美丽的华沙。普鲁士、奥地利也趁机派兵打进来。1795年10月4日，三个强盗经过分赃谈判，签订了第三次瓜分波兰的协议。

　　这一次，彻底灭亡了波兰，他们再也不用装模作样走过场，交给波兰人盖一个橡皮图章了。

　　波兰就这样被这些无耻的强盗瓜分得一干二净了，不留半点痕迹。往后虽然还曾经恢复过一丁点儿主权，出现过华沙大公国、克拉科夫共和国，第一次世界大战后建立了波兰共和国，却又一次次被俄国和德国这两个强邻侵占。拿破仑退出东欧舞台后，俄国沙皇嫌扶持傀儡太麻烦，干脆自己跳出来，兼任了整整100年的波兰国王。

　　失去祖国独立的波兰人民没有屈服，上百年来不断起义反抗。好不容易盼到第一次世界大战后，在《凡尔赛和约》中得到各国承认，才获得了几天独立。

　　可惜好景不长。后来希特勒发动了新的侵略战争，头一个被吞并的就是波兰。背后的前苏联也迅速出兵，以保护为名，和德国各自占领波兰一半的领土。第二次世界大战胜利后，波兰作为胜利国和受害国，本应取得赔偿。前苏联又以波兰东部居住了许多乌克兰人为理由，硬生生划掉一大块。为了安慰可怜的波兰，把它的边界往西移动，从德国身上割一刀，作为对胜利国波兰的补偿。

　　唉，波兰为什么这样命苦？怨只怨他的东边、西边两个邻居，俄国和德国太凶恶了。中国一本古书上说："昔孟母，择邻处。"平常人家可以挑选邻居。惹不起、躲得起，邻居不好，自己搬家好了。可是一个国家遇着坏邻居，怎么能够搬家呢？

起来，自由的人民，

赶走万恶的英国"龙虾兵"——

华盛顿和美国独立战争

翻开美国最早的历史，是一篇被奴役的血泪史。

你可知道吗？今天强大的美国，也曾经是别人皮鞭下的殖民地。

噢，那要回溯到最早的欧洲移民来到这儿定居的时代。

1620年12月21日，一艘破旧的帆船"五月花号"，载运着一些贫苦的英国清教徒，静悄悄地在今天美国东北部马萨诸塞州的普利茅斯海湾登陆，揭开了这儿移民的序幕。后来从欧洲来的移民越来越多，这块地方成了英国的海外殖民地，起初被划分为13块，统一取名叫做新英格兰。英国政府派遣总督，在这里横征暴敛，残酷剥削殖民地人民。

1765年，他们又花样翻新，想出了征收印花税的花招，规定所有的文件，包括公文、契约、合同、文凭、报纸、书籍、广告、单据，甚至私人遗嘱，都必须交纳印花税。老百姓忍无可忍，抓住征收印花税的英国官员，给他全身涂满乌黑的柏油，贴满鸡毛和印花税票，愤怒地问他："你们还要收印花税吗？就给你身上贴个够吧。"

1773年，波士顿码头上，又发生了"自由之子"倾茶事件。愤怒的革命群众冲上英国商船，把一箱箱茶叶扔进海里。

好好的茶叶，为什么扔进大海？因为英国殖民当局垄断了茶叶进口贸易，专横地征收茶叶税，又一次损伤了当地人民的利益。前不久，英国殖民当局就在波士顿这个地方制造了骇人听闻的波士顿惨案。人民牢牢记在心头，能不气愤吗？

波士顿惨案发生后，北美殖民地人民纷纷支援，强烈抗议英国的残暴统治。1774年8月1日，弗吉尼亚州召开紧急会议。一个名叫乔治·华盛顿的代表慷慨激昂地站起来，自愿出钱招募1000名战士，赶去救援波士顿。

紧接着，他代表弗吉尼亚州参加在费城召开的"大陆会议"，商议成立北美13州反英的统一组织。

北美人民在行动，英国也在行动。1775年4月19日凌晨，在莱克星顿打响了第一枪。枪声惊醒了北美人民，他们立刻行动起来，组织民兵反抗，狠狠打击身穿红色军装的英国"龙虾兵"。乔治·华盛顿被推选为大陆军总司令，领导整个抗英斗争。

当华盛顿来到战场，检阅手下的部队时，不由吃了一惊。只见这些士兵高矮胖瘦不齐，衣服破破烂烂，手里的武器五花八门，压根儿就不像一支军队。可是这些战士却有一个共同的特点，那就是全都意气昂扬，充满了斗争的信心。

这就够了！情况紧迫，前线危急。华盛顿对他们稍加整顿训练，就带领着这支兵不像兵、民不像民的部队开上战场，围攻波士顿的英军司令部。英国"龙虾兵"虽然武器精良，训练有素，却抵挡不住气如长虹的民兵队伍。英军司令部被围困得弹尽粮绝，不得不夹着尾巴逃跑了。北美民兵旗开得胜，士气大大增长，参军的人数越来越多，一下子发展到将近两万人。

在胜利的喜悦鼓舞下，北美人民及时召开了第二次大陆会议。1776年7月4日，通过了《独立宣言》，不仅宣布独立，还提出"人人生而平等"的民主思想，成为未来美国的基本立国思想的准绳。后来，这一天就被定为美国的国庆节。

北美独立后，英国不甘心失败，从本土调集了大批海陆军疯狂反扑，占领了当时的美国首都费城。新生的美国向法国紧急求援，法国派出舰队，会合华盛顿领导的美国民兵，并肩战斗，收复了费城。1781年10月，英国远征军不得不最后举手投降，顺利结束了美国独立战争。

胜利了，人民准备向华盛顿欢呼，要他出来继续担任领导职务。可是他却静悄悄脱下军装，回到弗吉尼亚州家乡的庄园里，过起了隐居生活。

为什么这样？因为他参加反抗英国殖民者的独立战争，并不是为了个人名利，而是为了人民的利益。如今战争已经结束，当然就要解甲归田了。

啊，这是多么高尚的风格。中国辛亥革命成功后，和孙中山并肩战斗，领导革命斗争的黄兴也是一样的，永远受到人民的尊敬。

华盛顿虽然解甲归田了，人民却没有忘记他。1787年，人民要求他再出山，主持订立了美国宪法，推选他担任第一届总统，接着又连任一届。当大家还要推选他做第三届总统的时候，他坚决拒绝了，表示不能开这个先例，为个人专政埋下祸根。

瞧，华盛顿真是一心为公，没有一丁点儿私心呀，难怪美国人尊称他为"国父"。咱们的孙中山先生也曾经以大局为重，委曲求全地把总统职位让给袁世凯，表现出更加高尚的大公无私的胸襟。

唉，华盛顿还有些美中不足。在他生前，当人们建立起一个新首都，以他的名字命名的时候，他没有及时阻止，是一个错误。还有，不管怎么说，用在世的领导人的名字，给一座城市命名，总有些不太好。他也是一个庄园主，家里还有10个黑奴。他反对殖民统治，自己家里却有黑奴，也不是彻底的革命者。你说，对不对？咱们虽然也有中山县，许多城市有中山路，还有一个有名的中山大学，那可是孙中山先生逝世后，人民为了纪念他，自发命名的，和华盛顿不一样。

"平民总统" 林肯

从前，美国也有万恶的奴隶制，也发生过一次生死存亡攸关的内战。

这一切，都发生在林肯总统在任的时期。

亚伯拉罕·林肯，一个平凡而又伟大的美国"平民总统"。

林肯的一生，是不平凡的一生。

1809年2月12日，他出生在一个贫穷的农民家庭，从小就帮助妈妈劳动。可惜他刚刚9岁，苦命的妈妈就撒手离开这个世界了，小小的林肯经受了一个莫大的打击。多亏继母也是一个善良的农村妇女，对他非常关心。不仅尽可能在生活上关照他，还督促他好好读书学习。话虽是这样说，家里没有钱，怎么能够上学读书呢？小林肯只好跟着爸爸下地，在西部荒原上开荒种地过日子。后来他说："我一辈子进学校的时间，加起来还不到一年。"这可是一句大实话，没有半点虚假。

林肯没有钱读书，就放弃了学习吗？

不，他和许许多多穷孩子一样，非常渴望学习。哪怕在种地和放牛的时候，他也总是带着一本书。只要坐下来休息一会儿，他就贪婪地阅读。甚至点着小油灯，一直苦读到深夜，从来也没有放弃过一丁点儿学习的机会。

艰苦的社会底层生活，不仅没有消磨掉他奋发向上的信心，反而使他养成了勤劳、俭朴、谦虚和诚恳的品格。贫穷，对他是财富，不是阻挡前进的绊脚石。

林肯一天天长大了，告别了父母和偏僻的家乡，开始独自外出谋生。为了生存，他干过雇工、石匠、伐木工人、水手、店员、乡邮员、土地测量工等一连串五花八门的工作，这也使他拥有丰富的社会阅历，为他以后从政打好了基础。

打工的日子不是好过的。可是不管他走到什么地方，干什么活，不管日子多么苦，生活多么不安定，总也不肯放下手中的书本。

读书，读书，不停地苦苦读书。他的知识越来越巩固，视野越来越宽阔。广博的书本知识加上丰富的社会阅历，奠定了他的深厚的学识基础。他依靠坚强的毅力刻苦学习，终于通过了严格的考试，当上了人人羡慕的律师。

啊，律师，那可得要穿着白领衬衫，进入神圣的学院课堂，经过多年寒窗磨砺，才能用烫金的证书和学士方帽子换来呀。林肯只不过是一个自学成才的打工仔，一下子就攀上这个高高的台阶，的确很不简单。

不简单的还在后面呢！

1834年，他刚刚25岁，就当选为伊利诺伊州议员，一步跨进了政坛。

1860年，经过激烈的选举斗争，他被选为美国第16任总统，攀上了政治舞台的最高峰。

林肯没有财团支持，没有雄厚的竞选资金，怎么选上总统的呢？

他依靠的是正直的良心。

那时候，美国正处在十字路口，一个国家分成了两半。北方资产阶级和平民老百姓主张自由平等，南方却是大庄园主霸占的天下，还顽固推行奴隶制。解放黑奴，还是维护蓄奴制度，是考验每个人的政治试金石。

林肯坚定地站在解放黑奴的立场上，大声疾呼："我们怎么能够忍受一半奴隶、一半自由的状态？"

他这样说，也这样做。当他当选为总统不久，南方就发生了叛乱，宣布成立"南方同盟"，选出一个大庄园主头子戴维斯当"总统"。全国34个州中，有11个州参加这个集团，脱离美利坚合众国而独立。

这个戴维斯信口雌黄说什么："黑人不能和白人平等，黑人奴隶劳动是正常的。"

呸！这是什么话？只有极端反动的种族主义者和奴隶主义者的狗嘴里，才能吐出这种不是人讲的话。

南方反动派不仅嘴里说，还先动起手了。1861年4月12日，在军事统帅李将军带领下，突然发动袭击，攻占了许多城市和要塞。由于他们早就有准备，打了北方政府一个措手不及。南方反动派一路势如破竹，逼近了首都华盛顿城下。

国家危急，民主自由危急，眼看经过先烈浴血奋战创建的民主政权，就要在种族主义分子大军攻击下覆灭。在这个关键时刻，林肯没有被吓倒，立刻挺身而出发出战斗号召。虽然前线一次次失利，却始终保持着旺盛的战斗精神。在全体爱好民主自由的人民支持下，度过了战争的最低潮。1863年1月1日，林肯发布了著名的《解放宣言》，宣布废除奴隶制，彻底解放黑奴。当他签署完毕后，在场的成千上万群众发出欢呼，更加坚定了他必胜的信心。

这个宣言可以抵十万颗重磅炮弹，一下子传播开来，得到广大黑人和白人劳动者支持。北方几十万黑人拿起武器参军，南方许多黑人在各地发动起义。许多旅居美国的外国人也不袖手旁观，纷纷组织起来参加战斗。其中有意大利"加里波第近卫军"、"波兰军团"、爱尔兰"凤凰"团队、俄罗斯志愿军。一些来自中国的华工也义无反顾，投入了这场正义与邪恶的较量当中，为保卫美国的民主自由的内战洒下了鲜血。

有了广大人民群众支援，北方力量一天天壮大起来了。在格兰特将军指挥下，分兵三路反攻，渐渐扭转了被动局面。1863年夏天，南北两军在弗吉尼亚州的葛底斯堡附近展开决战，士气高昂的北军打败了李将军手下的南军主力，成为战争的转折点。紧接着，格兰特将军指挥的北军攻占了维克斯堡要塞，控制了整条密西西比河。好像切西瓜似的，把"南方同盟"的领土切成东西两半。1865年4月3日，终于攻占了"南方同盟"的老巢里士满。4月9日，无路可走的李将军投降了。这场长达4年之久的内战，终于以奴隶主的彻底失败而告终。

在这个全民欢腾的时刻，却发生了一件令人意想不到的事情：战争胜利了，领导作战的林肯总统却在一次戏剧演出中，被一个南方复仇分子刺杀了。一颗罪恶的子弹穿透林肯总统的头部，他倒在血泊里，永远停止了呼吸。这一年，他才56岁，还可以为人民做许多事情呀！

整个美国都愤怒了，要求严惩凶手，泪水浸透了美利坚的国土。人们为了纪念他，修建起林肯纪念堂和纪念碑。

林肯就这样消失了吗？

不，他永远活在人民的心中。他在1863年葛底斯堡胜利后发表的著名演说中大声宣布的"民有、民治、民享"的民主精神，永远也不会在人间消亡。

你应该具备的

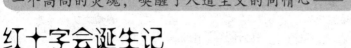

红十字会诞生记

红十字，多么熟悉的标志。

红十字，这是救死扶伤的人道主义标志呀！

红十字和红十字会分不开，红十字会也是人人都知道的人道主义组织。

红十字和红十字会是怎么来的？得要先讲一个故事。

1859年6月，瑞士青年银行家亨利·杜南经过意大利北部一个小镇索尔弗利诺，无意中瞧见一幅悲惨的景象。

原来这里刚刚经历了一场战争的洗礼，法国和撒丁联军和奥地利军队在这儿发生激烈的战斗。战后镇内到处都躺满了痛苦呻吟的伤兵，被部队抛弃了，几乎没有人管。许多人得不到救助，正在垂死挣扎，情况非常危急。

这个年轻的银行家是一个虔诚的基督徒，有一颗善良的心，立刻中止了自己的行程，停留下来号召当地居民，组织紧急救援小组。不分伤兵的国籍，统统一视同仁进行精心照料。许多伤兵得到他们的及时帮助，渐渐恢复了健康，他们怀着感激的心情含泪告别了他和好心的索尔弗利诺居民。

这件事给予杜南的印象太深了。三年后，他在一本《索尔弗利诺回忆》中，专门提到当时的情况。建议各国成立伤兵救护组织，召开国际会议，制定保护伤兵的国际公约。

他不仅这样说，也这样做，立刻积极游说德国、奥地利和其他国家的领导人，得到欧洲各国人民热烈欢迎，各国政府积极支持。

下一步，应该马上建立起统一的国际组织了。

一个国际组织，得要有专门的标志。杜南想，这是一个爱心组织，就用充满了爱的基督精神来推动它，用基督教的十字架，作为它的特殊标志吧。

1863年2月9日，在杜南的积极推动下，这个以救死扶伤为目的的国际组织终于如愿成立了。根据他的建议，就取名叫做"红十字国际委员会"。

十字架，就是十字架，为什么叫"红十字"呢？

这和红十字会的旗帜有关系。

杜南想，战时救助的时候，需要有一面容易识别的鲜明旗帜，才能被交战双方识别，共同保护不受攻击。

用什么样子的旗帜既简单又一目了然呢？他想来想去想不出。后来一下子想起自己祖国瑞士的旗帜，决定就比照着，制作一幅红十字会的旗帜。瑞士国旗和别的国家的国旗不一样，不是长方形，而是四四方方的，样式上就与众不同。鲜红的旗帜上，中间一个白色十字架，图案十分简明，很容易识别。瑞士国旗是红底白十字，红十字会旗帜就反过来，做成白底红十字，岂不就非常显眼了吗？

白底红十字的旗帜飘扬起来，白底红十字的臂章佩戴在每个工作人员的手臂上，这样就能够在弹雨横飞的战场上畅通无阻了。

红十字会严格遵从中立化原则，以"人道、公正、中立、独立、志愿服务"作为自己的信条。在战争中不分国籍，不分敌我，认真对战时伤病员和遇难者进行搜寻、救护和积极医治。

杜南把全部精力都投进这个人道主义的事业里，顾不上自己的银行。最后银行倒闭了，他一下子破产，不得不流落到巴黎的贫民窟里，过着贫贱的生活，世界似乎渐渐忘记了他。

1870年，一个记者路过索尔弗利诺，听到他的感人事迹，连忙赶到巴黎，在贫民窟里找到他，进行了一次专访。消息传出去，勾起了人们的记忆，雪片般的慰问信飞向杜南的小屋子。梵蒂冈教皇亲笔写信感谢他，有的国家为他筹募了基金，邀请他担任许多国家红十字会的名誉主席。

杜南又积极活动起来。他没有为自己谋一丁点儿私利，提出了一个更加响亮的主张。建议红十字会不要仅仅限于战时服务，还应该在平时进行灾难救援，为社会做更多的公益事情。

遗憾的是，这个建议没有得到有关国家采纳。他提出来缔结保护战俘的国际公约，更被嘲笑是"愚不可及"的事情。

杜南再一次被社会抛弃了，流浪到阿尔卑斯山的一个偏僻山村里。杜南的这次复出好像一股悄悄吹来的风，激起了一些浪花。转眼又悄悄吹散了，消失得没有留下一丁点儿踪影。

不，社会毕竟没有完全忘记他。冷落他的只是一些国家的掌权者，人民可没有忘记他。特别是那些曾经受过他的救助的人们，永远把他铭记在自己的心上。从1890年开始，一个个国际荣誉奖飞向他。1901年，还专门授予给他第一届诺贝尔和平奖。

是呀，诺贝尔和平奖，不给他，给谁？他是众望所归最理所当然的获得者。

他提出的那个保护战俘的《国际战俘公约》呢？可惜他不能亲眼看见了。在他死后20年，才被各国接受。不管怎么说，晚接受，总比不接受好。杜南的理想一次次引起社会的共鸣，推动着人道主义事业不停发展。给这个以发扬人道主义思想为目的，人人支持的红十字会组织赋予了更高的理想，开辟了更加广阔的服务领域。人道主义的精神也更加深厚了。

竖排侧文：你应该具备的

1910年10月30日，82岁的杜南静悄悄逝世了。临死的时候，他吩咐把自己留下来的微薄财产全部捐献给慈善团体。

他自己留下了什么？

那是在危难中高高飘扬的红十字旗帜，是他的一颗高尚的爱心。还有墓碑上的一行简单的字："一个心地单纯的基督徒。"那是他的简单的遗嘱中，留在世界上唯一的一句话。

红十字标记是全世界统一使用的吗？

也不是的。

1876年俄土战争中，土耳其提出来，红十字标志不符合自己的宗教信仰，改用红新月作为标志，画在救护车辆上。与此同时，也同样尊重对方的红十字符号不受侵犯。红新月越用越广，后来在伊斯兰国家中普遍使用，建立了红新月会。1986年，在日内瓦召开的第25届红十字国际会议上通过，红十字和红新月具有同样的意义，全都是国际人道主义救援的标志。

反法西斯战争胜利的果实，蔚蓝色旗帜飘扬的"世界政府"——

联合国成立

每个国家有自己的政府，把国家管理得井井有条。全世界是不是可以成立一个"世界政府"，也好好统一管理呢？

噢，这可不行。世界上不同的国家有不同的国情。从自己的利益出发，各自有一个小算盘，难免发生矛盾，怎么能够硬捏在一起呢？

"世界政府"的设想不现实，就退而求其次，换一个办法吧。是不是可以让大家坐下来，求同存异好好商量一下，成立一个国际组织，共同维持世界秩序？

这倒是一个办法。只要大家都有一个共同的愿望，就有可能实现了。

乱哄哄的第一次世界大战结束了，到处打得稀巴烂。人们不约而同产生了一个愿望，再也不要战争了，过上平平安安的日子才好。老百姓都这样想，各国政府都这样想，建立一个国际组织就有条件了。

早在1919年的巴黎和会上，美国总统威尔逊首先倡议，成立一个类似"世界政府"的国际联盟，制止战争，巩固和平。话说出来，大家都不好反对。尽管许多国家都有自己的打算，一些强国的肚皮里，还装满了侵略扩张的念头，可是嘴巴上总得"仁义道德"呀！成立就成立吧，大家走着瞧吧。一场国际联盟的闹剧，就这样登台了。1920年1月10日，《凡尔赛和约》正式签订后，这个象征国际合作的组织总算扯起了旗帜，正式挂牌营业啦。遗憾的是，由于美国国会没有批准，作为提案国的美国却没有参加。

有了它，世界就能维持正常秩序吗？事实无情地证实，这只是一个虚妄的幻想。所谓的国际联盟，只不过是一些列强操纵的工具而已。他们想怎么干，照样怎么干，根本就没有正义和公平。

看吧，日本帝国主义发动"九·一八事变"，侵占了中国的东北三省；意大利法西斯侵略阿比西尼亚；希特勒吞并奥地利、捷克斯洛伐克，国际联盟哼了一声吗？这样的"世界政府"有什么用？还不如早些砸烂好些。

第二次世界大战快要结束了，同样的问题又提出来，摆进了新的议事日程。

1941年8月14日，美国总统罗斯福和英国首相丘吉尔共同签署的《大西洋宪章》中提出"当纳粹暴政被最后毁灭之后"，应该建立起"广泛而永久的普遍安全制度"。

这段话是什么含意？其中就包含了建立一个未来国际组织的意思。一个月后，苏联代表也在伦敦会议上表示支持。有了当时最强大的美、英、苏三国支持，这件事就有谱了。

紧接着，这一提案在一系列的国际会议上紧锣密鼓进行着。特别是1942年1月1日，美、英、苏、中等26国代表在华盛顿发表的《联合国宣言》，得到更多的国家响应，这个理想更加完善化了。

1943年10月30日，美、英、苏、中四国在莫斯科发表《普遍安全宣言》，提出有必要建立一个普遍性的国际组织。第二年8月到10月期间，美、英、苏三国和中、美、英三国，先后举行的华盛顿橡树园会议，更进一步详细讨论了组织联合国的建议，拟定了《联合国宪章》的草案。

1945年4月25日，除了波兰因故没有出席，其他50个发起国家的代表在美国旧金山召开了联合国国际组织会议。6月26日，又共同签署了《联合国宪章》。10月24日，大多数国家递交了批准书，这个宪章立即生效，联合国正式成立了。1947年联合国大会决定，就把这个具有划时代意义的10月24日，确定为"联合国日"。

1945年，中国代表团参加旧金山会议，中国共产党的代表董必武也参加了代表团，并在《联合国宪章》上签了字。

《联合国宪章》是联合国的基本大法，规定联合国的宗旨是"维护国际和平与安全"、"制止侵略行为"、"发展国际间以尊重各国人民平等权利和自决原则为基础的友好关系"和"促成国际合作"等。

《联合国宪章》规定联合国成员一律平等，相互尊重主权、领土完整和政治独立，反对使用武力或武力相威胁解决彼此间的纠纷，不得干涉各国内政，提倡通过对话和谈判方式化解争端。

根据《联合国宪章》，联合国设立6个主要机构。包括联合国大会、安全理事会、经济及社会理事会、托管理事会、国际法院和秘书处。大会由全体会员国组成，是联合国主要审议机构。安理会由苏、美、英、法、中5个常任理事国和10个非常任理事国组成，有权作出全体会员国都有义务接受并执行的决定。大会选举的秘书长是联合国的行政首长，负责领导整个联合国一般性的事务。

《联合国宪章》强调安理会在维护世界和平与安全方面的权威性，规定只有安理会有权采取包括军事手段在内的一切必要措施维护世界和平与安全，而且强调只有在所有非军事手段被证明无效时才可诉诸武力。

为了吸取第一次世界大战后组建的国际联盟软弱无力的教训。联合国特别强调五大国的作用，五大国统一意志，对一些重大问题作出共同的决策。

这样的联合国比从前的国际联盟有效得多了。可是在建立的过程中，也出现了一些不够和谐的声音。美国坚持要起领导作用，表现出妄图充当"世界宪兵"，独霸世界的超级大国的野心。事后许多事件，充分表露出它的霸权主义的行径，受到世界人民的反对。苏联觉得自己势力孤单，如果按照少数服从多数的原则，自己肯定要吃亏，主张一票否决的办法。苏联又接着提出它的16个加盟共和国都有表决权。这一来，美国和英国不干了。美国说，如果这样干，我的48个州岂不也可以有48个表决权吗？由于当时战争还没有结束，还需要依靠苏联的力量打击德国和日本法西斯，所以最后勉强妥协同意当时苏联的乌克兰、白俄罗斯两个加盟共和国有表决权，也通过了五个常任理事国拥有否决权的决议案，总算皆大欢喜了。

1946年1月1日至2月14日，首届联大会议在伦敦举行，有51个创始会员国参加。大会正式建立了联合国组织机构，同时把联合国永久性总部设在纽约。在曼哈顿区东河边，划出一块1.8英亩的土地，作为属于世界人类的"国际领土"，建立一座39层的摩天大厦和一组建筑群，作为联合国总部。

1971年10月25日，联合国大会通过一项决议，决定"恢复中华人民共和国的一切权利，承认它的政府代表为中国在联合国组织的唯一合法代表"，并立即把蒋介石的代表从他在联合国组织及其所属一切机构中所非法占据的席位上驱逐出去。从此中华人民共和国享有了在联合国的一切合法权利。从那以后，台湾还多次谋求进入联合国，妄想搞"两个中国"或"一中一台"，都被大多数的国家否决了。

2005年，日本和德国、巴西、印度等4个国家，提出进入安理会，担任常任理事国、得到否决权的一揽子计划，也被否决了。

"丛林之火" 越南战争

越南，东南亚的另一个"朝鲜"。为什么这样说？因为它们往昔的历史，都是一个个辛酸的殖民地苦难故事。

因为这里也曾经发生了一场激烈的战争。一方是北方的越南民主共和国，另一方是美国和南越傀儡政权。不同的是以越南北方取得最后胜利，统一全国而结束，不像朝鲜战争以后还是南北分立。

1885年的中法战争后，订立了《中法会订越南条约》，越南就成了法国的"保护国"。什么叫做"保护国"？说白了，就是殖民地呀！

第二次世界大战中，越南又被日本占领，好不容易盼到了胜利的一天，赶走了日本鬼子，胡志明领导的越盟在北方建立了越南民主共和国。想不到法国又回来了，扶持一个傀儡"皇帝"保大，在南方竖起了另一个"立国"的旗号。不消说，双方谁也不听谁的，很快展开了一场长达9年的印度支那战争，法军侵入了北方。1954年，越盟在中国援助下，取得奠边府大捷，全歼了被包围的法军。法国不得不灰溜溜退回南方，形成了南北对峙的局面。根据1954年日内瓦会议的协议，南北越暂时以北纬17度线分治，在1956年进行统一国家的民主选举。

遗憾的是，这只是一句空话，这个选举并没有举行。不久美国势力侵入了越南南方，代替老牌殖民主义的法国。美国瞧眼前这个保大，简直是一个窝囊废，决心要换掉他。指使一个叫吴庭艳的军阀推翻了这个"皇帝"，建立另一个什么都听从美国的，也比保大"能干"的"美记"傀儡政权，南北方对立越来越尖锐，最后引发了全面战争。

其实在这场战争以前，双方已经有许多摩擦了。1960年，越南南方人民成立了民族解放阵线，举行城市示威、农村武装暴动，反对腐败专制的吴庭艳政权。

南方民族解放阵线和老百姓不是像"鱼"和"水"的关系么？吴庭艳想出一条毒计，在1962年4月强迫推行了"战略村"计划。

什么是"战略村"？就是变相的集中营。把老百姓都集中在里面，派出重兵把守，老百姓外出种地也得在武装监视下集体行动。同时在村与村之间布置了火力网，见谁就打谁。企图用这个办法隔断老百姓和游击队的联系。把"水"

抽干了，"鱼儿"就无处藏身，岂不就可以消灭了吗？可是这样一来，更加激起老百姓反对。南方民族解放阵线在人民支持下，展开了反"战略村"、反扫荡的战斗，很快就粉碎了吴庭艳的计划。

眼看越南人民采取了一个"农村包围城市"的架势，吴庭艳这个走狗也不管用。美国坐不住了，决心找一个茬"教训"一下越南北方。

机会来了！1964年8月2日，美国驱逐舰"马多克斯"号在北方的东京湾遭到北越鱼雷艇攻击。美国立刻作出反应，派遣飞机轰炸北越的海军基地作为报复，发生了"东京湾事件"。

"东京湾事件"是越战的一个分水岭，也是越南战争正式开始的标志。双方挽起袖子亮出拳头打了起来。战火迅速蔓延，北纬17度线已经不是不可逾越的红线，南北方正式交火。北越部队如同潮水般涌进南方，美军也成批登陆介入战斗。加上南方游击队遍地开花的袭击，到处打得一团糟，已经分不清哪儿是前线哪儿是后方，战争一步步升级了。

在这样的情况下，美国唯一的法宝就是派出"现代化装备"和"海空优势"的杀手锏。可是越南不是往昔二战期间的欧洲战场和非洲战场，到处都是浓密的热带丛林、起伏的山冈、水田和沼泽。坦克和装甲运兵车根本就不能进入，只能派出一支支步兵，小心翼翼地摸进林子。但这一下子就陷入了周围绿色的"森林牢笼"。在熟悉地形的北越军队和越南南方游击队的打击下，变得寸步难行。

针对这个情况，美军改变了办法。一面动用强大的空中力量，猛烈轰炸对方阵地和后方交通线。同时扩大范围实行"滚雷行动"，对广大北越地区进行大规模的饱和轰炸。美国抛弃了传统的坦克、大炮，而是大量使用武装直升机载运特种部队，作为"空中坦克"机动作战，也收到了一定的效果。

面对美军这些新战术，北越和越南南方反美力量也有自己的办法。

越南境内的战区道路和桥梁被炸得稀巴烂了，就干脆就在丛林里开辟一条条秘密小路。有的甚至穿过国境，绕道老挝境内，这就是有名的"胡志明小道"。通过这条道路源源不断地把成批的军队和补给品送到越南南方。"胡志明小道"不是一条路，而是一个十分复杂的丛林道路系统。炸不烂、掐不断，成为支持前方的一条钢铁运输线，有力支援了越南南方人民抗美救国的斗争。

美国头疼得要命。在接连的艾森豪威尔、约翰逊、尼克松几届总统任期内，撤换了几个指挥官，也像走马灯似的换了吴庭艳、杨文明、阮庆、阮文绍等好几个南越傀儡政府的头目，施展了一个又一个手法都没有成效。前线死伤数字不断增加，引起国内人民强烈不满，反战活动如火如荼地开展着，大大制约了战争行动。1969年1月尼克松就任总统的典礼上，华盛顿就有上万名群众，打出"尼克松是头号战犯"的标语举行大示威。吓得他只好在戒备森严的防弹的"玻璃罩"里发表"就职演说"，真是狼狈极了。

尼克松心里明白，这是一场"错误的战争"，决心尽快结束它。可是出于"头号强国"的面子，又不得不再加一码，打算取得胜利后再"体面"地撤出。

他的一招是狠狠进行空中打击，掐断"胡志明小道"。妄图割断这条运送兵员和补给的生命线，打退越南南方民族解放阵线的锐利攻势。为了实现这个计划，1969年3月出动了战略轰炸机B—52，轰炸越南的邻国柬埔寨，同时派遣地面部队侵入柬埔寨，摧毁了北越的一些补给站。

为了减少自己的兵员伤亡，尽快从战争中脱身。他又使出了第二招，改变了原来大量投入美军的办法，推行了"越南化"政策，让美军逐步撤出越南，让南越军队充当主力，直接和越南南方民族解放阵线较量。

在这样的行动下，尼克松就派国务卿基辛格开始和越南北方谈判，采取边打边谈的办法，慢慢在越南脱身。1972年7月19日至1973年1月23日，基辛格和北越外长黎德寿的马拉松式的谈判终于结束了。1月27日在巴黎签订和平协议，美军从越南全面撤出。

往下就是战争的"越南化"了。失去了美国主子的支持，南越伪政权怎么经得住越南南方民族解放阵线的打击。越南南方民族解放阵线发动了一个又一个强大的攻势，终于在1973年5月1日，攻进西贡，解放了整个越南南方。漫长的越南战争，最后以越南人民的胜利而结束。